U0542116

四川大学"中国语言文学与中华文化全球传播"双一流学科群专项资助

传播符号学书系 · 国际视野

主　编： 胡易容　饶广祥
助理编辑： 梅　林　杨登翔　康亚飞

学术委员会
主　任： 赵毅衡
委　员（按姓氏拼音排序）：

陈卫星　中国传媒大学	陆正兰　四川大学
丁和根　南京大学	彭　佳　暨南大学
董广安　郑州大学	隋　岩　中国传媒大学
韩丛耀　南京大学	谭光辉　四川师范大学
蒋晓丽　四川大学	唐小林　四川大学
李　彬　清华大学	魏　伟　北京外国语大学
李　红　西北师范大学	许　静　北京大学
李　杰（思屈）　浙江大学	曾庆香　中国传媒大学
李　涛　浙江传媒学院	赵星植　四川大学
李　玮　西北大学	Göran Sonesson　隆德大学
廖圣清　复旦大学	Kristian Bankov　新保加利亚大学
林升栋　厦门大学	Massimo Leone　都灵大学
刘海龙　中国人民大学	Klaus Bruhn Jensen　哥本哈根大学
刘　涛　暨南大学	Marcel Danesi　多伦多大学

传播符号学书系·国际视野 | 主编：胡易容 饶广祥

风格修辞学

A RHETORIC OF STYLE

［美］巴里·布鲁迈特
（Barry Brummett）
著

冯月季
译

社会科学文献出版社
SOCIAL SCIENCES ACADEMIC PRESS (CHINA)

Rhetoric of Style by Barry Brummett.

Copyright ©2008 by the Board of Trustees, Southern Illinois University. Translated and reproduced by permission of the publisher. All rights reserved.

献给贝莱玛·多利安和迪安德·多利安
献给卡里尔·阿克巴和麦加·阿克巴
风格优雅的年轻人，丰富了我的生活

总　序

传播学与符号学的学科发展时间起点相近而路径不同。符号学的学科化始于索绪尔于1907~1911年在日内瓦大学讲授"普通语言学"课程，其以语言符号为对象系统阐述了结构主义符号学的基本理论框架。传播学始于1905年布莱尔在威斯康星大学开设的新闻学课程。正如语言之于符号学，新闻也成为传播学的第一个门类及核心对象，学界至今仍将"新闻"与"传播"并称。

在百余年的学科发展进路中，尽管符号学与传播学发展路径截然不同，但两者理论逻辑的深层联系将两者密切联系在一起。施拉姆在《传播学概论》中辟专章写"传播的符号"，并指出"符号是人类传播的要素"。[1] 符号学在经历三代学人并发展出四种典型模式之后，近三十年来的重要发展方向之一是与当代传媒诸现象结合。法国学者皮埃尔·吉罗认为，传播学与符号学从某些方面来说是"同义语"；约翰·费斯克则将传播学分为注重研究"意义"的"符号学派"和注重研究"效果"的"过程学派"。[2] 我国学者陈力丹对传播学的基本定义是"研究人类如何运用符号进行社会信息交流的学科"[3]。从学理上讲，传播学须通过"传播的符号研究"以洞悉"意义"的实现；反之，符号学也必须跨越狭义的"语言"

---

[1] 〔美〕威尔伯·施拉姆：《传播学概论》，何道宽译，中国人民大学出版社，2010，第61页。
[2] Fisk, John, *Introduction to Communication Studies*, London: Routledge, 1990, XV.
[3] 陈力丹：《传播学是什么?》，北京大学出版社，2007。

而进入当代传媒文化这一最庞大的符号景观。对两个不同发展传统的学科来说，符号学可以从理论繁复的"玄学"处落地于具体的文化传播现象；传播学也可以借助符号学的丰富理论提升学理性。受美国新闻传播学传统的影响，当前我国传播学过多倚重社会学方法，故而学界有观点认为，传播学应归属于社会科学而非人文科学。暂时搁置这个争议，仅就传播内容而言——其作为"符号"构成的"文本"，具有无可争议的"意义属性"。作为研究"意义"的学问，符号学可与社会学研究方法互为补充，为传播学提供基础理论。

从当今传媒文化发展的现实来看，传播学与符号学对彼此的需求更加迫切。人类正在经历由互联网引发的传媒第三次突变①，传播学研究的问题正在从"信息匮乏"转向"意义需求"。20世纪兴起的传播，以电视、广播、报纸等大众传媒为主。此时传播学研究的关键点，是信息如何到达、获取——这与"信息论"方法是相适应的。若将此问题置于当今"传媒的第三次突变"背景下来看，"后真相"时代社会信息的需求，已经从匮乏转变为"在过载的信息中寻找意义与真知"。"人类命运共同体"这一宏大命题的基本条件，不仅是经由全球化媒介实现的信息通达（这在技术上早已经不构成壁垒），还必须包括人类整体的"意义共同体"。即，当代传播学应对"传媒突变"的策略，须以更开放的姿态从"信息到达"向"意义交流"转进。一方面，"传播"应回归于"交流"这一受传交互的意涵；另一方面，"信息—通达—行为"的过程结果论研究，应向"意义的共享、认知与认同"深化。

当前，打破学科间的壁垒正在成为国内外学术发展的共识和趋势。国际上将"符号学""传播学"的融合领域通称为"符号学与传播学"。该领域影响较大的学派包括法兰克福学派、巴黎学派、布拉格学派、伯明翰

---

① 赵毅衡：《第三次突变：符号学必须拥抱新传媒时代》，《天津外国语大学学报》2016年第1期。

学派、塔尔图学派、列日学派,等等。目前,国际上众多知名高校设立了"传播学与符号学"专业或课程,如美国宾夕法尼亚大学、康奈尔大学,加拿大圣劳伦斯大学,澳大利亚昆士兰大学,保加利亚索非亚大学,丹麦哥本哈根大学,意大利都灵大学,等等。世界著名的德古意特出版社从2011年开始推出"符号学·传播·认知"(Semiotics, Communication and Cognition)大型系列丛书,迄今该丛书已出版数十种。国内学界也很早注意到了符号学与传播学的学理共性。陈力丹在《符号学:通往巴别塔之路——读三本国人的符号学著作》[①]中指出:符号学不仅是传播学的方法论之一,而且应当是传播学的基础理论。随着符号学在中国的不断扩展,将符号学和传播学结合起来研究的学者越来越多,话题也越来越广。"传播符号学"已成为新闻传播学研究的重要发展方向。

值得追问的是,中国传播符号学研究,是否仅仅指借用西方符号学理论和术语来解释当今中国面临的问题?这关涉到中国符号学的话语建构总体背景。

中国传统文化符号丰富多彩,并曾有着肥沃的符号学土壤。《周易》或许可被解读为世界上第一部呈现全部人类经验的符号系统。[②] 从狭义的符号学思想的源头来看,在古希腊斯多葛学派(The Stoics)讨论符号和语义问题的同时,中国的"名家"也在讨论"名实之辩"。名家代表学者公孙龙(约公元前320年~约公元前250年)与芝诺(约公元前336年~约公元前264年)的出生时间仅差16年。仿佛两位思想家约定好,在那个伟大的轴心时代远隔重洋思考这个符号与意义的问题。遗憾的是,尽管先秦名学充满思辨的智慧,却并未成为"正统"而得到很好的延续。名学被其他学派批评为沉溺于琐碎的论证。此后,在儒学取得正统地位时名学自然被边缘化了。应当承认,中国传统符号学思想没有对世界符号学运动形成

---

① 陈力丹:《符号学:通往巴别塔之路——读三本国人的符号学著作》,《新闻与传播研究》1996年第1期。

② Zhao, Y., "The fate of semiotics in China", *Semiotica*, 2011 (184): 271-278.

实质性影响。

20世纪，符号学一度在中国有所发展。1926年，赵元任曾独立于西方符号学两位开创者提出符号学这一术语并阐述了自己的构想，并写成《符号学大纲》。① 遗憾的是，赵元任的符号学构想也缺乏后续传承。中国错失了20世纪符号学发展的两个黄金时期：一个是20世纪上半期的"模式奠定与解释阶段"，这一阶段形成了索绪尔结构主义语言学、皮尔斯逻辑修辞学、卡西尔 - 朗格文化符号哲学及莫斯科 - 塔尔图高技术文化符号形式论等基础理论模式；另一个是索绪尔及其追随者引领的世界性结构主义思潮。此后，符号学经历了一个相对平缓的发展期。尽管有格雷马斯、艾科、巴尔特、乔姆斯基等一批重要学者在诸多领域做出重要贡献，但这些贡献大致是在前人奠定的基础模式上进行再发现或局部创新。符号学自身的发展，也转而通过学派融合来实现。

20世纪80年代，中国学术从"文革"中复苏时，符号学发展第二阶段已接近尾声。符号学对中国学界来说成了不折不扣的舶来品。重新起航的中国符号学研究，在很大程度上是由一批在海外游学留学的学者带动的。他们译介西方经典、著书立说、教书育人，影响了一批中国学者。② 王铭玉认为，中国的符号学研究起步较晚但起点较高，在非常短的时间内基本上追赶上了国际研究潮流。③ 他将中国符号学发展分为三个阶段。第一个阶段指20世纪80年代上半段（1981~1986年）。这一阶段可称为"学科引介"阶段，以译介工作为主。如1981年王祖望翻译了西比奥克（Thomas A. Sebeok，当时的译名为谢拜奥克）的《符号学的起源与发展》④；史建海

---

① 赵元任：《符号学大纲》，载吴宗济、赵新那编《赵元任语言学论文集》，商务印书馆，2002，第177~208页。
② 赵毅衡：《中国符号学六十年》，《四川大学学报》（哲学社会科学版）2012年第1期。
③ 王铭玉、宋尧：《中国符号学研究20年》，《外国语》2003年第1期。
④ C. 皮尔逊、V. 斯拉米卡：《信息学是符号学学科》，张悦校，《国外社会科学》1984年第1期；T. 谢拜奥克：《符号学的起源与发展》，王祖望译，《国外社会科学》1981年第5期。

发表了《符号学与认识论》①；金克木发表了《谈符号学》②；等等。随后，一批符号学经典论著在国内翻译出版：池上嘉彦的《符号学入门》（张晓云译，国际文化出版公司，1985）、霍凯特的《现代语言学教程》（索振羽等译，北京大学出版社，1986）、特伦斯·霍克斯的《结构主义和符号学》（瞿铁鹏译，上海译文出版社，1987）、罗兰·巴尔特的《符号学原理：结构主义文学理论文选》（李幼蒸译，生活·读书·新知三联书店，1988）、皮埃尔·吉罗的《符号学概论》（怀宇译，四川人民出版社，1988）、乌蒙勃托·艾柯的《符号学理论》（卢德平译，中国人民大学出版社，1990）。到20世纪80年代末，中国学者自己撰写的符号学专著相继面世。俞建章、叶舒宪的《符号：语言与艺术》（上海人民出版社，1988）、赵毅衡的《文学符号学》（中国文联出版公司，1990）等是我国学者贡献的最早一批符号学专著，代表了中国学者在符号学理论方面独立探索的"重新"开始。

从1991年开始，传播学与符号学各自获得了巨大的发展，应用中的边界频繁交叠。传播研究对于符号这一术语基本上无法回避。符号出现在传播学的各个门类中，如教育传播、电视新闻、广告、艺术设计，等等。这些文献大多运用了符号学术语与典型分析方法。其中，比较多的是应用索绪尔的能指与所指结构关系及其各种延伸形式，理论深度有限，且这一时期的应用多处于一种对问题解释的自然需求状态，缺乏从方法论本身进行学理性反思。丁和根将1994年到1999年称为国内"传播符号学"的"起步期"，并认为此后进入一个"发展期"。③ 20世纪的最后几年，传播符号学的学科方法论受到了更多重视，如周军的《传播学的"前结构"：符号活动的社会根源和基础》（《北京广播学院学报》1994年第1期）、陈道德的《传播学与符号学散论》[《湖北大学学报》（哲学社会科学版）1997年

---

① 史建海：《符号学与认识论》，《内蒙古社会科学》1984年第8期。
② 金克木：《谈符号学》，《读书》1983年第3期。
③ 丁和根：《中国大陆的传播符号学研究：理论渊源与现实关切》，《新闻与传播研究》2010年第6期。

第 2 期]。但此时具体研究新闻或电视的门类符号理论仍然占据较重要位置。如：唐迎春、徐梅发表的《论新闻传受的不对等性——从符号学角度的解读》(《国际新闻界》1997 年第 6 期)；刘智的专著《新闻文化与符号》(科学出版社，1999)。2000 年之后，学界明确提出"传播符号学"，以之为研究主题的学者在传播学领域开始发出越来越大的声音。

清华大学李彬较早地系统介绍传播符号学。他从狭义和广义两个层面界定了传播符号学的学科范畴，提出狭义的传播符号学是"为新闻传播学所关注、由新闻传播学所推展、被新闻传播学所吸纳的与符号学相关的研究内容……"；广义的传播符号学则是"一切与新闻、传播相关的符号、话语、文本、叙事等方面的研究"。① 他这一时期的文章随后结集为《符号透视：传播内容的本体诠释》一书。书中开篇即指出："……其实，传播符号不仅是人类传播的'生命基因'……而且也是人类文明的'精神细胞'。"② 从研究方法和理论立场来看，李彬教授的研究有两个特点：一是将符号学作为传播内容研究的方法；二是将符号学归于传播学批判流派的方法之一。③

南京大学丁和根教授从话语分析与意识形态分析论入手，关注意义的生成与批判，并上升至方法论的学理性探讨。他的《论大众传播研究的符号学方法》(《新闻大学》2002 年冬季号) 是这一时期传播符号学方法论讨论最为周详的文献之一。首先，他认为，话语(文本)分析和叙事学的研究取向已经成为整个传播符号学的重中之重。因为"话语分析最能够体现符号学的整体性思维和研究方法，是传播学研究借鉴符号学方法的便捷之途"。④ 其次，他也倾向于认同符号学路径的批判取向。他认为，传播符号学虽然不能等同于批判学派，但与批判学派理论有着天然的内在联系和

---

① 李彬：《批判学派在中国：以传播符号学为例》，《新闻大学》2007 年第 3 期。
② 李彬：《符号透视：传播内容的本体诠释》，复旦大学出版社，2003。
③ 李彬：《批判学派在中国：以传播符号学为例》，《新闻与传播评论》2005 年第 5 期。
④ 丁和根：《中国大陆的传播符号学研究：理论渊源与现实关切》，《新闻与传播研究》2010 年第 6 期。

共同的学术取向。符号的方法更着眼于深度思辨而不是表层量化，为批判学派提供研究方法和理论资源，是传播符号学重要的意义和价值所在。

上述两位学者的共同特点是将传播符号学作为传播学中的批判传统看待。如果将他们的研究称为传播符号学中的"批判分析学派"，那么李思屈、隋岩、曾庆香等教授则偏向于"符号实践与建构"。

李思屈教授从广告及消费文化入手，进入消费洞察与建构性操作。从1998年开始，他贡献了一系列广告符号学的论文。主张建构又富含思辨的思路在李思屈教授两部代表性著作中体现得也非常充分。在《东方智慧与符号消费：DIMT模式中的日本茶饮料广告》（浙江大学出版社，2003）中，他结合中国传统智慧，提出了用以指导广告传播实践的"DIMT"模式；而《广告符号学》（四川大学出版社，2004）是国内冠以"符号学"进行广告研究的第一部系统性著作。这一思路在他近年的研究中一以贯之，如《传媒产业化时代的审美心理》（浙江大学出版社，2008），立足符号学，兼备质性与量化分析，对当代大众传媒产业和大众消费案例做出了翔实的分析。隋岩教授的《符号中国》从理论、实践两个维度探讨符号的含指项、同构、元语言机制、自然化机制、普遍化机制；并从中国文化符号传播实践中梳理出象征中国的历史符号的变迁，探究鸦片、"东亚病夫"、缠足等负面能指符号背后的传播机制，思考如何提炼、打造代表中国、传播中国的强符号。中国传媒大学的曾庆香教授偏重从新闻话语入手，以新闻传播的符号叙事为基础分析了网络符号、新闻报道、北京奥运会等案例。[①] 她注重建构实例分析，并注意到图像符号这一常常为话语分析所忽略的领域。

上面已经提及，一些学者从不同角度对我国传播符号学的发展进行了观察和分期。若从"传播符号学"的总体发展来看，2008年是一个不可忽略的节点。这一年不仅研究成果大幅攀升，更有内在结构的质变。这一年尤其值得一提的是，已回国任教于四川大学的赵毅衡成立了符号学-传媒

---

① 曾庆香：《认同·娱乐·迷思：北京奥运会开幕式的符号分析》，《当代传播》2009年第5期。

学研究所（ISMS），并创办了国内第一份打通传播学与符号学的学术期刊——《符号与传媒》。此后，他带领的符号学－传媒学研究所为中国传播符号学打开了全新的局面。在学科建设方面，四川大学设立了迄今全国唯一的符号学交叉学科博士点，从2009年起招收传播符号学方向的硕士、博士研究生，培养了一批以符号学为方法论的文化传播研究有生力量。在成果出版方面，四川大学符号学－传媒学研究所组织出版、翻译的符号学几大系列丛书——"中国符号学丛书""符号学译丛""符号学开拓丛书""马克思主义符号学丛书""符号学教程"就超过80种。在组织机构方面，赵毅衡、蒋晓丽等教授发起成立的"中国中外文艺理论学会·文化与传播符号学研究委员会""中国新闻史学会·符号传播学研究委员会"是符号学与传播学融合发展的全国性学术共同体，汇集了我国该领域主要的学者。此后，四川大学符号学－传媒学研究所还与天津外国语大学、同济大学、苏州大学、南京师范大学、西北师范大学等国内机构发起成立了"中国符号学基地联盟"，以共同推进中国符号学的发展。从2008年至今，我国传播符号学发展处在一个高峰期，研究人数和学术论文发表量有了明显的增加，涉及学科有了极大的拓展。

应当说，经过近40年的努力，中国符号学发展确实取得了长足的进步。在老一代学者的引领、培养下，该领域的新一代学者的学术素养并不输于大洋彼岸的同人。摆在当今中国传播符号学研究者面前的问题转而成为：中国符号学以何种姿态处身全球化学术语境。换言之，若今天正在发生的知识更新在符号学领域引发的变革，将酝酿第三次世界性符号学运动，那么中国学者将如何跻身国际学界？

此问题的答案，或取决于中国学者如何解答人类面临的符号传播与文化变革共通问题。可以观察到，全球学界正在进行一场新的赛跑，且几乎站在同一起跑线上。并且，当今国际符号学发展涌现出许多新的动向。如：塔尔图学派在继承科学与文化交融传统的基础上在生命符号学领域有所拓展；当代美国符号学的研究具有方法论的综合性色彩，并在认知论、行为主义及非语言主义方向卓有成就;法国符号学发展表现出极强的语言文学特性,并与后结构主义文化研究发生融合。① 以艾柯为代表的意大利符号学界,在艺术门类结合方面成绩突出——建筑、绘画、电影均有出色成绩,并在一般理论方向上关注意识形态研究。其中,意大利都灵学派的社会符号学特色鲜明;德国符号学则依然体现出优良的哲学传统,并与现象学传统、存在论传统以及阐释学传统融合;北欧符号学既具有浓厚的哲学思辨色彩,又融合了经验研究的新技术手段。丹麦、芬兰、瑞典等国的符号学结合了主体哲学、认知学等跨学科传统,与美国的系统论(贝特森)、语用论及行为主义(莫里斯)传统遥相呼应。

综观当今国际符号学界,多元化、流派融合的学术话语为新理论提供了足够多的"素材"——它们就像一锅适合新事物发生的"原子汤"。更重要的是,当今传媒文化的剧变,为符号学乃至整个人文科学提供了理论创新条件,同时也提出了亟待解决的现实问题——物理学对宇宙起源解析的突进冲击了哲学与宗教的世界观;人工智能正在改写"智域"的主体和边界;媒介剧变重铸着人类社会连接结构;生物工程,尤其是基因科学的进展,让人类不断尝试僭越造物主的角色……

与此相对的是,在人类技术文明进步的同时,人类的生活意义却进入了空前危机:消费社会的物化和异化使传统社会的信仰边缘化而伦理缺失;数字化生存的现实让"真""谬"关系发生了某种不对称的"后真相"转向;诉诸感官沉浸的碎片信息令传统文化生活的仪式感走向消失。在内爆的信息冲击下,人们失去了意义的追寻方向。国与国之间、民族与民族之间的文明冲突却没有因媒介技术带来的传播便利而消减——恐怖袭击、暴力冲突甚至大屠杀有了更大规模的杀伤性手段;核威胁、生化武器以及具有更恐怖杀伤力的人工智能武器,仍是悬在全人类头上的达摩克利斯之剑。

这个时代对"意义交流"的需求比以往更加凸显,这构成了学术发展

---

① 李幼蒸:《理论符号学导论》,社会科学文献出版社,1993,第22页。

的问题导向。而问题发展的基础则植根于所在的知识传统。做出卓越贡献的学者，也必然植根于其所在的学术土壤。符号学界常常热衷于谈论皮尔斯与索绪尔的区别，但从学术传统的根源来看，他们的理论却有着共同的西方哲学起点：从研究对象来看，古希腊以来的语言逻辑修辞传统在索绪尔的理论模式中得到了充分体现。众所周知，索绪尔将研究范围界定于"表音体系，且是以希腊字母为原始型的表音体系"[①]，这一研究对象即由西方语音中心主义承袭而来。而皮尔斯的符号学起点，是亚里士多德以来的西方逻辑学。皮尔斯的逻辑修辞符号学模式，在某种意义上可看作他的理论抱负——"构建亚里士多德传统能适应各门学科的科学的逻辑"——的结果。此外，据说皮尔斯能背诵康德的《纯粹理性批判》。另一位康德主义的继承人——恩斯特·卡西尔则提出了"人是符号的动物"这一关于"人"的新定义。

上述学者的理论，都深刻植根于特定文化土壤与理论传统，并与社会发展的需求相结合。就西方符号学的知识传统来看，"东方中国符号"无论是作为对象，还是作为理论思考方式，都未能被恰当地纳入考虑。包括汉字在内的中华传统符号也仅仅是偶尔被作为"东方符号奇观"而加以误读式观照。这种忽略"文化生成生态"的"线性符号达尔文主义"[②]，其根本指向有悖于文化的多样性本质。

由上，摆在中国学者面前的课题，是对传播学和符号学的双重创新——既融通传统中国文化符号遗产，也接轨当下独特的中国传媒变革现实。在这场学术创新话语竞赛中，中国学者提出的理论模式或贡献，应该是基于中国问题生发的，同时关涉"人类意义共同体"的一般规律。由此，当下中国传播符号学学者在国际学界的发声，也应有意识地从追随西

[①] 〔瑞士〕费尔迪南·德·索绪尔：《普通语言学教程》，高名凯译，商务印书馆，1985，第51页。

[②] 胡易容：《符号达尔文主义及其反思：基于汉字演化生态的符号学解析》，《兰州大学学报》（社会科学版）2018年第3期。

方理论的阐释,转向融通中西与新意独出并重。其中,涉及中国的对象问题的思考,则必须走出"东方主义"式二元对立框架,以越出仅仅通过与"西方"的比较来实现自身意义的存在。同时,中国传统文化符号思想所蕴含的"意义"必须在"人类意义共同体"的整体语境下被观照和阐发——这应是中国传播符号学界努力的方向,也是本套丛书的初衷。"传播符号学书系"是四川大学符号学-传媒学研究所发起并策划出版的一套丛书,旨在推进"传播符号学"的学科建设。本套丛书包括"国际视野"与"理论探索"两个子系列:前者主要译介传播符号学领域的国外优秀成果,旨在展现国外传播符号学交叉发展的前沿视野和最新动态;后者力图展现中国学者在传播符号学领域的探索和努力。此种兼容并包的思路,是希望读者从这套丛书中能直观比较当前传播符号学国内外学者的视点,同时也在国际学术对话中为推动中国哲学社会科学话语体系的建构而尽绵薄之力。

胡易容

己亥夏于四川大学竹林村

中文版序言

传统的修辞学理论是围绕着演讲者或修辞者向受众传达信息的观念来建构的。这种修辞学理论认为,受众是预先存在的,也就是说,受众是由等待演讲者即将开始一场精彩演讲的真人组成的。演讲者通过逻辑、情感和个人诉求来组织信息,信息的效果是根据演讲者的意图和受众的反馈来衡量的。这种传统的修辞学建构起了这样一种传播模式:演讲者在受众面前像一位领袖发表精心设计的演讲,从而达到说服效果。

受到修辞理论家肯尼斯·伯克(Kenneth Burke)的影响,我在漫长的学术研究生涯中一直认为,信息或文本是最重要的。在一个沟通或交流高度中介化的时代,演讲者和受众的重要性日益下降。人们所经历的大部分交流都是在一个高度中介化的环境下进行的——这是当今大多数交流存在的语境,这使得信息的来源既不可知也无从知道。现在绝大多数信息出现于在线平台上,我们不知道消息的来源是哪里,我们所拥有的只是信息的文本。

更重要的是,受众分散在全球各地数十亿人口当中,而信息的接收者很可能对这些信息的理解和使用完全超出信息传播者的初衷和预期。教师会将部分信息用于教育,网民会将部分信息重新加工成网络表情包,社会或政治代理人会将部分信息储存起来供自己使用。这些只是演讲者或信息发送者没有预料或无法想象的几种受众接收信息的方式。事实上,从某种非常真实的意义上而言,受众并不是预先存在的,他们是信息影响的结果。

假设我可以创建一个网站，在上面分享我的一些观点。没有任何一个受众提前在电脑屏幕前等着我这么做。相反，我们会知道我的网站信息是否有传播效果，是否准确地吸引了受众，信息创造了以前不存在的受众。当我们考虑新技术的引入时，我们也看到了文本的中心性。企业会发布有关新技术产品的信息，大多数情况下，公众可能根本不知道他们是否需要这样的产品，我们评价这些信息或广告是否成功，就是通过看它们是否为自身创造了一个之前并不存在的受众。

如果信息本身成为中心，而信息的来源和接收者变得模糊，至少会产生两个重要的结果。在我的学术研究生涯中，这两个结果一直是我研究的核心问题。第一个结果是：传统的说服方式，比如论证，变得不再重要了。如果受众是未知的，甚至是不存在的，演讲者如何精心构筑自己的论点？如果受众在信息之前并不存在，而且信息的来源是未知的，受众如何对这些论点进行评价？

在这种高度中介化的语境中，说服或修辞变得越来越具有审美化特征。也就是说，表象、感觉或情感的唤起、喜欢与否的判断、对归属或距离的态度，成为当今许多说服的基础。政治竞选是通过管理候选人和演讲者的形象来进行的，这种形象管理甚至比政治辩论还重要。我敢说，至少在美国，大多数选民投票支持或反对一个候选人是基于他们对候选人的感觉，而对所提议的政策却知之甚少。

对于市场上销售的科技产品的信息我们或许知之甚少，我们购买这些科技产品仅仅是基于某种感觉。我们会考虑产品是否符合我们的形象、我们的生活方式，或我们想要归属的社会群体。另一种概括这些变化的方式是通过本书的主要关注点，即风格。社会斗争、心理较量和经济决策现在越来越多地建立在美学、表象、感觉的基础上，正如你将从本书中所了解的，那就是风格。

我们所经历的交流变化的第二个结果同时也是我的研究的一个主要特点，那就是对修辞中形式或模式重要性的强调。除了上面的描述，表象和感觉是审美的中心，具体谈到风格，我们可以添加形式的观念。形式具有很强的说服力，它吸引并保持人们的注意力，它使修辞诉求更容易为人们所接受。

这是因为心灵与形式相契合，想想记忆一串无规则排列的数字，甚至是一串互不关联的事实是多么困难，如果我们将这些事实排列成某种形式它们就会变得更容易理解。例如密码，可能是由一些随机的字母数字组成的，因此记忆起来不那么容易。但是如果这个密码是由某些熟悉句子的首字母构成的，那么这个密码记忆起来就会容易得多。我的主密码是由句子中首字母组成的短语，后面跟着一个对我个人而言有意义的数字。在美国，人们可能很难记住五大湖的名字，但如果人们能记住"HOMES"这个词，那么就很容易记住：休伦湖、安大略湖、密歇根湖、伊利湖和苏必利尔湖。一代又一代的学生把一些原本是随机的事实整理成可记忆的形式——某种程度上这就是一种记忆技巧。

在我的著作中，我也强调了发现流行文化文本背后隐匿的形式的重要性。以超级英雄电影和有线电视节目为例。在这些文本中没有字面意义上的诉求，没有人真地认为超级英雄存在。但是我们的日常经验中毫无疑问隐藏着有关流行文化中超级英雄的形式或模式，如权力与对抗、善与恶的二元对立，等等。

形式也是风格的核心。要使一个人的生活风格化，例如乡村/西部风格、哥特式风格、硬朗的城市风格等，就要在形式的层面上理解风格的吸引力。因此，在我的整个研究生涯中，我一直主张发现文本背后的形式，以及识别不同话语中形式的吸引力的重要性。

总体来说，流行文化修辞中审美和形式的重要性，是我研究工作的重心。我希望这本书的中文翻译能让更广泛的读者更容易接受这些观点，而中国读者是当今流行文化修辞的主要角色。

前言：风格与修辞

风格，从最为广泛的意义上来说，是一种意识。

——昆汀·克里斯普：《如何过一种有风格的生活》，[p47]

想象一下这样的场景：繁忙嘈杂的餐馆里，一对同性恋人坐在桌子旁边，年轻英俊的服务生带着迷人的微笑来回穿梭，这对同性伴侣中的一位男士盯着服务生的背影，口中喃喃自语：

"哇哦，多么令人着迷！"他的同伴对此颇有微词，怒视着服务生的方向，眼中满是不屑和不满。

"别痴心妄想、自作多情了，这都看不出来？他对你毫无感觉。"同伴狠狠地挖苦道。

诚然，类似于这样的场景在日常生活中再常见不过了，在很大程度上，我们可能都会承认对朋友或陌生人的性别身份、社会阶层、种族做出相似的归因，然而这样的归因却是错误的。当我们穿过人行道，与对面走来的行人距离较近时，如果我们在潜意识中认为对方是一位乞丐，通常都会有意识地避免与其目光接触。一位来自纽约的游客在俄克拉荷马州潘汉德尔地区的餐厅里吃晚饭时，也通常会被质问："你不是这附近的人吧？"为什么我们会做出这样的判断？如果我们稍微思考一下类似的例子，个中复杂且有趣的原因就会显现出来。

拿上面提到的同性伴侣为例,以往类似事件中男女性别身份的差异在人们的记忆中被彻底颠覆,但关键的问题是:人们确实会根据自己观察到的公开行为来判断他人的性别身份(阶层、地域等)。亚历山大·多蒂(Alexander Doty)指出喜剧演员杰克·贝尼(Jack Benny)由于其走路的姿态和说话的音调,普遍被人们认为是同性恋。[pp66 - 67]然而,人们是如何从一个简单的姿态就对某人的性取向做出判断呢?上面例子中同性伴侣在没有观察到服务生实际的性行为时,又是如何知道那位服务生是一位异性恋呢?如果我们思考更多的例子,或许就会了解到餐馆里的其他人很容易就能识别出那对同性伴侣的关系。那对同性伴侣也清楚地知道他们为什么能够吸引他人的注意。在某些情境下,有一些同性恋者甚至故意做出夸张的姿态和行为,以便向他人确证自己就是不折不扣的同性恋者。如果社会一直存在非常明显的异性恋正统思想,那么就会出现同性恋者通过展示反异性的行为符号来标明其性别立场。我们可以设想,那对同性伴侣知道他们在别人眼里是同性恋,因此他们毫不忌讳在众人面前展示他们的姿态和行为,一个值得思考的问题是:他们为什么不努力做出一些姿态和行为,让别人以为他们是异性恋呢?为什么我们在言行不合时宜时就必须付出相应的社会成本呢?进一步而言,那对同性伴侣如果不这样做,是否就不能展示真实的自己。然而,更大的可能是饭馆中的那些异性恋者必然会陷于这样的困惑:他们对于自己异性恋的身份毫不怀疑,而对于同性恋者的社会行为却显得知之甚少。难道有迹象表明饭馆中的服务生是被强迫在公众场合做出某种姿态和行为,特意让别人将其看作异性恋吗?对于那些常常被视为异性恋的同性恋者,或者是那些被认为是同性恋的异性恋者来说,他们无法左右别人对他们的看法。

来看另外一个例子。每年的总统大选期间,政府机构雇员就会在媒体上表达他们的投票意见,来评判候选人是否就诸如地理区域、人口普查等问题令他们感到满意。这些政府机构雇员或许忘记了杜鲁门总统的格言:如果你想从华盛顿得到一个朋友,你必须养一只狗。政府只是想从白宫中得到心腹之人，而对其能力并不关心。或许，2004年总统选举期间议员约翰·凯利（John F. Kerry）之所以输给现任总统乔治·布什（George W. Bush），对于许多选民来说，他们不认同凯利的刻板外表和低情商。在公众们看来，凯利似乎对"简和乔的午餐桶"（Jane and Joe Lunchbucket）[①]一点儿也不关心，因此饱受讽刺和质疑，有人甚至将其刻画成电视剧《亚当斯家族》（The Addams Family）中那个由喜剧演员扮演的行尸走肉般的管家形象（不过我听过的另外一个更有意思的评论认为凯利更像《绿野仙踪》中那棵古怪的能自己扔苹果的苹果树）。人们对于凯利的这些评价或许受到"波士顿知识分子"（Boston Brahmins）[②]中庄重同时既呆板又压抑的类型形象的启发。然而，与我们在餐馆里的朋友评价他人的性别身份相比，在公众中有多少人有足够的依据去判定凯利的冷漠无情呢？进一步而言，针对在大选早期出现的那些负面形象的揶揄嘲讽，凯利本是有机会展示其热情友好、翩翩有礼的绅士风度的，但是他没有这么做，难道凯利受到了某种强迫？

我们列举的所有这些例子都清晰地展现出有关风格的概念。理查德·麦耶斯（Richard Majors）和珍尼特·比尔森（Janet Billson）认为："风格就是对于自我和他人的态度、假设和情感，它们通过语言、服装和其他非语言行为表现出来。"［p72］关于风格的界定，迈克·费瑟斯通（Mike Featherstone）提供了另外一种有用的解释："风格就是日常生活中显现出来的违反人之常情且具有某种倾向性和类别化的符号，通过人的身体姿态和言谈举止表现出来。"［p20］此外，风格还可以通过物质或财产表现出来，例如某人的着装、房子或者办公室的装饰、汽车等。

值得注意的是，这些研究者对风格的定义是与传播联系在一起的，尽管他们没有明确使用"传播"这个概念，不过他们的研究的确有着明显的

[①] "简和乔的午餐桶"在英语中指的是工人阶级。——译者注
[②] 指的是出身名门望族、受过良好教育的社会上层阶级。——译者注

传播学旨趣，并且影响了其他人的研究，例如修辞学研究。我们使用风格的目的是与他人进行区分，并达到某种想要的结果。我们穿牛仔裤的目的并不仅仅为了遮蔽身体，牛仔裤自身也构成了一种形式语言。因此风格是一种复杂的行为系统，其行为的目的是形成某种信息，用来宣称我们是谁，我们想成为什么样子，以及我们希望被认为属于什么身份。以此来看，一套具有修辞特征的传播系统会影响他人。因此，风格就是社会中权力和利益协商、分配、争夺的一种手段。这种观点得到了布雷福德·维维安（Bradford Vivian）的支持，他认为修辞学分析尤其适用于理解社会语境中的风格美学："修辞学研究对于审美的发生与接受有独特的解释，例如强烈的情感共鸣就表现为一种特殊且明确化的风格。"［p239］

我们常常根据他人的外表对其做出评价和判断，这是否意味着我们的思维方式受制于刻板印象的禁锢，这种刻板印象化的思维方式到底是好是坏呢？这是一个比较复杂的问题，一些人可能非常依赖刻板印象，但是有些错误的刻板印象一定是有害的，因为它们无法给人的行为提供有益的指导。如果我接受这样的一种刻板印象，即所有的犹太人都是神秘、富有和贪婪的，这种极端的错误会让人感到难过。但是从另外一个方面而言，我们也不可能任何时候都持有正确的刻板印象，那样的话你也没有必要阅读本书，可以确定的是：每个人阅读一本书不可避免都会受其内容和观点影响而产生某种刻板印象，但是你发现当我们用这种刻板印象去进行认知和判断事物的时候并不总是那么有效，你不得不对之前所持有的刻板印象提出质疑并进行反思，于是我们就寄希望于从别的书中寻找想要的答案。伟大的记者沃尔特·李普曼（Walter Lippmann）从专业的角度这样评价刻板印象的实践价值："缺乏标准化、类型化以及常规化判断……编辑们就会抓狂。"［p222］就像我们所有人一样，每一次的经历都好像世界在某个早晨获得新生，与之相伴的则是我们旧的记忆被抹去。你可以把这种过程称为抽象化、类型化、结构化或者是普遍化，但是它们都与语言和认知过程密切相关。正如爱德华·夏帕（Edward Schiappa）所指出的，将事物类型化是人的一种普遍的思维方式［pp13-21］。因此，我们与他人的交流或对事物的认知都必须依赖类似于普遍化和标准化这样的刻板印象思维方式。米娅·凯尔维南（Mirja Kalviainen）认为："我们对他人的第一印象就是来自某种刻板印象。"［p81］当前大量有关刻板印象修辞的研究对于我们理解风格是极为有益的。

让我们仔细思考一下，当我们说起同性恋风格或者波士顿知识分子风格时我们到底在谈论什么。我们并不是在说作为一个同性恋者必须展示其同性恋风格，也不是说同性恋者们绝不可以展示其他性别特征。甚至是非同性恋者不可以展示同性恋风格，这样的观点我们也不认同。我们所阐述的风格具有聚合化和集群化表征——行为、姿态、言谈、词语、装饰，通过诸如此类的风格标签，一个人被看作同性恋或异性恋，这种判断和归因在某种程度上也常常被那些即使最宽容、最谨慎的社会行为者广泛使用。有些刻板印象具有很强的权力支配性，一旦它们占据了人们的头脑，其思维和行为就会对这些刻板印象俯首帖耳、乖乖听命。

写作这本书我有两个目的。第一，我想梳理一下其他学者和批评家们对晚期资本主义时代处于流行文化中心的风格是如何展开观察和研究的。对于理解现代资本、商品和文化三者之间错综复杂的交叉关系，风格是一个很好的概念。不仅如此，风格还是当代文化最主要的表征，很大程度上也是推动当今商品社会和消费社会运转最重要的驱动器。风格作为一种表意系统，为理解世界中存在的那些人们所共享的既有观念提供了一种很好的角度。

我的第二个目的看起来有些难以达成，但是我仍然要努力阐述它。我同意维维安的说法："不管怎样，对于风格研究来说，当代修辞理论欠缺一种合理的方法论。"［p223］我希望本书能够填补这个空缺，另外我也希望对于风格基本理论的阐释能够为当下和未来的修辞研究做好铺垫。

需要明确的是，就21世纪来说，风格是建构修辞理论的关键。但是我并不认为风格修辞学研究能够彻底取代早期的——例如亚里士多德、乔治·

坎贝尔（George Campbell）以及肯尼斯·伯克（Kenneth Burke）等人的修辞理论，它们之间仍然具有广泛的关联性。风格是对于一系列说服性符号的命名方式，其符号意义影响着地球上的每个人。长期以来，认为社会具有多元化和分离性一直是一种时髦的观念，以至于在我们的概念系统里至少需要六种修辞理论，这些理论能够帮助我们解释在不同的语境下修辞是如何发挥其功能的。在经历了半个世纪以碎片化和去中心化为特征的后现代主义之后，我认为在晚期资本主义时代，我们的文化系统将朝向一个更具系统性和根基性的方向前进。如果真是那样，我们只需要一种修辞学理论，用来描述晚期资本主义社会大多数生命个体的举止行为具有何种修辞学意义。是的，存在不同类型的文化、阶层、种族，这些要求专门化和适时性的修辞学理论，但是也存在一种伴随着全球化而出现的风格，在知识、行为和判断方面具有某种共性。亚里士多德修辞学理论的有效性就在于他叙述的是古希腊时期由相对同质化的人组成的紧密团结的社区。尽管当代世界宣扬广泛的多元化和碎片化，风格仍然能够将世界组织成一个相对同质化的传播系统。因此，最后我将提供一种基础性的修辞理论使之能够推动强化当今的全球文化。风格就是应用于社会系统并使之呈现出某种共性的修辞学命名，不过，要想实现我的目的看起来并不轻松。

关于本书还有一个较为模糊的地方至今仍然困扰着我。我所论述的大部分内容以及在书中所引用的事例都与流行文化相关，或者是关于流行文化的修辞学理论。风格居于流行文化的中心，以至于风格修辞学和流行文化的修辞学根本上就是一回事。有人可能会说，从风格的角度思考是一种理解流行文化的路径。因此，我认为将这些视为相互之间具有高度渗透性和融合性的概念是卓有成效的。风格是流行文化构成中很特别的元素，具有强烈的世俗化特征，使得每个人都可以自由地参与其中，与我们每个人的日常生活息息相关。某人或许可以声称绝不会卷入流行文化的泥淖中，但是他却无法摆脱身上风格的影子。

为了达成我的目的，第一章我将着重对居于流行文化中心的风格进行阐述。首先探究关于风格的不同定义和基本概念，其次我将论述风格作为一种表意系统，可以帮助我们理解流行文化中诸如图像、美学和某些奇妙思维方式所具有的意义。一旦我们对风格的仿真本质有了清晰的认知，同质性思维就是一种有效的方法，能够帮助我们理解不同风格何以聚合到一起并构成完整的系统。

第二章分析了社会和商业结构中的风格，风格是构成当今社会的基础。它能够表明某种社会价值观，为群体之间划定界限，并且建构社会的空间和时间。风格也扎根于消费行为中，为晚期资本主义社会的人们提供了一种镜像化的真实。风格就像忠实的女仆，服务于物质必需品的过度消费，当风格成为一种世俗化的意识形态，我们所有人都被卷入了物质消费的狂欢中。

第三章开始讨论修辞理论，并将修辞看作风格的政治后果。这一章主要分析有关身份的概念，并且认为今天的身份在很大程度上是被风格建构的，我们姑且将其称为身份政治学。对于大多数人而言，每天日常生活中风格及其形象所蕴含的意义乃是社会政治斗争的主要区域。在这一章，针对社会上广泛存在的对风格与政治二者关系的那些严肃的吐槽，我将以一种消遣的姿态对之提出批评。

第四章将集中讨论下述命题：风格作为21世纪的修辞，其理论批评已经得到了长足发展。对于理解风格如何作为当今主要的修辞体系，本章将给出系统性的解释。关于风格修辞学的理论框架，我认为由五个部分构成：（1）文本的首要性；（2）想象化的社群；（3）市场化语境；（4）审美化的基本原则；（5）形式上的同质性。

最后一章通过修辞学分析阐明某些理论疑点，说明修辞学是如何通过风格展现其理论效力的。为了对此做出有力解释，我将以美国社会中的"枪支文化"（gun culture）为例子进行分析。尽管这种文化与许多左派人士想象的大阴谋相去甚远，我认为那些对枪支及其合法用途感兴趣的人是通过某种风格连接在一起的，而这种风格的保留有其特定的政治目的。当我研究工人阶级的风格或者其形象的时候，通常会将其与"枪支文化"联系起来，但是任何意识形态以及风格如何发挥其政治功能，总有其自相矛盾之处。工人阶级风格的枪支文化包含两个矛盾，第一个矛盾表现在乡村和城市之间，枪支文化风格与乡村工作的主题具有一致性，表现在衣着、姿态和言语等方面，然而它遵循了具有暴力威胁的城市主题。第二个矛盾是许多在工厂工作过的人所能感受到的辛酸，表现为一方面渴求独立和自由的行动，另一方面又不得不顺从权威。我在本章中还要举例说明风格是如何被政治化的，以及风格修辞学的方法论是什么样的。借此方法论，读者也可以对自身的风格修辞学进行一番检验。

本书的后记部分，我提出的具有想象力的词源学，这与一般意义上的前言或后记所阐述的内容可能完全不同。本书对于某些问题思考得出的简短结论可能会对很多读者的理解造成一定的困惑。

致　谢

我要对我的很多学生表示感谢！无论是在得克萨斯大学奥斯汀分校还是在威斯康星大学密尔沃基分校工作期间，我与我的学生们一起就风格修辞学的很多问题进行研究和讨论，这让我受益良多，给我带来了很多思考和写作上的灵感。我还要感谢《基座》在线杂志发表我的诗歌《在枪展上》，感谢爱德华·夏帕（Edward Schiappa）和马克·梅斯特（Mark Meister）两位教授给予拙作的支持和精彩评论。此外，还要对南伊利诺伊大学出版社的卡尔·科戈夫（Karl Kageff）以及其他编辑人员说声谢谢，正是由于他们的帮助，本书才得以顺利出版。

目录

第一章 位于流行文化中心的风格 ... 1
风格与符号 ... 8
符号、美学、图像以及仿真 ... 21
风格的系统性 ... 39

第二章 风格的社会和商业建构 ... 51
风格建构经验、文化和感知 ... 51
风格和消费 ... 67

第三章 风格的政治后果 ... 90
风格可以政治化吗? ... 94
身份、政治和风格 ... 100
通过风格进行社会和政治斗争 ... 114

第四章 21世纪的风格修辞学 ... 138
文本首要性 ... 139
想象社群 ... 142

市场语境 …………………………………………………… 147
　　审美基本原理 ……………………………………………… 150
　　风格同源性 ………………………………………………… 155
　　图表与图式 ………………………………………………… 157
　　与想象社群的关系 ………………………………………… 163
　　与市场语境的关系 ………………………………………… 168
　　与审美基本原理的关系 …………………………………… 172

第五章　美国社会中的"枪支文化"风格及其修辞 ………… 175
　　工人阶级的风格同源性 …………………………………… 178
　　工人阶级风格 ……………………………………………… 184
　　第一种张力：个体与自我决定相对于规则、秩序和服从 ……… 189
　　第二种张力：乡村工作环境和城市的威胁 ……………… 195

后记：想象的词源学 …………………………………………… 202

参考文献 ………………………………………………………… 206

原文索引 ………………………………………………………… 214

第一章　位于流行文化中心的风格

风格主要表现在三个方面：我们的语言、我们的行为、我们的外表……尽管外表是风格交流中最为弱小的力量，它所受到的关注却远比语言和行为多得多，或许这是因为在外表方面有许多花钱的地方。——昆汀·克里斯普《如何过一种有风格的生活》，[p63]

一说到风格，我头脑中就会闪现关于风格的许多定义。从最为宽泛的意义上来说，我将风格称为我们做某事的方式，包括我们如何说话、行动、吃东西、穿衣打扮，等等。如果对风格的这种界定显得过于宽泛，我们或许会注重探究风格这个概念的广度和范围。请允许我从狭义上开始分析，对风格这个词进行饶有趣味的词源学考证：

"风格"这个词源于拉丁文的"stilus"，指的是一种拥有锋利尖，能用来在蜡板上刻字的工具；根据推定，"stilus"也指书写的方法。后来，"stilus"这种技术上的含义被带到了英文单词"style"当中。[p88]

可见，风格最初的含义就是人如何写字，因此，在某种意义上，我们有幸拥有了理解风格的指导手册。关于风格的词源学考证具有传播学旨趣，显而易见，在蜡板上书写是风格这个概念的核心意思。比较有趣的是，雷布津斯基对风格的解释充满了时尚意味，明显区别于下文将要谈到的风格的含义，在雷布津斯基对风格概念的考察中，在蜡板上的书写根据内容的不同总是可变化的。

对风格最古老的定义往往是最狭义的，这个古老的概念是新亚里士多德批评经典的一部分，也是亚里士多德《修辞学》第三卷的主题。在那样的语境中，它意味着一种语言学风格，例如语言的选择、比喻手法或修辞格的运用。18世纪的理论家休·布莱尔（Hugh Blair）从这种意义上来定义风格："关于风格，我认为最恰当的定义，就是某人使用语言表达其观念的一种特有方式。"[pp101-102] 风格的这种古典定义，正如罗德里克·哈特（Roderick P. Hart）所分析的："总的来说，风格通过语言使用习惯之间的差异而呈现出来。"[p197] 然而，仅仅关注语言并不能涵盖前拉斐尔时期的绘画风格，也不能涵盖那些有伟大风格的人，同样也无法涵盖那些以一种优雅风格进行离职面谈的雇主。

另外一种有关风格的观点来自心理学领域，一些社会科学家研究风格，他们认为风格是某些人对社会关系中给予可识别刺激的预判性和系统性反应，或者将其看作稳定认知条件下的一种客观结果，也就是说，社会行为很大程度上被理解为个体特征的外在化表达。戈登·奥尔波特（Gordon Allport）有关社会个体的经典研究，从一种极为宽泛的意义上认为"风格就是彻头彻尾的外在行为的表征，人的整体行为不仅仅是身体某一部位单独通过特殊技巧展现出来的动作"。[p489] 不过心理学有关风格的论断在大多数科学研究中都无法得到证实，最近，社会学家佩吉·加拉赫（Peggy E. Gallaher）对风格给予了一种同样较为宽泛的定义，认为"风格就是行事的方法"或者"表现出来的外在行为"；佩吉也认同将风格看作个性特征的外在化表达。她在文章中揭示了个体风格的四个维度：表现力、鲜活性、感染力以及协调性，这四个维度通过个体的外在行为得到不同程度的展现。有关风格的这些心理学研究有着较大的价值，但是仅仅局限于风格本身，很少论及风格与商品之间的关系，或者更广泛的风格与政治运动之间的关系。

在日常交流中,我们对风格的实际使用要远比仅仅将其描述成一个语言或个体心理维度的词广泛得多。当我们说某人有风格,指的是社会中存在的具体的风格类别,例如维多利亚风格、朋克风格、哥特式风格。当我们谈论某种引领式风格或者建筑风格的时候,意指的是一种广泛存在的由行为、对象和经验构成的社会关系网络。这与斯图亚特·埃文(Stuart Ewen)对风格的定义具有一致性,他认为风格就是"在一个特定社会语境中,人类的价值观、思维结构以及想象力通过一种美学的方式得以表达和接受"。[p3] 当我们将风格与美学相结合去表达价值观、思维结构和想象力的时候,就可以拥有一个较为宽泛的概念术语。从这个意义上来说,风格与行为、对象、事件、姿态以及商品等密切相连,同时具有语言的属性;风格就是被用来在自我和他人身上创造富有美感的修辞效果的方式。对于风格的这种理解或许在理查德·麦耶斯和珍尼特·比尔森的著作中得到过类似的阐述,"很酷的姿态"并且伴随着"独特的语言方式和行为举止"。[p2]

这种相对广义上的风格定义在罗伯特·哈里曼(Robert D. Hariman)对政治风格的研究中得到过精彩的阐释,他将风格视为一种语言表达方式、行为特征、姿态、社会结构甚至人的着装方式,这些共同构成了鲜明的政治风格。哈里曼对风格的解释含义大大超出了风格的古典定义的限制:"在很大程度上,古典意义上的风格仍然被界定为单独艺术文本中的话语分类形式,而不是我们所理解的动态的社会经验,或者修辞诉求与政治决议之间的关系。"[p8] 像哈里曼一样,我也将风格理解为一种超越语言的广泛存在的社会符号系统,这个符号系统通过文化谱系实现其修辞目的。

进而言之,我认为风格不仅仅作为符号系统而存在,作为一种表现形式,风格还是当今时代社会文化结构极其重要的表意根基。斯图亚特·埃文表达过类似的观点:"不能仅仅将风格定义为时髦的穿衣打扮或者类似文艺范儿这样的问题，它是社会文化结构的一部分，一种普遍的情感，它触及了社会生活中无数的领域，却不受任何领域的限制。"［p3］米歇尔·马费索里（Michel Maffesoli）同样表达了一种关于风格定义的超然观点，认为风格是形成社会交往的根基："严格意义上，风格已经成为一种包罗万象的形式，它产生了存在的全部方式，风俗、表象以及各种风尚在社会生活中呈现出来。"［p5］如果风格确实是作为社会媒介的象征系统而存在于晚期资本主义社会中，那么我们就不会对埃文提出的"当今时代风格几乎浸染了社会的方方面面"［p3］的观点感到惊讶。

晚期资本主义时代，风格不仅是一个人身上穿的衬衫，更是社会形成的绝对根基。当某种事物具有超然性，它与我们之间就构成了一种相互支配的关系。我想表明的是，弄清楚哪种风格是有意为之这样的问题是很复杂的。与其说风格是人们生产出来的，不如说风格是人们行为做事的依据。或者坦率地说，风格对我们的影响和我们对某种特定风格的影响一样大。我们可以选择风格，同样，风格也可以选择我们。朱迪斯·巴特勒（Judith Butler）对风格有一个简明扼要的解释：

> 我认为风格是一个错综复杂的领域，而不是一个我们单方面依靠某种有意向性的目的选择或控制的对象。……在某种程度上，一个人可以尝试各种风格，但是你现有的风格并不完全是一个选择的问题。［p18］

人们对表现或者不表现某种风格的约束显示了风格对于社会存在的重要性。举几个简单的例子可以很清楚地说明风格在日常生活中的重要性，拉斯基（R. L. Rutsky）说的高科技风格并不是这种或那种风格，而是一种包容性的文化结构："因此，说到高科技美学或风格，并不是说一种特定的外观或风格，而是一种与时尚和美学相关的文化，这才是高科技风格的本质。"［p5］巴卡里·凯特瓦那（Bakari Kitwana）说街舞源于一些简单的音乐、时尚或姿态，现在已经进入了文化的复合体："在某种程度上，说唱音乐的商业化将嘻哈文化的定义从最初的四要素（涂鸦、霹雳舞、打击乐、饶舌音乐）扩展到包括口头语言、肢体语言、态度、风格和时尚。"［p8］安娜－丽丝·豪吉－尼尔森（Anne-Lise Hauge-Nilsen）和玛格丽特·福莱特（Margaret Galer Flyte）用大量的文体学术语描述了那些优秀高科技产品设计的特征，并将其与使用对象的整体环境进行了比较："在短期的产品使用中，最重要的因素是良好的性能、令人愉悦的美学、舒适的触摸感、优秀的产品控制、过硬的产品质量、安全性、产品结构、满意度以及性价比。"［p268］请注意这些描述多么具有美学化特征，它们与产品的使用对象一起被连接到复杂的生活情境中。最后，约翰·利兰（John Leland）将嘻哈风格理解为一种贯穿一生的偏执美学，把它说成是我们生活存在暗流之下一种超然的节奏："由声音、视觉、智力、哲学构成生活的韵律和节奏，这是嘻哈文化秉持的基本信仰。"［p194］对于上述这些学者来说，风格是建构生活经验之上的一种超越性的范畴。

有必要将风格本身以及作为一个概念区分开来，这是我一直以来都想强调的，某种特定风格的理念，例如包豪斯、哥特式、浪漫主义等，这些特定风格作为整体性的符号系统有着宽泛的意义以及隐含义。此外，也有必要区分风格和时尚的差异。风格作为一种语言的概念将在后面得到深入探讨，但在这里，将风格视为一种语言，并将时尚视为该语言在当时特定表达方式的观念是有益的。也许将风格视为一种特定的语言或句子并不总是合适，尽管这种语言或句子在当时并没有说出来，但这种语言总是作为一种现实存在，作为一种可能的保留剧目而存在。

同样的道理，一种特定的风格是一套携带着特定意义的符号系统。时尚指的是一种特定的风格在某个时间段的流行。雷布津斯基援引加布里埃尔·香奈儿（Gabrielle Chanel）的名言来指出两者之间的差异："时尚易逝，而风格永存。"［p13］"嬉皮士风格"在当前可能流行，也可能不流行，尽管如此它仍然是一种可以被挖掘其符号和意义的风格，随着时间的推移，它可能会再次成为一种时尚，也有可能永久退出时尚之列。雷布津斯基在他的论述里精确地阐述了两者之间的差异："如果说风格是建筑的语言，那么时尚则代表了变幻莫测的文化潮流，在任何特定的历史时刻，风格都形塑并趋向于作为建筑语言的风格。"［p51］弗吉尼亚·波斯特莱尔（Virginia Postrel）认为时尚总是处于快速变化当中："时尚，不仅指的是服装和相关产品，也指任何审美形式不断演变的事物。"［p79］马尔科姆·巴纳德（Malcolm Barnard）同样采用这种用法来区分可变的时尚与"固定的着装"［p61］，原始部落或者梵蒂冈祭司穿的服装就属于这种"固定的着装"，简·波德里亚（Jean Baudrillard）在谈到"固定的着装"时评论说："在一个等级森严的社会里，是不存在时尚这种东西的，因为所有人都被安排在固定的位置，因此根本就不存在阶级的流动性。"［p84］

　　某种程度上风格被界定为一种做事情的技巧，有趣的是，巴纳德给出了时尚的词源学解释——一个人做什么，而不是穿戴什么，就像一个人做了一个陶罐或者一顶帽子。［p8］这种专注行为的观点与时尚的概念更相容，时尚总是一种当下的行为，人们利用各种资源制造不同的风格，试图保持其永久性和理想化。

　　至于风格作为一种社会媒介的功能，其必然具有普遍共享性。大众传媒是风格在全球范围内传播的信息资源，人们想要了解当下的风格以及它们如何被他人解读，我们想要获得如何利用风格资源的知识。传媒会告诉我们当下哪种时尚是流行的，保罗·坎特（Paul A. Cantor）强调了共享文化创造中电视媒介的重要性："不管是好是坏，电视似乎给今天的学生提供了一种同质性文化"［p9］，对不同风格及其意义的认识是这种消费文化的核心部分。正如迈克·费瑟斯通所说："专注于构建富有表现力的生活方式，从环绕个体的商品和实践中获得某种秩序的满足感，从而产生了对生活方式信息的持续追求。"［p114］为了回应需求而提供的信息总是具有高度的一致性和系统性，通过当今不同的媒体，我们期望得到明晰的信息，能够辨别什么是风格以及风格本身的含义。

狄安娜·克莱恩（Diana Crane）认为，时尚摄影顺应了青年文化的节拍："时尚摄影的主题和图像，与那些在青年文化中流行和通过媒体传播的主题和图像具有同步性，这一点在摇滚乐上表现得尤其明显。"［p203］这些青年文化扩散到全球范围，伴随着媒体关于风格的持续报道，这些青年文化在东京、纽约、柏林等国际性大城市间来回流动。大卫·戈德伯格（David Theo Goldberg）明确提到了体育类谈话广播在创造共享风格方面的作用，这是关于风格信息一致性的另外一个例子："体育具有高度的统一性，而体育谈话广播有助于塑造这种统一性并将其时尚化，体育谈话广播在生产这种统一性——一致的表达风格、观点、团队支持等方面扮演着核心角色。"［pp33-34］

媒体通过提供关于风格的信息，也提供我们生活世界的信息。当然，这种状况已经持续了几个世纪，但是今天的电子传媒已经触及了全球各个角落，已经出现了前所未有的全球化现象。约翰·利兰强调新科技和媒介技术在嘻哈青年文化的发展过程中扮演了重要角色："作为一种启蒙形式，嘻哈文化滥觞于技术和经济发生巨大变迁的时代……新技术和传媒成为青年文化流行的驱动器。"［p61］迪克·赫伯迪格（Dick Hebdige）认为媒介技术信息有助于我们对世界进行分类和排序："现在，媒体在定义我们的经验方面扮演着举足轻重的作用，它们为我们提供了对社会世界进行分类的最有效的类别规则。"［pp84-85］这也意味着不同的社群可以通过媒体了解哪些风格与他们相关，哪些与他们不相关。凯特瓦那指出，现在黑人文化风格与早期相比，已经被媒体广泛传播："尽管有轻微的地方差异，但是，不同黑人社群之间的文化代际传递仍然是有序和连贯的。今天，在强大而普遍存在的技术进步和企业发展面前，这些黑人文化的传统传播者的影响力已大不如前。"［p7］地方性的文化权威正在被摧毁，"现在，媒体和娱乐文化例如流行音乐、电影、时尚等，是美国黑人向这一代年轻人传递文化最主要的渠道"。［p7］文化传统被取代，本土文化权威被媒介化或许永远不是一件好事，然而这种趋势却是不可避免的。某些媒体或许会传达不良的价值观，例如，戈德伯格提出的"商品种族主义"概念，"在各种消费景观中体现得淋漓尽致：广告、博览会、博物馆展览。需要补充的是，今天商品种族主义的主要表现形式是体育的过度消费"。［p39］可以确定的是，无论正确与否，风格与不同种族有着不可分割的联系。

大卫·斯雷登（David Slayden）和科克·维尔洛克（Kirk Whillock）通过研究表明，当今媒体通过风格和文化取代地方性权威的进程发生在许多文化社群中："文化习俗已经被生产规范所取代，其中的文化参照点来自电影和电视的生产领域，而不是来自日常物质世界的共享经验。"［pp9-10］也就是说，今天世界上的人们共享的经验来自传媒领域，它并非一种排他性的信息，任何人只要掌握了相应的技术都可以使用它。关于风格的信息不属于任何的高雅文化，在这种高雅文化中，信息仅被用于维护阶级特权。大众传媒的强大能力创造了一个全球化的信息共享空间，而其中复杂的关系网络是由风格建构的。"流行电影、小说、电视……经常散播不切实际的评论……来迎合大众生产的一般模式和条件。"约翰·费斯克（John Fiske）强调："这种特质属于大众流行的范畴，正是这种特质使得文本能够被人们的文化所接受和使用。"［p218］所有这些观察的意义在于，尽管仍然存在巨大的文化差异，但曾经位于母亲膝盖上的文化权威如今出现在了屏幕上，现在人们可以分享大量媒介化的经验，它们来自我们日常生活的中心。

如果大众传媒创造的符号环境能够让我们懂得风格以及风格的意义是什么，如何使用风格，那么我们就必须对作为一系列符号的风格有更多的思考。接下来的部分我就要探讨由符号和图像建构的风格所具有的含义，这将促使人们去思考风格是危险的还是不重要的（或者两者都不是）。

风格与符号

关于风格最常被提及的说法之一，即风格涉及的是符号问题，而不是它的参照物；涉及的是图像，而不是物质。埃文认为："形式重于物质已经成为人们认知风格的深层意识。"［p3］一个人可以将自己的房间布置成典型的法国乡村风格，却不必和法国发生任何真正的联系。一个人可以只戴着牛仔帽，不用放牧牲畜，看起来就和美国得克萨斯州的牛仔很像。这种现象屡见不鲜，有人认为风格是表象化的，而有些人认为风格是真实经验的表象。但无论如何措辞，风格经常被指责为无关紧要的东西。用这些观点来分析时尚，巴纳德认为："在许多日常化表达中，时尚、服装和纺织品都与凌乱琐碎和华而不实联系在一起。"［p2］这种观点在米歇尔·德·塞托（Micheal de Certeau）提出的"小城镇人"（man about town）形象中得到了很好的阐释："除了其着装看起来像城镇人以外，其他一无所有。"［p184］杰克·巴布肖（Jack Babuscio）认为这种被称为"坎普风"（camp）①的风格不仅徒有其表，而且会使所有实践这种风格的人看起来非常肤浅，不过是一种表象的经验而已："'坎普风'通过专注于社会角色的外在表现，暗示了角色，尤其是性角色，是非常肤浅的，是一种纯粹的物质化风格。"［p24］针对与之相类似的主题，彼得·阿克罗伊德（Peter Ackroyd）指出异装癖是一种玩弄表象的行为，这种行为是越轨的，因为它又回到了物质层面。在维多利亚时代，"男性的异装癖无论从哪个层面来说都是冒犯而无礼的，他的异装毫无用处，本质上是视觉的流露，是一种享乐而不是道义的表达，是性游戏而不是道德责任的表达"。［p60］

  关于风格的表象化，乔治·瑞泽尔（George Ritzer）阐述过一个被广泛运用的隐喻："景观社会中，追逐图像和符号的完美表象变得日益重要。"［p183］专注于表象是一种对风格的迷恋，正如埃文所解释的："这种使任何事物风格化的能力……鼓励人们去理解这个世界，并且把注意力集中在那些容易被操纵的表象上，而那些表象之下的其他意义，除了批判

---

① 一种偏向浮夸和夸张的艺术风格，崇尚非自然、形式主义的事物。——译者注

的眼睛以外，对所有人来说都消失了。"［p262］埃文说晚期资本主义极其依赖各种表象，正如在市场里"人们所有的表达方式和创造力都被挖掘到表象上：他们的外表、他们的触觉、他们的声音、他们的气味。然后，这种战利品被附加到市场的逻辑之上：大规模生产和商品化"。［p52］赫迪伯格将专注于表象与追求美学的愉悦联系起来，这是风格中心化的关键："从密集的图像流动中，我们获得关于表象经验的审美愉悦：对于内在的永恒意义，我们毫无兴趣。"［p127］波德里亚把电子屏幕比喻为"高科技平面"，提醒我们通过媒体获得的知识是浅层的："今天景象和镜子已经让位于电子屏幕和互联网，不再有任何超越性和深度感，只剩下普遍表象的操作展开，社会交往中到处可见这种光鲜和世故的表象。"［p25］弗兰克·莫特（Frank Mort）提到过一个关于表象化风格的例子，同性恋风格始于1980年代的英格兰，"它完全就是身体外表一种特定风格的展现，从一开始身体就是作为炫耀性别的场所，而不是聚焦于传统的性行为"。［p179］换句话说，要想成为同性恋必须首先从外观上让人一目了然。

这种对表象化风格的持续阐述表达了这样一种观念：风格是由符号构成的。这些风格保留了一些原始参照物的含义，但不再与它们紧密相连。这些符号被描述成一种"漂浮的符号"（或者漂浮的能指），正如费瑟斯通所说的："具有自主性的能指，通过媒体和广告来操纵符号，那意味着符号与对象脱离从而变得具有漂浮性，并且可被用于多样性的社会关系中。"［p15］例如，牛仔帽的符号并不需要"固定"在任何一位真正的牛仔头上，现在人们也不会认为一个戴牛仔帽的人会独占这个符号。"漂浮的符号"这个概念广为人知且非常有用，但并不完全正确，因为符号绝不会完全飘起来。要使牛仔帽有意义，就必须保留它粗犷的乡村个人主义风格。要使它能在一定的风格体系中发挥作用，它就必须保留一些原初的意义，不论这些意义被如何衍义，都必须与最初戴它的牛仔们的形象相关联。

埃文在谈到皮肤表面语言的风格时说："无论'皮肤'是什么，或者它的起源地是哪里，一旦它进入风格市场，它的意义就会发生妥协或者丢失……风格是可以被耗尽的东西,当其原初语境被撕裂,风格就会失去部分意义。"［p52］利昂·温特（Leon E. Wynter）似乎也使用了"皮肤"这个比喻："美国的工业生产了一种关于商业文化的栩栩如生的假皮肤,既柔软且强大到足以覆盖我们所有人。"［p10］

风格似乎需要合适的符号从原初语境中提取相应的意义,在不同的语境中进行意义的转换,这是风格的本质所具有的能力。赫伯迪格提到造型师过去（现在仍然）被称为"修理匠",因为他们将一系列商品置入符号化的环境中,其目的就是消除或颠覆这些商品原初的意义。［p104］时尚工业中的造型师被克莱恩描述成从其原初语境中提取符号的人："这些图像制作者从电影、电视、街头艺术文化、同性恋文化以及色情文学等广泛来源中寻找素材。"［p202］这就是今天的造型师升级其业务的秘密所在,没有必要使得当今的文化语境与 20 世纪 60 年代相贴合。

将构成风格的符号仅仅看作表象,这种观点与"节俭法令"（sumptuary laws）① 强制规定下的风格概念是相反的。（Barnard,62,78；Crane,3；Ewen and Ewen,85-87）"节俭法令"规定了符号与现实之间的紧密联系,符号是固定的,而不是漂浮的。它通常适用于服装,生活当中一个人的着装必须准确地表明其身份和地位。巴纳德指出,在封建社会系统里,法律明文规定不同的社会阶层其服装的风格必须是固定的,服装就具有发号施令的功能,甚至服装所代表的身份和地位能传给下一代。［pp108-109］即便今天,我们有了"节俭法令",可以限制生活中某些漂浮的符号出现。在某种程度上,我们在意识中对表象化风格的渴望反映了这样一个现实：一个人可以冒充司法人员或医生,却没有受到严重的惩罚；例如,我们潜意识中希望将这些职业符号当作真实事物本身。

仅仅将风格当作一种表象,这样的一种观点就触及了风格与修辞的本

---

① 一种试图规范消费,尤其是规范服装、食品、家具等的消费的法律,此类法律最早可追溯至古希腊时代,一直延续到现代。——译者注

质关系。如果向你介绍有关牛仔的事项之前，我必须成为一个真正的牛仔，那么毫无疑问我的工作会很艰难，也没什么机会。但这就是修辞学研究所处的现状，修辞必须与真实的物质现实发生联系。但是如果风格的表象化是人们所追求的，那么我们就进入了一个修辞规则主导的世界，因为表象很容易被操纵。我可以穿上牛仔的衣服，那就是采取某种风格进行说服。波德里亚认为："表象和外表，那是充满欲望的空间。"（Ecstasy，p62）埃文指出了表象和图像在市场中的中心性："风格已经日益成为市场中流行的官方习语，通过广告、包装、产品设计以及企业法人身份，表象化的刺激力量直击人的眼睛和心灵，从而遮蔽了事物的本真。"〔p22〕在这种状况下，"事物在可见世界中的实存性被抽象价值、非物质性以及倏忽易逝所取代"。〔p157〕比尔·格林（Bill Green）同样指出了表象化对于市场的重要性："从最为宽泛的意义上来说，设计可以被定义为人与产品之间的互动，并且是导致产品差异最重要的手段，在富足的社会中，产品的设计理念和风格，优先于成熟先进的技术和产品价格。"〔pp1-2〕格林说："现代主义的那种'功能高于形式'的信条是一个摇摆不定的概念。"〔p2〕风格对于市场的占领是独立于功能之外的。

当风格为了达成自己的目的，将表象从实际语境中移除时，风格的范畴就明显跨越了时间和空间的界限。风格从不考虑人当下所处的语境，而是不断地运用图像和指涉表达某种意义暗示。马蒂亚斯·维格纳（Matias Viegener）分析认为，"坎普风"作为一种风格，具有特定的意义暗示："它的主要机制就是将一个老旧的形象插入一个新的语境，历史废物的循环再利用，这通常是一种风格早期生产模式的产物，如今，它已经失去了生产可行的文化意义的能力。"〔p250〕波斯特莱尔将这种暗示性现象称为"装扮回音"（costume echoes），这个概念来自戴斯蒙德·莫里斯（Desmond Morris）。波斯特莱尔解释说："'装扮回音'适用于各种形式的表象，而不局限于个人外表。"〔p100〕因此，今天的时尚景观是不断变化的，不同的风格在时尚的漩涡中来来去去，对过去时代和偶像的指涉令人眼花缭乱。费瑟斯通认为风格"通过不断地对艺术和历史主题循环利用以达到对商品世界的美学化……不断变化的城市景观唤起了各种各样的联想、想象和记忆。"［p74］埃文强调说风格为了保持公共记忆，新兴的商品和符号必须同样能够激发关于早期图像的记忆，"产品的设计、包装或者企业的标识必须能够在记忆中留下深刻印象，同时它们在潜在消费者的意识中必须能够持久存留……即便新设计的产品也必须如此，在某种程度上，它是为了激发记忆中的产品优先性"。［p246］我们可以参照这一时期或那一时期不同派别的风格。但事实上，在任何特定时期和地点，尤其是在晚期资本主义时代，许多缺乏整体一致性的风格体系正在被唤起。包豪斯是一种连贯统一的风格，然而它出现在一个碎片化的时期，在这个时期，还涌现出了许多其他的风格。雷布津斯基说："大多数历史时期的风格都是混乱的，要想达到风格上的共识非比寻常。"［p79］

总体上，有相当数量的学者论述了风格是由表象构成的，但是这样的论断也常常受到质疑。如果风格仅仅是各种表象，那看起来似乎不值得对其进行严肃的研究。但是请考虑另外一种观点：风格是一种物质性存在。如果我们生活在一个符号和图像不断增多的文化中，那么由符号和图像构成的风格可能就是最真实的，就像任何人需求的那种真实。那就是我们生存的真实世界，正如瑞泽尔所分析的："景观社会基于从商品生产向社会再生产转化……景观就诞生于符号和图像的生产。"［pp185－186］如果我们的文化中符号、图像和意义的交易远远多于物质消费，如果我们处于像《白宫风云》剧情演绎那样的一种政治文化中，如果越来越多的人将选票投给《美国偶像》中的选手，而不是参加竞选的政治候选人，毫无疑问，我们生活在一个符号变得更真实的世界中。

简而言之，在很多方面，风格与物质的对立正在消失，两者开始不断地融合。仅仅去批判一个已经崩溃的二元对立系统而不去试图复制它是令人疑惑的，理想情况下，人们会找到第三个综合性的术语来指称一个新的概念，但在这里似乎不可行，因为风格是一个使用非常频繁的术语。

即使许多作者能够想象得到风格的支配地位，但是他们似乎仍然沿用了风格-物质对立的二分法，换作我也可能会这么做。有几个方面的原因。首先，尽管我们具有共享的某些观念，但并不意味着所有人看待事物都用同样的眼光。其次，我们生活在一个文化变迁的时代，即使二元对立中的一方倒向另一方而变成一个新的概念称谓，从语言中拣选一个合适的术语来指称它也需要时间。再次，人们可以在某种条件下通过唤起已不复存在的事物来表达出二元对立中的一方，比如当人们谈到加勒比海的渡渡鸟或者英语系的文学研究时。最后，人们可以通过修辞力量的转换同时保留二元对立中的两个术语。我认为本书的很多理论资源，都是基于风格的物质性层面，试图将严肃庄重的修辞学理论转化为风格研究。这就意味着我的论点在内容上离不开修辞学的衬托，对于风格而言要体现出其本体论意味。

风格和物质之间的区别恢复了古老的柏拉图式的区别，即表象和现实、符号与所指之间的区别，而这一点被认为是有问题的。柏拉图式的二元论可以在《高尔吉亚篇》中清晰地看到，在那里，明显的风格实践，如化妆和烹饪，与实质性的学科，如体育和医学是对立的。这些对立就像商品符号和商品本身的差异，在某种意义上，柏拉图论述的关于风格-物质的区分也就是符号和物质的二元对立。然而今天的世界是反二元论的，关于风格的那些条条框框以及物质本身都开始出现了崩塌，转而被"符号/风格"所取代。

思考物质（现实）与符号的对立问题，一个重要的角度是从物质崩塌向风格转化这样的路径入手。许多思想家都有充足理由相信符号的至高无上，正如雅克·拉康（Jacques Lakan）所认为的，就人类的经验而言"是文字创造了物质的世界"。［p65］追随拉康主义的学者乔·斯垂顿（Jon Stratton）回应了这种观点："在对外表盲目迷恋的语境下，物体的图像或表象决定了社会现实。"［p78］

这些思想家的观点中，更为引人注目的来自波德里亚："我们不再作为像现实中的剧作家或演员而存在，而是作为多重网络的终端而存在，主要是作为符号和表象存在。"(*Ecstasy*, p16) 这导致了今天社会的"污秽"现状，其中"所有的事物都变得具有即时透明性、显而易见，暴露在信息和交流的粗暴无情的光照下"。(*Ecstasy*, p16) 换句话说，所有的事物都变成了符号的附庸。所有的事物都成为符号，每个人都处在"迷幻"当中，意味着"所有的功能都被分解成一个维度：交流的维度"。(*Ecstasy*, p23) 为此状况，波德里亚扼腕叹息。

最近这些理论家的回应也体现在理查兹（I. A. Richards）的早期研究中，他详细地解释了符号建构世界的方式。因此，我们的意识总是充满了意义。肯尼斯·伯克在其著作中也阐述过类似"符号何为"的观点，强调语言通过建构世界的方式而服务于不同的目的和利益。[*Language*, pp359-379]。两位理论家都谈到可感知的现实总是被符号系统所建构，我认为，一个人不必成为唯我论者或者迷之自信者去争论符号构成了人类现实的本质。

至于符号为什么能够强化经验，其他学者已经从哲学或心理学层面给予了广泛的研究，这项基于文化基础的研究工作讨论的是为什么表象可以具有物质性，为什么在晚期资本主义时代，仅作为表象正在消散的风格忽略了图像和表象日益增长的中心性，为什么在这种情境下人们几乎不再将风格看作物质的对立面。人们之所以认为风格总是重要的，乃是因为风格作为表象构成了经验的重要维度。凯尔维南表达过类似的观点："风格针对的是表面印象，它在人类意识与物质世界之间形成了一个走廊。"[pp83-84] 萨拉·布耶（Sarah Buie）针对美学有过同样的观点，他认为，相比于感官化的视觉表象，审美化表象的内涵要丰富得多："审美，审美不是对于事物感官化的视觉表象认知，而是关于一个允诺、一个对象或一个意图的真正本质是如何以形式体现和表达的，它是我们理解事物样貌及意义的直接的、本能的方式。"[p28] 波斯特莱尔同样将表象置于我们生活的中心："当我们宣称仅有表象是不可能具有正当价值时，就意味着我们拒绝了人类的经验并忽视了人类的行为。"[p11]或者就像雷布津斯基引用奥斯卡·王尔德（Oscar Wilde）的话："不论多重要，风格就是一切。"[p14]对于这样的观点，或许会有人感到难以接受，然而事实就是如此。马费索里呼吁我们应当直面一种新的文化现实："在商业经济和功利主义的现代文明衰微之后，出现了一种新的文化，在这种文化中，意义过剩，关注无用之物，以及对品质的追求都具有至高无上的重要性。"[p12]

市场必然重视各种表象和符号，因为人们要为此买单，因此在一个由资本主宰的社会里，人们会把看似微不足道的表象推崇到至关重要的位置。波斯特莱尔认为："表象本身具有真正的价值，因为消费者们情愿为之额外付出。"[p67]利兰呼吁关注市场中语言的使用，语言看似什么都不是，却通过符号的操纵在市场中创造价值："通过语言创造价值，这是现代商业的本质。在与经济有关的信息中，玩弄文字就是创造价值：如果你买一条牛仔裤或者一辆悍马汽车，你真正购买的其实是关于你自己的一个故事。"[p170]

除了市场，风格作为物质还对其他社会群体产生影响。莫特认为对于同性恋群体来说，风格本身就是一种性别的真实。

> 牛仔裤、发型、鞋子不像过去那样仅仅用来作为表明同性恋身份或者性取向的标识。这些表现形式现在被组合成视觉文化的一部分，这种文化围绕着具有消费主义风格的对象和人工制品打转，商品本身以及它们的符号装置激发起了有关性的意义和联想。[pp178-179]

斯图亚特·霍尔（Stuart Hall）对散居在海外的非洲人做了类似的观察："在一些黑人剧目中，主流的文化批评家常常认为风格就像是药丸的外壳、包装和糖衣，已经成为自身正在发生变化的对象。"（"What Is"，p289）

理解表象风格如何比物质更有意义的一个有效的途径，是思考使用价值和交换价值之间的差异。任何被考察的对象或行为都有使用价值：它能够做某事或者被用于达成某种目的。一把水果刀可以用来削苹果，婚礼仪式能够成就一桩婚姻。同理，任何被考察的对象或行为也都有交换价值：如果想要通过交换行为得到某些东西，你必须有交换的筹码。交换价值理解起来有点儿麻烦，金钱很明显具有交换价值，因为你可以用钱买到商品或服务，此外，金钱还可以有使用价值，尽管不是特别多。例如，你可以用一枚十美分的硬币当作一把临时螺丝刀，或者把美元钞票折叠起来垫在不平整的桌子腿下面。当物体以商品的形式进入市场后它的交换价值就是商品的价格。交换价值有趣的地方就在于，当一个物体或行为被用于展示或表演，它在交换行为中就被赋予某种文化或符号价值。

在沃尔玛超市购买的一双很便宜的运动鞋具有使用价值，它隔离开了你的脚和路面。一双带有体育明星签名的名牌运动鞋与便宜的运动鞋具有同样的使用价值，但是因为名牌和明星签名，它就可以获得交换价值。当你穿着这样的一双名牌运动鞋，你可以获得名声、包容性、社会地位，等等。任何旧衣物都可以遮蔽身体，但是如果你要参加工作面试，你应当穿得更正式一些，因为你的着装有可能帮你谋求到一份工作，对于他人来说你也可以展示庄重的职业形象。

交换价值不是别的，就是风格、符号以及遮盖物质的表象，它也是商品化、消费行为以及经济本身的一个主要因素。如果价格更高的鞋子再配上适当的商标，那么一家商店所售鞋子的价格就是那些只售卖廉价鞋子的竞争对手的几倍。交换价值形成了它自己独有的一种经济形式，如果我穿着很酷的运动鞋，别人评价我很酷其实说的就是这双鞋子。如果我变得很酷，其他人可以通过和我一起闲逛来获得那种酷感。我可以引领新的时尚和潮流，并享受其中的快感，所有这一切都来自一双非常酷的运动鞋的交换价值的循环。费瑟斯通说："因此，文化领域有它自己的逻辑和货币，而且也能够轻松转化成经济资本。"［p89］考虑到这些因素，将风格、外表和表象视为不重要的东西就没什么意义了，交换价值帮助我们看清风格的本质。

许多学者探讨了使用价值和交换价值的区别，然而使用同样的方法并不能使问题得到很好的解决。安德鲁·米尔纳（Andrew Milner）认为："马克思将问题归结于'劳动价值论'，该理论认为商品的相对价值是由生产这些商品所需的劳动力数量决定的。"[p19] 随着生产过程中大量的技术干预以及来自风格和品牌方面的价值，那种单一的决定价值的方式，现在已经不可能维持了，这是马克思所没有预料到的。与今天相比，正如齐格蒙特·鲍曼（Zygmunt Bauman）所指出的："赋予事物价值的不是生产它们所需要的汗水（正如马克思所说），也不是获得它们所必需的自我牺牲（如乔治·西美尔〈George Simmel〉的观点），而是一种寻求满足的欲望。"[*Community*, p130] 费斯克指出效率的使用价值并不是构成文化的要素，"文化关注的是意义、乐趣和身份"。[*Understanding*, p1] 文化只是以交换价值的结构为基础，这种观点在其后得到了广泛的讨论，但是需要考虑的是，使用价值给消费提供的动力也就这么多，一旦你有一双鞋可以穿，那么就不再需要另外一双。需求已经得到了满足，还有什么其他动力能够驱使你去商场呢？我们可能会说，即使我们买了二十双鞋，除了最新最酷的款式之外，其余对我们的实际能力没有任何帮助，那么这些鞋子也就没有任何的使用价值。值得注意的是，由交换价值所激发出的欲望可能是无止境的，因为我们总是被诱导去追求更酷的外表、更多的认同，如此等等。我们可能都很难记住，我们买的最后一样东西仅仅是因为它的使用价值。甚至我们的很多食物都是风格化的，我们购买交换价值仅仅是因为商品的品牌或者有吸引力的包装。在某种程度上可以认为，商品的使用价值已经沦为交换价值，正如物质沦为风格。

斯垂顿也解释了使用价值和交换价值的区别："使用价值是商品的固有本质，而交换价值，则是由一个商品与其他商品的关系决定的。"[p33] 任何一双运动鞋的使用价值都来自运动鞋本身，然而它的交换价值则是出于消费者"买酷"的目的，这一切来自运动鞋上的品牌标识，而交换价值很小或没有交换价值的运动鞋则没有品牌标识。巴纳德认为使用价值、交换价值的区别就好像物质和文化功能之间的差异。［p49］费斯克使用同样的两个术语说明商品服务于两种功能："物质的和文化的。"［*Understanding*，p11］瑞泽尔同样比较了物质和非物质的消费，并认为我们当前的消费潮流趋向于后者："一种显著的非物质消费潮流正在取代物质消费的地位。"［p144］费瑟斯通认同这样的观点，他说："消费，一定不能仅仅理解成使用价值的消费，即物质的有用性的消费，而首先应当理解成符号的消费。"［p85］这说明交换价值是被符号锚定的。

丹尼斯·科埃略（Denis A. Coleho）和斯文·达尔曼（Sven Dalman）呼吁人们关注交换价值概念的舒适和快乐层面："这两个概念作为增加产品价值的可能手段，正受到越来越多的关注。"［p321］人们可能会认为舒适和快乐构成了使用价值的内涵，但是科埃略和达尔曼所指的舒适和快乐概念，可以通过品牌附加到几乎任何产品上，作为产品形象的一部分，舒适和快乐的概念体现在交换价值中，而对其在产品使用中所造成的枯燥、乏味和痛苦完全熟视无睹。毫无疑问，舒适和快乐的概念属于交换价值的一部分，一个人使用螺丝刀是不会考虑其是否舒适和快乐，是否能用是唯一考虑的要素。最后一个论述交换价值的例子来自安德鲁·罗斯（Andrew Ross）："坎普风……就是从已经被忘记的劳动形式中再次创造剩余价值。"［p67］这种剩余价值就是交换价值，它是在穿衣打扮、佩戴珠宝以及消费其他物品的过程中产生的，这些物品在使用过程中几乎没有保留使用价值，而是被注入了在社会经济中可以交换的价值，并且运用货币来操纵它（当然不是所有的经济社会都是如此）。

关于交换价值中心性的例子可以帮助我们理解风格的符号和表象所具有的另外一种物质性。作为一种主要的价值表现形式，拉斯基认为当今日益增长的科技手段应当被看作产品的风格，而不是产品的功能。

与现代技术不同的是，高科技不再仅仅被定义为工具或功能——仅仅是达到目的的工具或手段，在高科技中，技术呈现出更多的美学

和风格特质。[p4]

他将风格描述为使用价值中过剩的东西,然而却具有很高的价值。

> 实际上,剪辑和复制技术是追求理性化再现世界的结果。然而,理性的形式总是包含着一种"过剩",不能仅仅将其简化为功能性的形式和理性的需求。换句话说,这种"过剩"不是功能性问题,而是视觉的再现或复制。也就是说,产品的形式和功能之间的关系或多或少是武断和讽喻的,它基于功能性的技术仿真,正是这种仿真技术决定了大批量生产的物体的形式,或者更确切地说,就是它的风格。[p100]

稍后讨论仿真的问题,在这一段文章中重要强调的是"过剩"价值,它来自赋予产品价值超过单纯使用价值的意义。

拉斯基表示,技术的"外观"是为了服务于交换价值,尽管他没有使用这个术语。

> 现代美学常常基于一种"神秘的形式功能",毕竟,以技术和大规模生产为模型的艺术和艺术生产,并没有使现代主义艺术天生更具功能性……"功能形式"几乎不指向任何特别的技术或功能,它们只是表面看起来有技术或功能的痕迹。[p11]

因此,功能形式的价值不是来自用途而是来自交换,它们有能力嵌入社会系统中的商业、科学以及工程内部。高科技外观就是交换价值,它能够游离于原初的科技语境之外,纯粹作为交换价值与其他商品一起使用。衣服或家庭装饰或许有高科技外观,但无论怎样都不会有高科技功能。拉斯基说,"通过模仿功能主义,或者更确切地说,通过模仿工厂、仓库和工业设计的一般功能风格,高科技风格已经得到了明确的界定"。[p107]

符号和表象居于风格的中心,美学和图像在风格表意中扮演着重要角色，并且促成了一种文化形态，这种文化形态的仿真色彩愈来愈浓烈，同时越来越专注于风格。

符号、美学、图像以及仿真

晚期资本主义社会越来越被符号垄断，其中重要的原因是日常生活普遍的美学化。谈到美学，我指的是感官的体验品质，美学也是欣赏这些品质的一种方式，它是一种系统的欣赏方式，例如当一个人嘲笑另外一个人缺乏审美品位，或者嘲笑某人拥有西南地区的美学品位时。保罗·威利斯（Paul Willis）认为美学就存在于观众的积极反馈中："美学效果并不在文本或手工艺品中，它是接收者感官、情绪和认知活动的一部分。"［p247］美学并不一定意味着美，而是与感官欣赏和形式相联系的体验维度。波斯特莱尔解释说："审美是一种我们运用感官交流的方式，它以一种潜意识的联想方式来召唤意义。"［p6］当然，风格是对意义的操控，与公共呈现的美学维度相关联，显然，我们在这里讨论的感官意义层面的风格就是美学。

我们生活在一个日常生活审美化的时代，当你打开电视机，随处可见广告化妆节目，向观众宣传如何重新装饰房子、汽车和脸面。审美化是一种策略，人们不会随意地穿衣打扮（尽管对大多数大学教授的调查似乎表明人们会这样做）。审美化的生活是一种有目的的生活，尽管许多目的是在人类意识水平之下获得和保持的。一种审美化的生活不是一个人自发的生活，而是被一种生活风格化的冲动所控制，它是一种能感知生活中最小细节的符号和图像，且不断协调与生活表象的关系。因此，当我们接触媒体上数不清的有关整容和娱乐信息时，我们就被驱着任由感觉将自己的生活风格化。

正是由于风格是生活的中心部分，所以审美成为人类社会的支柱。波斯特莱尔认为审美是人类的基本需求，审美并不是在吃饱肚子或有房子住之后才开始追求的东西。［pp43－47，74－75］如果审美与风格密切相连，那么日常生活中对风格的操纵同样也是人类的主要需求。基斯·欧凡毕克（Kees overbeeke）、汤姆·加加丁宁拉特（Tom Djadjadiningrat）、卡罗琳·霍尔默斯（Karoline Hummels）以及斯蒂芬·温斯韦恩（Stephan Wensveen）认为人们"在生活中不断地期待着互动之美"［p11］。对审美的基本需求是另外一种理解表象何以成为本质性存在的途径。

我们生活在一个日常中就算是最细小最世俗的部分都被重新加工成审美体验的时代，这是一个类似于埃利斯·卡什摩尔（Ellis Cashmore）在《经验的微小种子》中描述的文化过程。它是一种欲望的冲动，其动力来自风格对文化的垄断。维维安分析了这种关系："当前的时代似乎是由对美学的空前投资所决定的，至少在它的萌芽阶段是这样……在这样的一个历史时刻，风格的范畴提供了新的解释力量。"［p228］费瑟斯通集中阐述了日常生活中的审美化，他指出："'艺术化的亚文化'抹去了日常生活和艺术之间的界限，从而推动了将生活变成艺术的工程的进展。"［p66］这种审美化同样应当归结于符号和图像的快速流动，这些符号和图像浸透了构成风格的日常生活结构。

日常生活的审美化就像精心策划的风格一样，在某些情况下可能比另外的情况下发生得更为频繁和剧烈。费瑟斯通认为，透过日常生活的审美化更多地发生在城市环境中［p66］，这是因为去中心化的后现代要素更容易出现在城市中："这种颂扬大众文化的审美潜力，以及人们在大城市空间中游荡产生的审美感知，已经被那些强调跨界和好玩的潜在的后现代评论家所认同。"［p24］费瑟斯通似乎暗示美学使得范畴发生流动，并容纳了多重身份和视角，审美（和风格）就是盛开在城市装置中的嬉皮士之花，根据利兰的表述："嬉皮士的标志性声音——轻快活泼的对话以及漂浮的意义层——在密集混合的社区中汇集在一起。"［p45］佐佐木健一（Ken－Ichi Sasaki）的观点饶有趣味："城市美学中最重要的因素不是视觉的，而是触觉的。"［p36］其意指的是那些显现出来的经验都是围绕着城市运动的,德塞托也强调在城市中行走显现出来的创造性,作为一个人口统计群体,城市青少年对市场营销人员的重要性在于其可能解释了他们的审美在大众想象中的中心地位,正如马塞尔·达内西(Marcel Danesi)所说:"青少年的审美现在就是所有人的审美。"[p14]

审美化也与商业化紧密相连,日常生活中的审美化都是通过购买商品和服务运作的。正如早前所表明的,电视上有不计其数的美妆节目,劝说观众去买那些能够把他们的生活、汽车、住房装扮得更像样的东西。正如费瑟斯通所分析的,"现实化的审美强调了风格的重要性,同时也受到现代动态市场的鼓舞,不断寻找新的时尚、新的风格、新的感觉和经验"。[p86]

美和感官的愉悦在某种程度上超过了基本生存的价值,因此,对审美趣味的追寻就是趋向于交换价值。与使用价值相比,产品的消费更容易被交换价值和审美愉悦所推动。不仅是通过商品的战略选择来实现审美化,现在的商品化也依赖审美。换句话说,在今天的市场决策中,交换价值支配着使用价值。波斯特莱尔说:"制造商再也不能像传统上定义的那样,以性能和价格来区分产品了。在一个拥挤的市场空间中,将其美学化通常是使某个产品脱颖而出的主要策略。"[p2]

凯尔维南将日常审美与商品联系起来考察:"在当前审美化的日常生活中,产品品味是体现审美经验、身份建构和社会展示的重要因素。"[p77]布耶持相同的观点:"当代美国市场为市场原则中的生产力以及大规模生产提供了审美形式。"[p27]斯垂顿认为奥斯卡·王尔德是当代景观社会的创建者之一,王尔德通过在日常生活中策略性使用美学商品,把自己塑造成了景观。

王尔德通过珍贵的消费品,将自己的生活建构成一件有形的艺术品,这本身就是一种很狂热的品质。每一件物品都添加到正在建构的图像中,以生成一个总图像,这个总图像必然比生成图像的人更令人

印象深刻。换句话说，王尔德正在把自己塑造成一个景观。［p183］

正如欧凡毕克和他的同事们所声称的，部分地运用美学来销售产品，有吸引力的语境就有可能被创造出来，"设计师需要创造一个体验的环境，而不仅仅是一个产品……消费者可以在其中观看电影、享用晚餐、清洁家居、休闲娱乐、开展工作……审美的互动是他的目标"。［p10］这种环境创造的一个例子可能是卡贝拉体育用品商店，为了销售狩猎和露营装备，他们有时候会在人造的自然环境中创造出动物活动的全景。拉斯基注意到了审美在高科技产品营销中的中心地位："在高科技中……不仅是设计，而且技术的功能也被定义为风格化的或美学化的术语——艺术说明。"［p108］高科技被当作表意符号添加到广泛的产品生产中，根据拉斯基的观点："高科技并不是指任何特定技术风格的概念，而是指更广泛的美学前沿和时尚感。"［p109］

如果没有图像在日常生活中的中心地位，那么美学在日常生活中的中心地位也是不可能存在的。这些考虑将引发人们对风格和仿真之间紧密关系的研究，但是在此过程中，请注意费瑟斯通将这些不同的思路综合在一起的讨论："符号的过度生产、图像和仿真的过度复制导致了稳定意义的丧失以及对现实的审美化。"［p15］需要考虑的一点是，我们必须依赖图像来思考当今的风格和审美化，思考图像是如何成为当今的文化核心的。

尽管风格不是完全体现在视觉中，然而文化风格却依赖于视觉和图像的优先性。正如莫特所表明的："风格的实践赋予了文化的视觉化特征。"［p28］考虑到图像的中心性，波德里亚认为："对图像的诱惑和贪婪正在以一种极度的速率增长，图像已经成为我们真正渴望的性对象，文化的淫秽和猥亵居于混乱的欲望之中，而欲望在图像中被物化。"［*Ecstasy*, p35］在波德里亚看来，其结果是"迷乱的图像像病毒一样扩散并污染了诸事物，这是我们的文化存在的致命特征"。［*Ecstasy*, pp35-36］我们无须像波德里亚那样对文化做出如此悲观的评价，但是应当注意到图像在其研究的文化视野中的中心地位。

精神分析学家拉康及其追随者们就图像为什么应当是中心性的提出了一套原理（尽管它可能不足以解释为什么人们对图像的关注有所增加）。儿童在其成长的"镜像阶段"开始有意识地运用图像进行自我认知，在主体意识内部发生了这样一种变化，他将自己设想为一种图像表征。拉康说："我们只需要把镜像阶段理解为一种身份认同，从完整的意义上来分析这个术语：也就是说，镜像阶段就是当主体认同自身为图像时所发生的转变。"［pp1-3］在拉康的术语中，主体变成了"虚幻的"［p1］，具有终身性影响的"镜像阶段就像一部戏剧，其情节推动力来自对自我形象的片面认知——主体制造者陷于身份想象的欲望之中，连续性的幻象从破碎的身体图像延伸到形式的整体"。［p4］对于我们而言，他者成为一个理想的形象。拉康说："人的欲望在他者的欲望中寻找意义，不是因为他者控制着欲望对象，而是因为第一个欲望的对象是被他者认识的。"［Lacan，58］

无论人们是否认同拉康的观点，有一点是很明确的，那就是我们的文化已经被图像所浸染。波德里亚、罗斯认为这是一种文化的病症："我们这个时代的一大弊病就是事实越来越容易获得，而且速度越来越快，由此导致知识被信息所取代。"［p82］而信息是通过图像生产的："知识通过信息、表象和图像的形式进行交易，信息的最终单位是图像。"［p83］并不是所有人都对图像持有消极的观点，人们对于所处时代的文化状况并不需要做价值评判。当前，必须认识到图像在文化中的中心地位，正如赫伯迪格在亚文化景观中所观察到的，图像的"虚幻性"产生了强大的魔力，使其成为理解文化的出发点［pp100-101］。所有文化都是如此。

图像与商业化之间存在着紧密的关联，斯图亚特·埃文和伊丽莎白·埃文（Elithabeth Ewen）描述了图像和市场之间的关系："大众的想象……为我们创造了一种令人难忘的语言、一种信仰体系，通过持续的灌输影响我们的认知，并且向我们解释进入'现代世界'体系的意义是什么。它是一个由商品和服务的零售（个人化）消费定义的词。"［p24］西恩·尼克松（Sean Nixon）同意这样的观点："经济活动，包括制造过程，更多的是集中在设计、研究和开发领域，因此比以往更关注对知识、图像和审美符号的生产和部署。"［p18］居伊·德波（Guy Debord）在《景观社会》这本书中描述了晚期资本主义时代文化对商品的迷恋："这就是商品拜物教的原则，社会被'无形却像有形的东西'所控制，这种控制在景观中得到了绝对的满足，在景观中，有形的世界被一系列精心挑选的图像所取代。"［p110］利兰对市场和图像之间的关联给出了另外一种解释："时尚是如何运作的？就是通过让一个事物讲述故事的方式，而这个故事要符合经济活动中不可见的需求。在时尚人物的殿堂中，布鲁斯歌手是第一批为大规模生产服务而炮制的形象。"［p36］图像和商品紧密关联的另外一个例子是花花公子，他们热衷于购买和展示各种时装，就像是一种行走的图像景观。在斯垂顿看来，"花花公子们的一生都沉湎于自我展示并努力吸引他人的关注"。［p131］

图像世界有着天生的不稳定性，正如埃文所说的"图像世界是一种持续流动的文化景观"［p247］。把一只真的老虎换成一只真的老鼠并不容易，但是把一只老虎的图片换成一只老鼠的图片则很简单。同样的道理，一个以图像为基础的审美化的、风格化的世界很可能在本质上就是不稳定的。或者，这样的世界本质上是可塑的，因此，修辞乃是其核心，因为通过符号操纵就可以改变世界的某些部分，而图像必须通过操纵符号和图像来维系其存在。

在被广泛称为非稳定、去中心化的后现代主义以及风格、符号、美学和图像的主题之间也可以得出一些关系。费瑟斯通围绕后现代主义这个概念将这些主题并置到一起："如果我们研究后现代主义的定义，就会发现后现代主义强调的是艺术和日常生活之间界限的消失、高雅艺术与大众/流行文化之间界限的瓦解，在此基础上，风格的混搭以及多元化成为一种普遍现象。"［p65］罗瑟琳·多伊奇（Rosalyn Deutsche）在图像、美学和后现代主义之间梳理出一种同样的关系：

> 后现代生活的特征是历史的抹杀以及社会记忆的丧失，社会生活中包含了多个相互竞争的瞬间图像流，它们从特定的地点分离出来，加入其他的图像生产工厂。图像，似乎俘获了历史，成为伟大的平均主义者、货币的信息对应物，通过它们自己的"无深度"（非历史的）逻辑取代了物质的差异。［p201］

多伊奇关于图像和金钱之间同质性的评论很有趣，鲍曼的评论也回应了这一点，鲍曼提醒我们："现代资本主义，正如马克思和恩格斯所提出的令人印象深刻的称谓：'融化了的固体'。"［Community，30］因此晚期资本主义的胜利与后现代状况下美学的同时出现并非巧合，两者之间存在的障碍和差异都被消解了。

波斯特莱尔提供了一种被广泛接受的观点，即："美学提供了愉悦，传达了意义，它允许个人表达和社会交流，而不提供共识、一致性或真理。"［p10］但是我认为波斯特莱尔的观点并不完全正确，美学并不是现代意义上共识、一致性或真理的基础。"真"是一个概念，在具象语言的领域里是有意义的，所以从这一点来说，波斯特莱尔可能是对的。巴纳德认为，时尚和风格的含义很少具有一致性［pp8-10］。但是美学仍然能够在表征"真"的领域建构起一种强健、端庄和恰当的感觉。毫无疑问，美学肯定能够提供共识和一致性的基础，就像当一个人抱怨某人的服装风格不协调或者无意义时，他的朋友也同意那样判断。政治候选人会密切关注他们的形象风格或审美品位是否足够鲜明和具有吸引力，从而在选举中赢得选民认同。保持永恒性、超越个别案例的应用或者达成普遍共识，这是美学所无法实现的，在美学层面达成的共识和一致性，如同风格和后现代世界一样，是多变的。

所有的一切都是流动和变化的，后现代主义的这种特征给风格和美学的流行提供了滋养的温床。波斯特莱尔认为这种流动和变化带有一种美学的愉悦:"时尚之所以存在,是因为新奇本身就是一种审美愉悦。"[p80]埃文如此描述这种状况:"今天的风格是一种不协调且杂乱的图像,散布在整个社会景观中,风格可以源于任何社会角落,并出现在最令人意想不到的地方。"[p14]波斯特莱尔认同这种观点:"不同于早期以设计创意著称的时代,这个美学新时代的一个重要标志,就是多种不同风格的并存。"[p9]今天这种占主导地位的风格,并不是什么新发明。克莱恩以19世纪为例详细阐述了波斯特莱尔的评论:"19世纪的时尚由定义明确的外观标准组成,并被广泛采纳。而当代时尚更加含混不清和具有多面性,符合后工业社会高度碎片化的本质。"[p6]关于亚文化风格,例如朋克和摩登,赫伯迪格评论说:"亚文化分子……典型地将两种明显不相容的事实并置到一起。"[p106]这些美学风格热衷于跨界,在混乱中制造协调。利兰对嘻哈文化也持有同样的观点:"作为一种审美杂交形式,嘻哈容纳各种差异且热衷于实验。"[p51]美学是一种感知和认知的模式,它富于流动性、变化和多面性,因此它是一种完美的风格媒介。

奈杰尔·科茨(Nigel Coates)认为,在分散和流动的时代,城市尤其会成为制造风格的场所:"因其难以捉摸的特性,城市是你永远无法彻底理解的东西,你也永远无法预测它会成为什么样子。和我们一样,城市也总是在不断的控制和失去之间纠结,总想有新的事情发生,然而同时又希望它一切如故。"[p222]马尔科姆·迈尔斯(Malcolm Miles)、蒂姆·霍尔(Tim Hall)、莱恩·博登(Lain Borden)也强调了城市的多义性:"在公共生活以及处理问题方式方面,它本身就是多元性的,这就是今天城市生活的特征。"[p3]

费斯克将这种后现代性的断裂描述为"流行文化中存在的典型自我矛盾,凡是要抵抗的东西,在其内部也必然存在着对它的抵抗"。[*Understanding*, p4]一种美学根基可能会促成某种情境,在这种情境中,对抗的双方同时存在。这种矛盾或许违反了传统斗争的准则,但是它们可以愉快地共存,例如,一个企业通过销售大量的牛仔裤获得巨大经济收益,但是在流行文化语境中这些牛仔裤有可能成为展示风格的帆布。穿着者利用牛仔裤上的裂缝、破洞、挑逗性的符号或纽扣挑战企业应有的端正和礼仪感。克雷格·沃特金斯（S. Craig Watkins）对这种矛盾进行了类似的观察："白人消费者推动了说唱音乐的生产和消费，其中有很多却是赞美非白人种族的情感。"［p93］

性别和性别身份的交织为解释风格、图像和审美在流动性的、去中心化的后现代社会中的融合提供了一个很好的观察视角。达内西指出："盖普（Gap）、香蕉共和国（Banana Republic）以及阿贝克隆比与费奇（Abercrombie & Fitch）等中性服装商店的繁荣也表明，男性和女性在身体形象上的差异正变得越来越模糊。"［p39］亚历山大·多蒂认为，处于当下文化中心的"'酷儿'被社会群体在各种场合宣扬和传播"［p2］。因此，"酷儿"实际上"已经成为色情文化中心的一部分"［p3］。"酷儿"文化很大程度上可以被看作美学与后现代文化跨界融合的缩影，阿克罗伊德将后现代的流动性与"酷儿"联系起来思考："在美国，存在着大量的女性模仿者，他们的受欢迎程度可以被看作社会快速流动和性别模糊的象征。"［p112］他解释了为什么这种特殊的实践将艺术与后现代的不稳定性联系在一起："在一场表演中，表演者的性别身份并没有牢固的根基，所有其他的社会和审美形象都呈现出一种奇怪的幻觉特质。这就是为什么异装癖在摇滚文化中成为一种有说服力的存在，并且作为一种狂欢无序的象征。"［p120］

另外一个我们曾经使用过的概念——"操演"（performance）也阐述了后现代的不稳定性和非中心化、风格、图像以及美学之间的联系，但是现在需要更加仔细地考察。朱迪斯·巴特勒是"操演"理论研究的权威，她解释说"操演"并非偶尔的心血来潮，而是一个贯穿终生的工程，因为"操演不是一个单一的行为，它是一种重复和仪式，它通过在身体语境中的自然化来达到它的效果，某种程度上被理解为一种文化持久性的临时闪现"［*Gender*, 15］。例如，"酷"的风格最好被理解为一种身体上的操演,达内西认为:"根据不同的情境、不同的圈子以及青少年代际的变化,'酷'可以有很多细节上的不同。但它保留了一个共同的本质,可以简单地将其称为身体上的沉着淡定、泰然自若。"[p44]有格调的生活充满了各种操演,斯雷登和维尔洛克认为当今所有的话语都具有操演性因而也是风格化的:"话语,已经被无所不在的具有仪式化的风格操演所招安。"[p9]

说任何事物都是可操演的,是强调风格和审美在事物中的中心性,因此可以断言某事物今天以一种面貌出现,明天又以另外一种面貌出现,因而,它们就是不同的事物。因此当雷萨·洛克福德(Lesa Lockford)说"意识形态……是一种操演"时,她强调的是到底什么是意识形态,以及拥有意识形态到底意味着什么,这是一种将意识形态建立在审美和风格化基础之上的主张[p9]。或者当迈尔斯、霍尔、波登宣称:"城市就是一系列实践,它是事物发生和人们活动的地方。"[p1]他们表明的是:城市的组成构件不是社会阶层、钢筋水泥,操演才是城市的真正本质。

当然,巴特勒有一个著名的观点,认为我们应当考虑"性别……作为一种物理性的风格、一种'行为',它既是意向性的也是可操演的"。("Performative",pp272-273)当然,如果性别就像现在在这里被操演的那样,那么它明天就会在一个不同的地方以另外一种形式进行操演。洛克福德认为这是对我们周围每天都在发生的性别刻板印象的演绎。

> 就女性气质的文化规范对女性身体的支配而言,它们是具有操演性的。女性可被接受的形式如姿态、行为、举止、打扮等各种身体语言以及行为等全部是由文化规范决定的。事实上,控制女性性别操演行为的文化指令是如此普遍和具体,以至于对女性特质的文化刻板印象很容易就能被识别出来。[p6]

风格甚至可能超越生物学的界限。阿克罗伊德指出:在日本歌舞伎中,男扮女装的表演有时被视为生物学意义上女性的典范:"精心细致的化妆、风格化的姿态以及发出的假音都是为了再现女性的特质，在这种成功的表演中，女性通过观看这种'男扮女装'的演出学会了如何在日常言行中表达自己的性别身份，女性通过观看'女形'的演出为了学习如何做出反应和行动。"［p95］

风格化的性别操演与性别身份的操演密切相连，这种做法往往被视为一种"坎普风"，它依赖对性别刻板印象操演的过度操纵。利兰将"坎普风"称为嘻哈风格"任性的外甥"（unruly nephew），并注意到两者的操演品质，他说，它们切实需要"一个观众"。［p8］斯垂顿在讨论奥斯卡·王尔德的文学成就时谈到性别身份的"生产"：

19世纪的观点认为，人的世界被移除，批判性的评论家在后来的"坎普风"同性恋美学中被重新定义，这一发展的核心是……对奥斯卡·王尔德的审判。在这里，花花公子、柔弱娇气、感性唯美主义思想与同性恋的生产融合在一起。［p132］

大卫·伯格曼（David Bergman）列出了"坎普风"的四个基本特征："讽刺、唯美主义、戏剧性以及幽默感。"［p20］"坎普风"通过夸张化的风格展示其陈腐铺张的特质，伯格曼将"坎普风"描述为"一种尤其偏好'夸张''做作''极端'的风格（到底是关于物体还是关于物体感知方式的争论）"。［pp4-5］伯格曼举了一个例子："'利伯瑞斯效应'（The Liberace Effect）① 讲的是一个关于夸大其词的例子，也就是说，你的某些方面被夸大了，以至于人们认为你不可能是那个样子。"［p14］"坎普风"将性别和性别身份的操演本质呈现得如此明显，以至于它被解读为在总体上突出了操演的本质。巴布肖强调说："'坎普风'强调风格是自我指涉的一种方式，是意义的传送机，也是一种表达情感基调的方式，它从来都不是

---

① 利伯瑞斯（Wladziu Valentino Liberace）是美国著名钢琴家、歌手和演员，演艺生涯的巅峰时期是1950~1970年代，其艺术表演风格具有显著的前卫性。——译者注

'自然'的,而是后天习得的。"［p23］这就构成了一个关于风格符号"漂浮性"的论点,因为风格就是操演,就像《麦克白》的表演一样,那么它就不是"本应如此"的指示或参考,也不是一些预先存在的事实。

如果风格的世界就是操演的世界,另外一个关键概念也值得考虑,那就是仿真,这一现象在我早期的著作《世界》中得到了比这里更详细的描述。总之,仿真就是由不表征现实的符号构成的一种体验。许多科幻电影中出现的"全像甲板"的画面就是关于仿真的经典例子,因为人们在电影中看到的所有的图像都不是真实的。仿真有两个关键特征。首先,它是一个封闭的世界,在这个世界里,人们的行为不涉及任何外部事物。当然,波德里亚在《仿真》一书中提出的重要观点认为,我们今天的世界完全是由符号构成的,符号所指向的现实世界已经不存在了——地图替代了实际的领地,"真实已经不可能存在了"。［p38］并非所有人都同意这种极端的观点,但是波德里亚给我们提供的教训是:仿真在全球文化中的中心地位越来越突出。其次,仿真就是无限复制——它是一个无限复制的世界。波德里亚从可再生性的角度来定义仿真的对立面——真实,并提出了这样的观点:"最恰当的关于真实的定义就是:它有可能生产出一个对等的复制品。"［*Simulations*,p146］一个明显的例子是电子游戏——一个没有明确表征的符号的世界,却是一个可以无止境地重复按下重置按钮的世界。西奥多·阿多诺(Theodor W. Adorno)和麦克斯·霍克海默(Max Horkheimer)很早以前就对今天的电影特效提出了批评,认为:"真实生活与电影之间变得越来越难以区分。"［p95］这种批评同样也是尼尔·加布勒(Neal Gabler)电影批评的中心主题:电影呈现给我们的是一个真正的仿真世界。

一个风格化操演的世界就是一个仿真的世界,反之亦然:文化状况会导致两个世界维度的相互培育。斯垂顿明确阐述了仿真与景观之间的联系:"仿真逻辑的体验是一种生活在日益景观化世界中的结果,当我们置身于景观之中,这种全新的、超真实的体验就上演了。"［p59］斯雷登和维尔洛克也同样明确了图像、操演和仿真之间存在密切关联："无处不在的操演以及以图像为导向的文化很大程度上依赖远离物理真实的仿真体验，人的自我认知被扭曲，脱离自身，人对世界的把握处于难以捉摸的状态，并且常常是想象出来的。"［p227］

当一个人沉浸在虚幻的符号世界而不关注其意义所指时，他就会产生一种仿真的体验。我们越"迷失"，这种仿真的体验就越真实。电影、视频游戏等都可以为仿真体验提供常见的例子。瑞泽尔解释说，餐厅可能是仿真的，他指的是"像亚特兰大 Pittypat's Porch 餐厅一样的'迪斯尼式'的拟像"［p49］。瑞泽尔认为，货币和信用也是仿真的，例如黄金，因为它们是没有实际指涉物的符号［p101］。当然，有人可能会说基于传统的交换价值，黄金的价值在很大程度上是仿真的。沃特金斯认为对于白人青年来说，对嘻哈文化的体验可能是一种仿真："嘻哈对于白人青年来说是一座充满幻想的岛屿，是一个带着消费快感去旅行的地方。这是一个不与外部世界发生任何实际联系的地方，在这里他们可以活出最疯狂最原始的欲望，由此可以看出嘻哈风格对于白人青年们是多么重要。"［p97］弗雷德里克·詹姆逊（Fredric Jamson）对流行音乐的仿真本质提出了一些与众不同的观点，他认为流行音乐没有原初的意义或者原创性的歌曲，只有无穷无尽的重复，这是仿真的一个关键特性："我们从未听过流行音乐中哪一只单曲是'第一次'创作的，相反，由于'原始文本'结构性的缺失或者不断被稀释，我们生活在各种不同的环境中，不断地与它们发生接触。"［p123］

波德里亚谈到仿真的"诱惑性"，并将其与一个没有真实指涉的漂浮的符号世界联系起来："诱惑只来自空洞、模糊、隐晦、任意和偶然的符号，这些符号通过轻轻滑动，改变了空间折射率。"［*Ecstasy*, p59］回想一下，符号不能处于绝对的漂浮状态，它们在曾经赋予它们意义的环境中保持着某种形式的束缚。然而，波德里亚认为，从极端的角度来看，"仿真时代因此开始于所有指涉都被液态化之时——更糟糕的是：在符号系统中所有指涉被人工复活……这是一个用真实的符号来代替真实本身的问题"［Simulations，p4］。其他人也进行了类似的研究，不过没有像波德里亚的论点那么极端，主要探讨的是漂浮的符号、风格痴迷的本质以及仿真之间的关系。埃文指出在摄影术的早期发展阶段，任由真实事物的符号游离于现实之外，因而从摄影术开始就强化了一种越来越不真实的文化："技术通过表象的再生产开始与意义结构中真实的生活经验展开竞争，图像提供了一个比现实本身更引人注目的真实表征，以至于人们对原先明确的关于'真实'的定义开始表示质疑。"［p25］斯垂顿认为，摄影术技术发展的轨迹有助于帮助人们更好地理解那些并不存在的事物："这些科技手段的发展历史可以被理解为一种为了更好地呈现真实而做的努力，实际上，这意味着对图像的关注完全不同于对被表征事物的兴趣。"［p59］因此，"现代视觉技术对于仿真功能和体验的追求空前高涨，而对于真实再现世界则显得漠不关心"［p60］。由于技术能够在屏幕上创造独立的世界，我们不再期望图像能够表征什么。

在《世界》一书中，我认为"真实"和"仿真"并不是什么独立存在物，而在本书中，我的观点似乎有些自相矛盾。我开始认为仿真和真实具有这样的属性，它们或多或少存在于不同的风格概念中。即使完美的仿真体验从未被发现过，仿真依然是风格的灵魂。

由于风格对世界的独占，一个持久性的概念需要添加多种因素。沃尔特·本雅明（Wlater Benjamin）的《机械复制时代的艺术品》将历史上依附于原创艺术作品的"灵韵"或个人传统与当今复制艺术带来的个性退化进行了对比。原创艺术作品有一种独特的"真实性"，然而当艺术作品被大量生产出来时，这种"真实性"就消失了。本雅明在20世纪30年代写作时，就注意到了第一批机械复制的图像，比如电影，这些图像在我们这个时代已经淹没了文化。当然，机械复制在很久之前就已经存在了。本雅明的贡献并不在于他注意到了机械复制艺术的存在，而是让我们注意到它给我们的生活带来的改变，以及他对艺术和复制维度的富有洞察力的阐释。

当然，大规模的复制也是商品化的关键，这也是为什么一个人能够将艺术品无限复制并卖给顾客。正如雷福德·吉恩斯（Raiford Guins）和奥玛伊拉·克鲁兹（Omayra Zaragoza Cruz）所分析的："大量生产的商品被认为是不真实和刻板的，过于简单化和平庸。"［p5］复制艺术不只是进入市场，同时也破坏了原创艺术品的真实性。有人可能会像波德里亚一样辩称，晚期资本主义是建立在大规模复制的可能性之上的："我们知道，现在所有一切都处在复制的层面上（时尚、传媒、公关、信息和传播网络）……资本的全球化进程因此得以建立。"［Simulations，p99］艺术品的原作可以出售，但它们不是为了进入全球市场而创作的，因为全球市场依赖于千百万件复制的艺术品，为此，必须制作一张海报来宣传。这些原创艺术作品具有本雅明所描述的独特的"灵韵"，正如约翰·西布鲁克（John Seabrook）所阐明的："从华兹华斯（Wordsworth）① 到'暴力反抗机器'（Rage Against the Machine）②，为理想主义而创作的艺术作品，明显无视市场，被认为比为销售而创作的艺术作品更好。"［p68］原创艺术作品有其固有的历史和传统，斯垂顿指出，当原创艺术作品被复制以后，"就成为缺乏历史体验的商品"［p71］。拉斯基解释说，复制品缺乏历史感，是因为"从原创艺术作品历史语境中移除二元素，通过复制、变换、重新组合之后生产出了艺术复制品，这些艺术复制品缺乏原创艺术作品的'灵晕'和创作技艺，因而呈现为一种'纯粹的'风格化或审美化——可以通过任何方式重新组合的空洞能指"［p106］。基于本雅明的观点，拉斯基认为正是机械复制从一开始就使得漂浮的符号成为可能："机械复制……生产大量的图像和数据，破坏了任何固定的意义和语境。"［pp7 – 8］

---

① 华兹华斯（William Wordsworth）是19世纪英国浪漫主义诗人，这里指的是浪漫主义艺术风格。——译者注
② 来自美国的金属说唱乐队，1991年成立于洛杉矶，其歌唱风格具有明显的左翼政治倾向。——译者注

原创艺术作品和大规模复制品之间的区别可以在今天的许多对应物中找到,布耶将小型的、传统市场(街头市场、街角商店)与大规模生产商品的大卖场进行了对比。

产品质地和地域感已经消失,完全被同质化,在产品购买中几乎没有个人之间的交易……相比之下,传统市场生动地表达了我们在情感上才是真正相互依赖的。在美学上,它转化为直接的身体体验:它是一个以人为尺度、活动的密集空间,其中,可以产生亲密、交流、互动、同情的感觉。[p28]

西布鲁克表达了原创与复制品之间的另外一种对应关系,将地方性文化的"小网格"(small grid)与大企业的"大网格"(big grid)进行对比。前者包含"独立的艺术家"和"真实的艺术",这显然与本雅明的原创艺术作品类似[p100]。

根据拉斯基的观点,技术之间的差异是决定大规模产品复制的关键。他认为:"高科技的技术逻辑正是基于美学-文化的逻辑,也就是说,基于技术再生产的逻辑。在高科技领域,技术的界定是根据其复制而不是生产的能力。"[p104] 这样,基于大规模复制,高科技就变成了一种美学风格,"技术复制的过程或逻辑逐渐地被认为是'审美化的',并作为一种事实上的风格而存在" [p107]。在本雅明"原创的"和"商品"意义上,波德里亚使用"对象"这个概念来表达"复制",认为商品"与对象的重量、暗浊、质地相比是抽象、呆板和轻浮的。商品是清晰可辨的,与商品相反,对象从来没有完全揭示其秘密"[*Ecstasy*, pp22-23]。本雅明也阐述了原创艺术作品与自身保持着距离,不会完全呈现自身,而复制品则可以被彻底地理解。

今天,文化世界和主要的风格世界没有原创产品,完全依赖于复制品的大量生产。我们大多数人很少有原创性的艺术作品,尤其是与摆满书架、壁橱的一排排的复制品相比。请注意本雅明对复制艺术的批评和我之前对仿真的定义之间的紧密联系，仿真就是将复制品特色化。本雅明同样也在分析社会和审美状况，这些状况导致了文化的仿真化。今天，人们想方设法让自己的世界风格化和审美化，因为到处都是大量生产的复制品，而这些一模一样的商品复制品正是我们塑造风格的手段。我们知道在公共场合穿着某品牌的牛仔裤和鞋子意味着什么，我们必须能预测人们对我们开的是敞篷小货车而不是双座敞篷跑车的反应。我们之所以能够这样做，是因为牛仔裤、鞋子、卡车和敞篷货车都是大批量生产的，它们具有存在的实质意义，即便不是所有人，我们遇到的大多数人都会分享这种意义。波德里亚声称，这种意义不是真实的，"它仅仅是对符号的复制并且破坏了符号的意义"[*Simulations*, p136]。确切地说，是复制改变了意义而不是破坏了意义。符号的原始意义可能会被改变，但是复制和商品化不可能剥离符号的意义。如果我们被一个充满原创、独一无二的物品世界所包围，我们运用修辞效果的风格化能力就会大大降低，因为我们预测风格元素意义的能力大幅下降了。同样的，我们不断复制流行文化文本中的姿态、动作和表情，以便利用风格来进行印象管理和方便交流。在这样做的过程中，我们使用几乎所有人都知道、共享和恪守的风格，世界上将不会再有稀奇古怪、格格不入的人。

本雅明提醒人们注意这个无休止的重复和复制的循环中存在的一个悖论，对于原创艺术品来说，在复制的过程中逐渐失去了其"真实性"。然而"真实性"是许多人关注的焦点，波斯特莱尔将"真实性"描述成一种基于"形式的和谐、平衡或快乐……一种与时间或空间的紧密关系……一种自我的表达而不是大规模生产"[pp114-115]。当我们为原创艺术作品制作宣传海报时，我们能够感受到那种"真实性"：这才是货真价实的交易。我们的文化中充满了对"真实性"的渴望，因为它是如此专注于图像、漂浮的符号、仿真和风格。因此，有一种对真正的"真实性"的渴望表现在无数的文本和广告中。

在流行音乐——例如摇滚或者嘻哈音乐——中，我们看到了对真实性的强烈修辞诉求,尽管今天我们所能获得的所有音乐几乎都是批量生产和广泛销售的。温特指出:"从文化角度看,摇滚和嘻哈革命之间最重要的关系,是'真实'作为文化相关性最重要的衡量标准,以令人惊奇的极快的速度攀升。"[p78] 他认为当今给"真实"下定义就像讨论非洲裔美国人的身份一样[pp79-83]。为什么这可能是真实的,这本身就是一个值得大书特书的问题。沃特金斯表示赞同:"嘻哈音乐之所以出名,就是因为它大胆地描绘了贫民窟的真实生活,并声称其真实性。"[p2] 当然,一旦关于街道的真实体验(这是一种原创性的体验)陷入复制和市场机制中,原始的真实性就会受到质疑。正如西布鲁克所说的:"标榜特立独行是卖点,而特立独行的代价就是特立独行的终结。"[pp108-109] 因此,成功的嘻哈艺术家会不顾一切地在媒体上保持自己的原创特质。

瑞泽尔通过他撰写的"麦当劳化"(McDonaldization)主题论文来追踪市场营销中复制之间的紧张关系。麦当劳化复制的是灵魂,是确保相同的产品以最大化的效率到达消费者手中的过程。瑞泽尔认为,这种大规模复制的逻辑可能会遭到伪装成复制的市场营销的反驳:"对于麦当劳化的另外一种潜在威胁来自定制领域,也就是所谓的'运动鞋化'(sneakerization)……也就是说,我们不再只生产一种或几种款式的运动鞋,而是为不同的细分市场生产数百种不同款式的运动鞋。"[p54] 唐纳德·诺曼(Donald Norman)也提出了同样的观点:"许多制造商都试图通过允许客户'定制'他们的产品来克服产品的同质性。"[*Emotional*,p219] 一个关于整体性战略的例子是运动衫在商店中被广泛推广,例如"老海军"(Old Navy)衣服上的运动商标,那些关于迷幻的酒吧、码头以及度假胜地的标语,即使一件崭新的运动衫也印着陈旧和掉色的图案,仿佛它们真的是五年前在佛罗里达岛礁的某个破旧的酒吧里买的。这样的产品实际上是一种新的大规模复制,试图模拟一种"灵韵"、一种传统、一种从未存在过的历史"真实性"。它试图通过快速的产品消耗来加速复制的过程,正如诺曼所说的,复制品的加工伴随着"故事性"[*Emotional*,221]。同样的,克莱恩注意到了"设计师的服装通常在商店里出售，商店的内部经过精心装饰以传达出一种高雅文化的感觉，就像一个艺术画廊一样，强调服装就是一种艺术品，不管它是否批量生产"［p163］。在这方面，正如詹姆逊所观察到的，文化产业"努力生产某种能够抵抗文化庄重性和饱满性的东西，并将其作为显现商品性的普遍特征"［p121］。毕竟，每一件大批量生产的商品，从其被购买并开始累积历史的那一刻起，就开始了一段成为原创艺术品的旅程。最终，即使是最时髦的新鞋也会成为你曾经穿过的珍贵的旧便鞋。祖母用于神圣祭祀仪式、装着火鸡的银盘，显露出庄重的艺术灵晕和浓厚的历史感，但它曾经只是商店货架上一个普通的银盘而已。

然而，关于名人，埃文认为，灵韵和真实性实际上是通过大众复制获得的："如果伟大的艺术在大众印象的市场中失去了灵韵，名人的个人生活则通过大众复制获得灵韵。"［p93］或许更精确地说，灵韵属于具有"原创性的"名人，而不是他或她的复制，但无论如何，这是一个有趣的观察。

风格是一种植根于美学对符号和图像的文化迷恋，这种迷恋通常在被描述为后现代、去中心化、流动性、多义性等文化条件下的蓬勃发展。一个迷恋于风格的世界是一个仿真和操演的世界，因为是仿真的，所以本雅明把它描述为一个无限复制的世界。最后要考察"系统性"这个概念，风格是一个符号系统，尽管符号是漂浮的和仿真的，但作为一个系统，它的功能和语言一样。

风格的系统性

埃文尤其从语言学概念谈到风格，"它是最常用的词，我们中的许多人从中提取生活的视觉语法"［p20］。在承认视觉重要性的同时，请记住风格可以通过各种感官来理解：金鹰（Old Milwaukee）啤酒与水晶香槟的味道有何不同，真正的皮革和聚氯乙烯塑料摸上去感觉有何差异。巴纳德认为时尚是一种语言："时尚、服饰……是我们日常生活的意指实践……作为一种普遍性的意指系统构成了文化。"［p38］达内西明确地将时尚的风格元素看作一种语言："服装作为一种物质通过身体形象的展示之后变成了身体语言。"［p45］波斯特莱尔同样将风格视为一种思想和表达系统："我们通过形式来交流，我们通过熟悉的美学元素来推断意义。"［p94］这里她说的规则和模式意义上的形式就是风格，玛丽·道格拉斯（Mary Douglas）和巴恩·伊瑟伍德（Baron Isherwood）认为消费品就像一种语言，"商品的组合或多或少存在一组连贯的意义或意向性，它们被那些知道符码并利用各种信息搜索的人阅读"［p9］。就像词语，"所有物质性的财产都携带着社会意义"［p38］。道格拉斯和伊瑟伍德煞费苦心地将作为纯粹信息的消费品和消费品信息生成系统区分开来。换句话说，消费品作为一种语言位于风格的中心："消费品绝对不仅仅是纯粹的信息，它们构成了这个系统本身……意义存在于所有商品之间的关系中。"［p49］也就是说，商品是一种语言。

声称风格在其系统中就像一种语言，并不是否认风格可能就是在后现代流动语境下由漂浮的符号构成的。如前文所述，没有任何符号是处于完全漂浮的状态。在我家的房子里摆放着一些墨西哥乡村风格的家具，这些符号肯定是从它们原初的语境中漂浮出来的，但是它们保留了足够多的原初语境的意义，对房间的风格渲染发挥了作用。正是因为存在于其他符号系统中，即使它们都处在流变之中，即使意义是滑动的，风格的元素也能保持它们的意义。

语言的另外一个重要的维度是它的仪式性，这是一种非常传统的使用语言来完成重要的社会或精神活动的方式。风格像语言一样，同样有很强的仪式属性，道格拉斯和伊瑟伍德认为："商品……就是仪式的附属物，消费是一种仪式过程，其基本功能就是通过风格搞清楚事件早期的流动变化。"［p43］比尔·格林呼吁我们关注"仪式以及商品在构成人们最基本的乐趣之一方面所扮演角色之间的关系，仪式已经深深地嵌入了人们的生活状况"[p4]。当然,仪式是日常生活的规范化结构,而不是一种仅限于安息日的表演,它是通过风格化的物品来实施的。人们会认为他们购买的各种服装能够标明其群体归属性,并且与其他的群体保持差异,这种现象有点类似于政治斗争。在当前的"文化战争"中,有多少人是被娱乐文化所左右,从而购买或反对某种风格的服装。在仪式中利用风格来开辟一块政治斗争的领地,这一点在尼古拉斯·罗斯(Nikolas Rose)的观点中表现得也很明显:"'意义生产'的装置——视觉化的网格、词语、规范和评价系统,生产着各种体验,然而它们本身并不是从体验中产生的。"[p130]罗斯的这种观点,与语言创造而不是仅仅反映经验的观点不谋而合。

语言的一个特征是人们不能完全掌握语言意义的构成要素,风格也是如此。如前文所述,一个人不能穿着自己喜欢的衣服,或者做自己喜欢的事,并向世界宣布,这件衣服或这个行为的意义就是个人所表达的。我在前面说过,人们受到风格的约束,而这种约束的作用与语言的约束作用大致相同。例如,在当今以瘦为美的社会中,洛克福德对那些勇于展示体重的大块头女性表示赞赏,她们看重苗条的身材,并为她们以坚定和自由来表现自己的体重而鼓掌。但是洛克福德也给出了这样的告诫:"可能会有一些身材高大的女性,她们的自我表现构成了对当下文化标准的一种蔑视和挑战,并且这种蔑视和挑战是具有权力颠覆性的,她们是否能够从文化意义的桎梏中挣脱值得怀疑。"[pp28-29]因为我们所有人都受到风格的文化意义束缚,风格的功能就像一种语言制约着我们的思维和行为。

当然,语言不仅是一种意义系统,尽管它可能是我们最容易理解的例子。埃文还将风格与另外一个意义系统进行比较研究,那就是货币:"在生活的许多领域中,风格已经变成了一种'法定货币'。"[p22]货币当然是资本主义的基础,也是资本主义系统产生的源泉。它是一种世界通用语言,不同的货币可以很容易地相互转换。每个人都知道货币是如何运作的,同样,埃文把对服装的知识描述为一种文化通用语,在全球范围内传播:"对服装和时尚的关注构成了美国文化中近乎普遍的元素,它们的诱

惑和奥秘是世界性的。"[p133]

风格的一个重要元素可以是人们喜欢的音乐类型，尤其是因为音乐的风格常常与其他风格的元素紧密相关，例如时尚、装饰、打扮和运动。温特用系统化的方法研究迪斯科，用经济学的术语来称呼它："迪斯科不只是录音唱片——它是全球第一个信息化经济。"[p91]全世界的人都知道迪斯科的服装和舞步的含义，并且知道怎么将其用于社交活动。许多观察人士已经注意到嘻哈风格的系统性，沃特金斯同样也使用了经济学的修辞："70年代嘻哈刚刚发轫时社会地位极为卑微，但最终孕育出了它自己的经济学。"[pp57-58]这里的经济学被理解为一个可同时交换商品和意义的系统，达内西认为，"到底是什么致使嘻哈生活风格对青年人有那么大的吸引力呢，似乎就是因为它高度组织化的结构"[p83]。作为一种风格，嘻哈包含许多系统性、一致性的元素，正如沃特金斯所观察到的："对于年轻人来说，所有那些传统性的东西——风格、音乐、时尚以及某种未来的期待——都已经成为嘻哈的拼图。"[p148]最后，特里西娅·罗斯（Tricia Rose）使用语言学中的术语"书写"和"铭刻"来表达对嘻哈文化的看法："在后工业城市化美国的边缘，嘻哈风格、声音、歌词、舞台表演等都深深镌刻到了生活的肌理中，为了达此目的，嘻哈风格必须像语言那样系统地发挥作用。"[p401]

这一点刚才已经提过，任何系统的一个重要元素都可用于交流。对于风格来说尤其如此，它不仅是一种符号和意义的系统，也是一种交流的手段。需要注意的是，交流从来不是单向的，我们都可以生产有意义的符号，也会接收来自他人的符号。正如诺曼谈判风格的主要元素时说："设计是一种真正的交流行为。"[*Design*, p10]巴纳德宣称："时尚和服装也是交流的手段。"[p27]巴纳德确实有资格用某些有趣的方式表达这样的观点，他描述了风格化意义的两种模态，符号模态及其过程[pp30-32]。在传统意义上，过程模态是用于交流的：一方面，一个人挑选风格的元素来表现一种真实的自我；另一方面，更强的符号/结构模态则认为,一个人是什么样子是由他所呈现出来的风格决定的。在第一种模态中,一个人很酷,并选择特定的风格来表达。在第二个模态中,一个人很酷,是因为他彰显了某种风格。思考第二种模态在解释社会现实方面的效力是一件有趣的事情,因为风格的流露,一个人可以在多大程度上被认为是同性恋?或者属于某一社会阶层,或者其种族身份是什么,类似这样的问题将是本书剩余部分重点讨论的问题。

当我们将风格看作一个系统时,思考风格作为一个系统如何运作从而将其构成元素凝聚在一起也很重要。如果我们看到一个人穿着破旧的牛仔靴、褪色的衬衫和牛仔裤,脖子上系着红色的大手帕,戴着一顶礼帽,那么很明显,这一套行头组合到一起并不合适。或者可以把大礼帽拿掉,换成一顶牛仔帽,然后这个人蹦跳着穿过大街。风格的元素是从这个人显现出来的符号中获得的,在现代风格的元素中,这个人的动作行为与其风格整体并不搭,一个人要想拥有某种与众不同的风格,那么构成这种独特风格的各符号要素之间必须呈现出一种整体性的感觉。

这种整体性不是微不足道的,它对于政治和社会经验有着强大的影响。一位被同学指责为"说白人话"的美籍非洲裔年轻女孩,展示与她的语言和词语相关的符号,无论对与错,都不符合指责她的人所期望的风格的整体性。当总统候选人米歇尔·杜卡基斯(Michael Dukakis)坐在一辆坦克里四处兜风时,他的头上戴着一个很奇怪的头盔,脸上表情僵硬;在1988年的总统选举中,他的表现与人们想象中的总统气质格格不入,因此遭到无数人嘲笑。美国总统乔治·布什支离破碎的英语和他所展示的乡巴佬式的得州风格,受到了他的朋友和政治对手的注意,要么受到赞扬,要么受到嘲讽,因为它符合人们一贯喜欢或者讨厌的风格整体性。

至少从心理预期来说(正如我们所了解到的,在连贯的舞台造型中出现一些未预料到的风格元素,这种场景有时会大获成功,有时也不被认可),是什么将风格聚合成一个整体?当然,人们可以违反这种整体性,但是当人们考虑到某些社会和心理原因时却不能这样做。想想当我们的牛仔考虑要戴上大礼帽的时候，内心深处有个声音不停对他说："伙计，最好别戴。"亲爱的读者，没有什么能够阻止你在下次上班时戴上一个头冠，但我有一种感觉，你们中很少甚至没有人会这么做，因为近来很少有风格系统能与头冠相搭配。凯尔维南指的是符合或属于美学范畴的意义："某些东西可能让消费者感受到美学的愉悦，却不符合他们的品位，因为这些东西不符合他们的价值取向和生活方式。"［p78］是什么能够将价值取向撮合在一起？这是一种什么样的生活方式？将某种特定风格的元素凝聚为一个整体的动力来源是什么？

　　沿着迪克·赫伯迪格的思考，风格是一种同质性，或者形式上的相似性，风格的整体性是由其各组成要素聚合在一起而创造出来的。"同质性"（homology）这个概念，在我早期的著作《修辞学》中有过详细阐释，可以被概括为：同质性是一个群体的成员共享的一种思维模式或结构。人类的大脑对这种模式做出强烈的反应。诺曼观察到，"思维的大部分结果来自一种模式匹配系统"，［*Design*，p117］而"潜意识思维匹配模式"。［*Design*，p125］在一个仿真社会中尤其如此，因为仿真是由模式、形式、句法等控制的。正如波德里亚所说的："仅依靠模式就能产生意义，事物的终结意味着流动性的丧失，但是却从模式中获益。"［*Simulations*，101］形式对于我们成为自己是非常重要的，拉康用类似的术语谈论了主体的连续性以及它是如何被建立的："无意识属于具体话语的一部分，只要它是超越个体的，那就不是主体在重建它的意识话语连续性时所能支配的。"［p49］

　　由于人们对形式和模式的反应过于强烈，风格的组成元素所具有的内在统一性可能具有强大的激励作用。赫伯迪格认为，朋克风格整体性的形成，就在于模式不断挪用和颠覆那些高尚或世俗的对象和行为，例如垃圾袋或者安全别针。赫伯迪格清晰地解释了"风格的同质性"，他声称："任何特定亚文化的内部结构都显现出一种极端整饬的特征：各个部分都存在着有机的联系，共存互补，亚文化成员创造的意义世界就是他所

谓的风格。"［p113］

如在"坎普风"当中存在同性恋风格,那么它们就是围绕夸张和讽刺模式而建构起来的一种风格整体性。同质性作为一种整体将风格凝聚在一起,这种观点将在本书得到进一步的探讨。

许多学者都将风格视为一个统一体,将一组符号、行为、图像和物体组合到一起,埃文对此进行了分析。

> 这些是我们生活中的一些基本事实:不同的时刻,不相关的、分离的……然而,社会生活作为一种整体性景观,包含了人类行为、希望与绝望、图像和信息、新的故事叙述……它们揭示了一种生活模式、一种感知结构。［pp21-22］

不同的文化和时代可能有不同的模式引擎,但一个专注于风格和审美化的文化,将来自风格的生活模式和感知结构组织化和系统化。马费索里旗帜鲜明地宣称:"风格可以被理解为'统一的原则',这种统一性是深层的,并统摄事物的多样性。"［p9］拉斯基明确地将风格与同质性联系起来:

> 当然,市场对产品风格的强调(与形式相对)是基于这样一种认识:效用是消费的附属品,消费的基础是商品形式和符号形式之间的同质性。这种同质性就是产品的风格,通过复制或仿真某种价值观念(例如功能、技术)使产品易于交换和消费。［pp100-101］

凯尔维南谈到产品进入的语境,如果语境和产品很契合,就具有某种程度上的同质性模式。

> 产品使用的语境包括环境、地点和区域,客观的社会状况,整个使用体验的惯例和仪式。此外,新产品还可以作为这种环境下产品体系的一部分。［p79］

她谈到的总体性是一种具有相当同质性的思考方式,是什么将不同的、多样化的产品连接到一个语境下,使之具有同质性?凯尔维南给出了不同产品具有同质性的例子:"劳力士手表、布鲁克斯兄弟西装、纽巴伦跑鞋、索尼随身听以及宝马汽车,这些产品之间无论从功能上还是从形式上看都各不相关。但许多消费者可能仍然把它们作为一个与特定角色或者特定风格相关联的整体进行分组。"[p81]

维维安将风格的同质性描述为一种审美共鸣,将各自分离的元素整合到一起,并讨论了各个部分在创造整体性方面所扮演的角色。

因此,一个时代的风格并没有把不同的社会、经济、政治和制度因素整合为一个和谐统一体,而是将其带入了某种充满文化审美情趣、个性彰显的形态之中……于是,一个时代的风格包含了由(有时是深刻、意义深远的)不统一所产生的统一。或者,人们可能会把风格称为审美共鸣的文化表达,而不是整体统一性,无论这种共鸣是多么有限:这种共鸣可能是和谐的,或者极其不协调的,它可能产生凝聚力或分散性,但是集体主义的风格能够在不同的甚至是"充满矛盾"的社会利益之间激发一种有意义的共鸣。[pp229-230]

一些学者已经描述了特定种类的同质性是在某种风格元素以及个人和社会经验之间获得的。在音乐研究中,对同质性作为整体统一性的研究是很普遍的,正如西蒙·福瑞斯(Simon Frith)所观察到的:"问题在于同质性,即物质和音乐形式之间的某种结构关系。"[p108]电影通常是同质性发挥作用的一个例子,格雷姆·特纳(Graeme Turner)指出:"现在,大众电影很少以单一产品或商品的形式呈现给公众。通常,它是一种复合商品。"[p6]因此,有一种同质性将所有的产品连接在一起(电影、音乐专辑、动作人物等)从而制作出了最新的蝙蝠侠电影。尽管这里的整体统一性都是基于内容层面的,因为它们都与蝙蝠侠相关。但是电影可以参与甚至有助于创造风格的同质性从而跨越不同内容的隔阂。西布鲁克指出，乔治·卢卡斯（George Lucas）是通过研究许多文化的神话来设计《星球大战》系列的［p144］。而这些电影从许多不同的文本和文化中收集了一系列"经典语录"包［p146］。因此，这些电影将广泛分布的元素结合在一起，从而创造了一种有意义的风格。埃文描述了早期电影对新移民产生的影响，它吸收许多年轻女性移民的体验并创造了一种整体统一性："这些处在身份转换当中的女性同时在进行一场社会和性别之争。如果她们在新的性别观念和固化的家庭结构中饱受煎熬，难以抉择时，电影中那些看上去花枝招展、放荡不羁的女性形象……似乎为新的女性气质定义指明了道路。"［p68］

彼得·斯特恩斯（Peter N. Stearns）指出了有趣的模式，这些模式与维多利亚时代和当代社会基本的情感风格具有同质性。对比维多利亚时代的情感表达模式和当前以"酷"为名对情感表达的压制，斯特恩斯认为"这种路径试图确定情感规范中更大的一致性，即将特定的情感规范与更广泛的风格联系起来"［p5］，而风格是通过同质性的方式来实现更高的内在一致性。斯特恩斯指出："很明显，像维多利亚风格这种体型庞大的情感文化，部分是由与情感光谱更具体部分相关的微小变化累积而成的，这表明许多不同风格的成型过程中存在着整体统一性。"［p61］斯特恩斯接着提出了一个关于情感风格如何构建其他广泛文化领域的讨论，这当然也是一种同质性的思考方式［pp70-76］。

哈里曼对政治风格的研究表明同质性能够聚合不同的引领方式，类似，保罗·盖伊（Paul du Gay）提出了一种连接官僚机构工作方式的同质性风格："然而具体的方式在于……政府理性运作的方式有很大的不同，它为不同的机构和个人——学校、全科医生、住宅小区、监狱等提供了可能的行动方式，这些机构和个人具有普遍的一致性和风格。"［p155］这一引人注目的论断表明，一个政府机构所涉及的一切事物都具有风格的同质性。

有一些学者谈论风格和空间的同质性。德塞托认为比喻修辞作为一种同质性统一体,是一种在不同公共空间中的不同使用方式,尤其是在城市空间中。

修辞学类别中的"比喻"为分割空间方法的分析提供了模型和假设,在我看来,这一应用的有效性基于两个假设:1)假定空间的实践与已构建秩序基本元素的操作具有一致性;2)假定它们就是修辞中的比喻手法,偏离了城市系统所定义的"字面意义。"[p100]

他还引用了提喻(synecdoche)和散珠格(asyndeton)这两个非常明显的比喻手法[p101],布耶认为市场作为空间的另外一种组织形式,其价值的风格化表达超出了它的边界,因为"传统市场是生命活力的真实表达形式"[p28]。当然,布耶强调形式的同质性暗示了一种生气勃勃的风格模式,也包含这些市场和其他富有活力的形式体验。齐格弗雷德·克拉考尔(Siegfried Kracauer)将美学维度描述为不同类型空间的统一,因此,他认为酒店大堂与"神殿"(house of God)具有风格同质性。

许多学者已经确定了与时尚相关的同质性结构。克莱恩指出:"学生消费者使用时尚话语来呈现零碎的、不同的风格,并通过服装来构建有意义的自我身份认同,这意味着同质性在服装和个体身份之间创造了一种一致性。"[p209]她认为,时尚不仅受到"文化趋势"的塑造,还受到各种组织和力量的影响,而这些组织和力量在特定的风格中是统一的[p15]。雷布津斯基列举了几种连接时尚和家庭装饰的同质性,他认为:"在我们装饰房子和穿衣打扮之间存在一种强烈的关系。"[p21]因为"房子和衣服都是一种陈旧的显现身份的方式,物质和符号类型被整合到一起用于传达社会地位"[p24]。需要注意的是,那些穿衣打扮具有同质化风格的人也从中感知到了某种社会身份的同一性。在一个应该引起传统大学教师共鸣的例子中,雷布津斯基抱怨说,在哥特式建筑里穿着现代服装的学生"就不适合,他们应该戴着平顶草帽,穿着法兰绒的运动夹克或花呢衬衫"[p35]。雷布津斯基举的例子引出了这样一个问题:使得平顶草帽与怪形生物状滴水嘴两者组合到一起看上去很协调的风格统一性到底是什么?(我在这里指的是建筑风格)

风格被视为统一体的中心,将定义性取向和性别身份的行为和对象集合到一起。巴布肖描述了一种同性恋情感认知,这种情感认知与风格产生共鸣,但也通过同质性将一种广泛的网络行为和体验连接到一起:"我将同性恋情感认知定义为一种创造性力量,它反映了一种与主流不同的意识,对社会压制现实下所产生的某种人类复杂的情感的高度认识。"[p19]这种同性恋风格和情感的一种表现就是"坎普风",艾斯泽·牛顿(Esther Newton)用同质性术语对此进行了描述:"'坎普风'不是一种事物,其最为广泛的意义是一种事物、人、活动和同性恋之间的关系。"[p46]帕梅拉·罗伯特森(Pamela Robertson)从同质性的角度将"坎普风"看作一种连接性别和性取向的风格,认为"'坎普风'作为一种结构活动,探讨性别的结构、表现和法则,与女性主义气质有密切关系……我们可以检验作为一种女性主义实践的'坎普'风格所具有的形式特征"[pp156-157]。阿克罗伊德指出了同质性的功能,在詹姆斯·库珀(James Fenimore Cooper)的小说《间谍》中,异装癖在一般意义上表达了跨越边界的形式:"这本书关注的是伪装本身,以及隐含在分裂忠诚中的困惑。在这样的语境下,异装癖成为歧义含混的象征。"[p141]多蒂提出了"同质化关系",尽管他没有使用这个术语,但他指出阶层和性别中的风格化方式可以在文本中相互表征,如美制《拉维恩和雪莉》[p54]。当多蒂讨论美国文学中一个广泛流传的神话——白人和有色人种之间存在着一种色情的纽带关系,在他们进行风格化自我表现的某些方面,种族和性别身份是可以相互替代的[p74]。

现在我们可以对风格有一个明确的界定和理解:风格是具有审美化的行为和表达的统一体,其存在依赖于海量的图像,它起源于后现代社会并以后现代主义思潮作为驱动力，最终形成仿真性的文化语境。需要考虑的是风格是如何通过更为具体的运作来建构我们的生活体验的。下一章将转向风格对体验、文化、感知和商品的建构方式，通过这种建构功能占据晚期资本主义时代社会生活的中心舞台，并通过商品化，过度消费的资本需求如何与风格的中心化保持一致性。

第二章　风格的社会和商业建构

  风格学家对他们写的什么、做的什么并不感兴趣，他们只对他们是谁感兴趣。

——昆汀·克里斯普《如何过一种有风格的生活》，[p94]

  如果我们在第一章有所了解的话，可以确定的是，风格是一个复杂的概念，它包含了各种各样的元素，例如美学、图像、仿真，等等。所以我们在本章要论述风格是当今社会和商业组织的中心，就意味着要思考那些复杂的元素，而不是关于一个人如何穿衣打扮或者在街道上行走的简单概念。这一章关注两个主题：其一，广义上风格建构社会组织的方式；其二，在当今的全球化经济体系中，风格和消费紧密依存的方式。本章的核心主题是结构和组织。风格具有绝对性，作为一个符号系统，风格决定了我们如何建构经验和感知——因此也决定了我们如何建构完全资本化的全球社会。

风格建构经验、文化和感知

  让我告诉你我最近的两次购物之旅。我曾经参加过《老大哥》节目，我是一个白人，我的两个弟弟是非洲裔美国人。大约6个月之前，他们打算去商场买一些衬衫。我们经过一家摆满衬衫的商场，我把衬衫指给他们看。他们看了一眼，果断地说了一声"不"，然后继续往前走，这种情景发生了很多次，最后，他们深感歉意地把我拉到一边，解释说我们经过的每一家商店都只卖白人衬衫，而他们需要买黑人衬衫。他们将我带到二楼，我们倚着栏杆向下看，他们指着楼下来来往往的行人，告诉我黑人和白人穿的衬衫有何不同。此刻我才恍然大悟，白人穿的衬衫较短，并且是紧身的；而黑人穿的衬衫较长，相对宽松。之前我从来未注意到这种简单的差别。

最近，我23岁的女儿来看我，我们一起去了商场。从某些方面来讲，这是我和我的两个弟弟之前购物的重复之旅，我们经过一家又一家服装店，"想进去吗？"我问。"不！"女儿的回答很干脆。这家商店是专门为年轻人开的，那家商店是为年长的女性开的，这家店是为大龄青年开的，她甚至发现了一家商店，确定那家商店是专门为短发的中年女同性恋开的。我在一生中经常路过这些商店，然而却对它们所代表的社会文化身份一无所知。这就是风格为我们做的——它建构了我们的社会世界。同时也告诉我们不能进入哪些空间和场所。风格让我们对自己的社会文化身份有明确的体认，也表达了我们想成为什么样的人。风格在很大程度上是通过商品来实现这一切的，就像大多数人在进入商场之前心里就盘算好了：他们打算买什么风格的衬衫，在哪里可以买到这样的衬衫。

这里面衍生出的第一个问题是，风格建构了社会。从根本上说，风格之所以如此，是因为它是一种思考的手段，就像语言，它为社会认知创造了分类系统。风格通过审美感知和分类来建构社会，例如服装、城市环境的外观和感觉、地理协会、种族和文化。在通过审美化方式创造和组织这些范畴的过程中，风格在社会忠诚和个性化之间制造了某种张力，这种张力在后现代社会复杂的语境下可能会增强。风格的社会建构从来都不是毫无价值的，风格化美学建构了诸如性别、性取向、社会阶层、时间和空间等社会价值承载的维度。

学者们已经注意到符号和图像等风格搭建模块在社会建构中的中心地

位。在当今更大甚至全球化的社会中，媒介化的符号可能是唯一的建构基础，因为它是通过媒介化而不是物理接触发生的如此大规模的社会化。约翰·哈特利（John Hartley）在叙述的过程中尤其强调这一点的重要性："在现代复杂、支离破碎的社会中，人们无法与社区其他成员进行直接交流，只能通过电子或印刷媒介讲述的或其实或虚构的故事形式来了解他人，这种交流是象征性的。"［Politics，p207］我可以进一步地说，符号和图像越来越成为我们与社会单位连接的唯一途径，这就是风格。

风格，因为它像一种语言一样工作，为思考和判断创造范畴。风格是一种思考工具，因此，它不仅是一个交流系统，也是一个建构我们感知和行为的系统。米歇尔·德塞托认为"风格和用法都与'操作方式'（说话、走路等）相关，但是风格卷入了符号化的特定过程，而风格的运用指向了符码的元素。它们交叉形成一种使用风格，一种存在方式和一种操作方式"［p100］。风格有助于建构和处理我们周围世界的象征性本质，正如玛丽·道格拉斯和巴伦·伊瑟伍德在谈到商品这种风格的关键要素时所言："商品有助于思考，对于人类的创造力来说它们是一种非语言的媒介。"［p41］他们之所以能这样做是因为"商品是被用于标记分类意义上的范畴，这有助于建构我们的思维"［p50］。马尔科姆·巴纳德给出的例子是："正是因为一个人知道关于敞开衣领和系上衣领的符码，他才明白整洁还是随意才是有意义的。"［p82］在这个例子中，服装能够帮助我们判断所处的社会情境。当巴纳德说"谦逊质朴是穿着衣服的结果而不是穿着衣服的原因"时，他指出了风格元素的基本建构能力［p56］。

乔治·瑞泽尔采用了皮埃尔·布迪厄（Pierre Bourdieu）的"场域"（field）概念，认为风格的语境对于行为者和交流行为来说是思维的工具。

> 消费环境中存在巨大的差异，我们可以使用布迪厄的"场域"概念来帮助我们思考这些不同的语境。"场域"是环境中目标位置之间的网络关系，目标位置由代理人或系统占据，其受到"场域"结构的

限制。在社会世界中有许多半自治的"场域"。[p61]

将风格视为这些"领域"中的一个要素是非常有用的,迪斯科风格是另外一种指涉许多迪斯科元素(例如对象、行为者等)的方式,在某些情况下是一致的。将某种特定的体验理解为"迪斯科",同样是一种依据某种风格思考体验的方式。西蒙·福瑞斯指出了嘻哈音乐的建构功能:"嘻哈音乐因其个性张扬、自由奔放的风格特征,最好被理解为一种表演性文本而非生产性文本,它是一种新的意义生产方式。"[p115]当然,这是我们如何建构和理解经验的一部分。

晚期资本主义时代,风格作为一种思维工具已经成为建构社会的重要基础,也是划分社会群体和做出判断的基础。米歇尔·马费索里在论述风格的这种宏大结构作用时指出:"作为一种聚合的力量,风格在文化诞生之初就是它的内在属性。它是一个在确定的时刻假定价值的综合体,并且在社会当中强行植入一种可识别的秩序和形式。"[p11]

长期以来,语言学家一直在讨论人们变成了他们在文本中的样子。这个概念在安东尼奥·葛兰西(Antonio Gramsci)和路易斯·阿尔都塞(Louis Althusser)的理论中表现为文本如何对人进行"询唤"(interpellate)以建构其主体性。雅克·拉康表达了类似的立场:"我在语言中寻找的是对他者的回应……为了找到他,我给他起一个名字并呼唤他,他必须接受或拒绝,才算是给我答复。"[p86]我认为风格是一种语言,以同样的方式起作用,呼召人们成为特定的主体,同时以某种方式对自我进行建构。格伦·C.盖泽尔-盖特兹(Glenn C. Geiser-Getz)说:"自我和他者越来越被电影和电视的图像、商品世界的消费者选择以及被仪式化表演所定义。"[p248]所有这些都可以被认为是风格的元素,进一步地,我们在与他人关系中的自我呈现是由我们展现出来的风格构成的。正如马塞尔·达内西所指出的,"在我们痴迷于图像的文化中,拥有'好的'外表实际上已经成为一种广受认同的自恋癖——正如我们14岁的调查对象向我们透露的信息，这种自恋癖现在很大程度上塑造了青少年之间的社会关系"［p37］。然而对于父母们来说，他们很容易在他们孩子的社会世界中看到风格所具有的中心地位，对我们所有人都是如此。

风格的推力对文化建构的影响并不表现出很清晰的脉络，而是通过形塑、操演和审美化呈现出来。约翰·利兰这样描述传统上被称为"潮人风格"的影响："作为一种影响，时尚在涟漪的中心移动——从潮人到追随者到崇拜者到广大的公众……在大多数情况下，这种影响是通过行为和风格而不是清晰的原则体现出来。"［pp288-289］斯雷登和维尔洛克也注意到风格影响公众更多是通过操演而不是通过陈述说明，因为"图像的兴起和世界的衰落伴随着被操纵的自我和社区的重构，形成了以图像为导向的操演、商品和展示"［p9］。当然，风格在很大程度上依赖图像。

风格通过美学在社会组织中对人进行排序。一些学者认为，在审美反应中可能存在普遍性，如唐纳德·诺曼所言："出自本能的设计背后的原则都是固定的，在不同的人和文化中具有一致性。"［p67］这并不是说每一种文化都以相同的方式安排自己的秩序，而是说每一种文化都是围绕着诸如和谐、对比、重复等超越性原则建构起来的。波斯特莱尔声称存在基于生物学的"美学共性"，如对称和比例［p32］，为了证明她的主张，波斯特莱尔说："审美既没有一种绝对性，也不是一种复杂的社会结构。"［p33］她强调了在审美反应中存在的"个体和文化"因素对意义的制约，社会的建构依赖于审美的个体和文化维度。

福瑞斯还主张审美应当在社会结构中占有中心地位，"社会群体……只有通过文化行为和审美判断才能进行自我认知（群体是由具有相同或不同社会利益的个体构成的特定组织）"［p111］。他认为社会利益的相同和差异都是社会的建构原则，人们必须注意那些自身所没有的风格的重要性，它们有可能与自己所属群体的审美构成冲突，因为正如安德鲁·罗斯提醒我们的，"只有通过排斥和贬损他人才能显示出自己的品味"［p69］。我们知道我们是谁、他们是谁，因为不同的审美标志着我们的风格。

根据齐格蒙特·鲍曼的观察，一种建立在精心设计的风格美学基础之上的自我、社会和社群似乎是行不通的："'社群'意味着一种'自然的'和'心照不宣'的共同理解，因而当理解转向自我意识时它将无法存在。"［Community，pp13-14］相应的，对于图像和审美的专注或许对于风格而言就是先决条件。但是，在主观意图表现非常明显的地方，总是会显现出独特的风格。在日常生活审美化的讨论中，个体强调审美化的观念是一种策略化建构而非随意为之。艺术也是被有意识建构的，鲍曼所说的自我意识某些时候是与解释性语言相关，就像存在于一个人头脑中的声音，这个声音可以清晰地表达一个计划或者想要做什么的愿望。风格有时候依赖意识意向性，但并不总是如此。审美化是一种风格依赖的策略，但是它或许超出了清晰理性的范围。但一个人基于风格和美学做出判断的时候，他总是有意识的，但并不总是客观理性的。即使说不清楚是什么原因，人们也懂得在什么样的场合穿什么样的衣服。基于这个原因，我相信风格可以成为建构社群和主体的基础，即便是在变动的社会语境中也不例外。

服装是一种建构社会的风格美学元素，它通过暗示人的阶层、社会地位、性别、职业和人类组织的其他范畴来做到这一点。克莱恩认为："社会地位和性别作为最明显的外在标志，其用途在于维系或颠覆符号的边界，服装反映了不同时代的人们如何看待自己在社会结构中的地位，以及如何划定自己的身份界限。"［p1］巴纳德认为，一种源自托马斯·卡莱尔（Thomas Carlyle）和奥斯卡·王尔德的传统表明，在群体中间，服装使得社会成为可能："时尚和服装……或许是社会关系中人们对于结构、体验和理解最重要的意义表达方式。"［p9］巴纳德声称，服装既是社会流动的信号，也是社会阶层的再生产［p111］。巴纳德坚持认为，服装不仅反映了某种意义上已经存在的社会建构，而且还组成了这种社会建构："服装，包括制服，不能被理解为现有社会阶层关系的一种反映或者附带现象，而应当被理解为这些阶层关系被建构的方式。"［p112］阿克罗伊德指出："穿衣服总是出于保护隐私或装饰的目的，但是现在穿衣服普遍成为人们在社会中占据某种地位或者在社群中规划道德秩序的手段。"［p34］当然，服装建构社会的一种方式是通过男性和女性穿着合适的服装。在这个意义上，正如阿克罗伊德所指出的："异装癖打破了社会和阶层的壁垒，这些壁垒本身就是基于经济和社会的刻板印象。"［p64］当社会中的他或她违反了性别符码的时候，是通过服装来宣告世人的。

　　城市环境是风格建构社会的另外一个领域，我们阅读他人外表和行为传达的无数信息，通过观察呈现出一种复杂的风格统一性，由此我们摆正自我和他人的社会关系。这一点在城市当中尤其如此，因为诸多社会群体混在一起，彼此沟通和交流变得不那么容易，这就迫切需要对相应的社会文化范畴进行标记和分类。正如迈克·费瑟斯通所观察到的，"尽管人群中快速流动的身体是一个非语言交流的空间，解码的过程以及欣赏他人的外表却在这个空间中进行着"［p76］。斯图亚特·埃文指出，在20世纪早期，城市中快速变化的风格对于社会的建构具有重要意义，在这些城市中，新移民浪潮不断涌现，从而滋生了对于社会组织的大量需求，这种想象的出现在很大程度上也是基于风格："在如此广泛的陌生人环境中，风格是一种戏剧性的需求。一个人反复意识到自我就是他者，意识到自己在巨大的社会市场中的商品地位，而风格为其用途提供了一种强大的融合与交流的媒介。"［p76］

　　总体上，除了城市以外的社会地理组织也依赖风格，因为存在像民族性一样的美学风格的标志地点。彼得·斯特恩斯认为，风格的元素是一种物理性的情感表达："例如，我们发现南方人早期对嫉妒和伤心的区别持有极大的兴趣。"［p186］情感表达的类型是一个人风格特征的一部分，在这里我们可能会想到非常保守的新英格兰人，或者追求时髦的加利福尼亚人，或者像斯特恩斯一样的南方人。

　　种族和文化群体被某种风格赋予审美化特征，即便这些群体中的成员没有显示此类标记，这些风格也成为该群体的刻板印象。重要的是对风格的期望，或者你喜欢的审美类型，这些有助于社会判断和审美类型的建构。人们在行为姿态、生活习语、饮食习惯等方面的差异决定了群体的归属，社会就是按照不同群体的审美类型建构起来的。正如斯特恩斯所观察到的："存在着某些风格类型固化的社会角色，人们通常认为地中海人具有性感情人的某些特征，而非洲裔美国人通常激情四射、充满活力。人们之所以对这些群体形成固定的风格认知，主要是受到这些群体中那些情感表达率真自然的体育明星和音乐家的影响。"［p282］在《我们站在哪里：阶层问题》这本书中，贝尔·胡克斯（Bell Hooks）对社会中阶层、性别和种族互动的不同建构方式进行了细致入微的研究，她的大部分研究都是基于这些范畴中不同的风格标记，以及社会建构中使用这些标记的数量。理查德·迈耶斯和詹妮特·比尔森对"酷的姿态"进行了集中研究，尤其是在非洲裔美国男性中，对于在社会行为中表现出一种"酷"的风格非常在意："耍酷，或者摆出一个酷的姿态，对于许多黑人男性来说，是使日常生活有意义的一种策略。"［p11］尽管"在某种程度上所有的种族、阶层和性别都会表现出酷的行为"，但是迈耶斯和比尔森认为尤其对于黑人男性来说，酷的风格标记已经变成了一种文化迷恋［p12］。当然，酷的风格标记的形成依赖于社会中广泛的行动、姿态、言语、服装等。达内西解释说："扮酷不是在践行某种风格的过程中为所欲为，对某种风格适度的把握也能够被认同为是一种酷的表现。"［p141］尽管酷的姿态对于非洲裔美国男性已经变成了一种风格标记，但是迈耶斯和比尔森指出，那不过是界定群体特征的一种风格而已："酷的姿态在黑人社群中是一种有用的策略，但它只是在美国语境中发展起来的许多复制策略中的一种。"［p12］总体上，他们强调风格在非洲裔美国人社群的操演过程中所具有的重要性："相对于主流社会群体而言，许多黑人的生活充满了无处不在的操演。"［p4］为了给社会群体划定界限，"酷"有着特别的功能，正如斯特恩斯所描述的，作为"在某些较为尴尬的场合中，'酷'能够维系一个人的个性特征"［p1］。

值得注意的是，在种族风格标记方面，利昂·温特提出了相反的观点：

以前，风格是严格按照种族来划分的［pp1-2］。但是现在"所有人——包括年老的和年轻的、工人阶层和中产阶级、大学毕业生和高中毕业生——穿着同样的运动衫、牛仔裤、靴子，戴着同样的棒球帽，上面印着设计者的名字"［p4］。尽管依据风格划分种族或文化群体的界线正在消失，但是温特指出，对于通过风格确立的种族审美标记，需要注意两点。第一，人们虽然穿着跨越种族界线的衣服，但是这并不代表着种族差异就完全消失了。某些风格所附加的种族意义可能正是一些人穿着"跨越"种族界限服装的原因。在写作本书时，FUBU服装品牌的广告语依然是"专为我们而生"，广告中的"我们"依然指的是非洲裔美国人，即使所有种族的人都穿这个品牌的服装。第二，尽管存在着风格的交叉和重叠，但是由于风格所产生的社会压力，一个种族中的人很少会有意展示其他种族的风格。通过个人经验我们很容易验证这一点，如果一个欧洲人穿着典型的非洲风格服装，例如颜色花哨的宽松衣裤或者头巾，或者非洲人穿着传统的日本和服或类似的衣袍，在公共场合中这种穿着一定会遭到他人的指指点点，这种情况下我们心底难免出现这样的声音："这不是你的风格。"

《纽约时报》杂志上有一篇有趣的文章对这个问题进行了解答："到底谁是呆子？"答案是：那些对社会常识一无所知的人。这篇由本杰明·纽根特（Benjamin Nugent）撰写的文章回顾了一些关于社会"呆子"的研究。在每一个案例中，特定风格的标记都与种族身份有关，这表明了具有广泛文化内涵的风格符号体系显现出鲜明的种族特性。

在社会化的过程中，个人和群体之间难免存在着紧张关系。我们想要有归属感，与他人建立联系。同时我们也想要感到重要、与众不同，从群体中脱颖而出。这两种欲望是社会建构的问题，它们互相冲突。鲍曼指出："社群的缺失意味着安全感的缺失，而如果回归社群，则意味着自由的丧失。"［Community, p4］然而，冲突在很大程度上是不可避免的，社会与个体之间的紧张关系对于人们来说通常是一种现实。这种冲突通过风格表现并爆发出来，波斯特莱尔从审美角度对这种冲突进行了解释，认为这也是风格的一种构成要素:"审美身份既是个体化的也是社会化的,在群体中它是一种表达我们是谁也是表达我们想成为谁的心里期盼。"〔p102〕确实如此,对于大多数人来说,我们发现这两个极端之间的张力是充实生活所必需的。巴纳德这样认为:

  人们似乎需要同时具有社会性和个体性,而时尚和服装则是这种复杂情感需求得以协商的方式……时髦的服装在西方资本主义社会中被用来确认各种文化群体的成员身份以及个体身份。〔p12〕

  埃文也发现了这种紧张关系并将其与特定风格联系起来,"风格就是在从众心理的约束下'与众不同'的领域"。〔p108〕我们想要与众不同的牛仔裤——但我们想要的牛仔裤其实是一种穿在身上很容易被每个人认出的商品。如果我们承认风格是很个体化的,我们就必须承担被群体排斥的风险。费瑟斯通说:"消费文化朝向标新立异的趋势对于自我标出来说是一种激励,我们必须注意到,差异必须得到社会的合法性承认:完全的差异性和完全的个体性一样,都具有不被社会承认的危险。"〔p87〕

  社会依附和个性之间的张力是资本主义生产所固有的。我在第一章描述了"运动鞋化"现象,在这种情况下,真正复杂的大规模生产可以复制产品的许多变体,从而仿制产品的独特性。斯图亚特·埃文和伊丽莎白·埃文指出:"如果时尚能够给越来越多的人提供一种个性化语言的表达,其大规模生产往往趋向于一种相反的方向:大众化表达。"〔p161〕然而,如果没有大规模生产,个人就不可能拥有用于个人表达的"原材料",而这种大规模生产又会让一个人加入使用这种商品的群体。通常,市场上那些既能提供社会依附性同时又能提供个体独特性的商品做得最好。

  风格可能是范畴化的,但绝不是中性客观的。社会建构从来都不是没有价值的,风格通过表达对人和群体的价值判断来建构社会。这种价值的表达是风格的本质,正如埃文所说的:"风格是人的一种价值观、思维结构和思考方式,在特定的社会中其表达和接收都是审美化的。"〔p3〕正如

"价值承载审美"的例子，波斯特莱尔认为，朋克和哥特作为风格具有鲜明的特征［p18］；福瑞斯认为流行音乐"体现"了社会价值［p117］。在另外一个例子中，维尔托德·雷布津斯基认同建筑风格表达了特定时期被唤起的价值："最好的建筑……能够表达它们那个时代的审美，这也是欣赏历史建筑的乐趣之一，它们反映了旧有的价值观以及过去的美德和罪恶。"［p47］我们在20世纪60年代早期的建筑中看到了类似于《摩登家族》式的对未来和科技的热爱，以及在瑞典现代设计中对"酷"的简单偏爱。

风格所表达的价值观也具有修辞效果，正如埃文所说的"良好的公民素质正是文明城市规划的首要目标"［p206］。很明显，风格的使用是向公众宣扬特定的价值，埃文的意思是："好公民"要在商业区域中采取商业化的行为，在住宅区就要遵守个人隐私。试着在你郊区的家门前卖热狗，或者在金融区的街道上躺在通风格栅上过夜，看看别人会如何评价你。

风格承载着价值，因为风格具有修辞性；其所以具有修辞性是因为它能传递价值。正如波斯特莱尔所指出的，审美是风格的重要组成部分，"美学既是修辞的主要工具，也是经济价值的主要来源。"［pp181－182］把修辞和价值观放在一起，你就会感到纠结。被赋予权力的利益及其对手的价值观可以通过风格来表达，这种冲突的标志也是一种社会建构。为了出庭而精心打扮，或者无视权威而随意打扮，都是一种风格上的修辞斗争。年轻的女教授们被建议在课堂上盛装打扮，以对抗她们可能在学生身上发现的父权制逻各斯。风格的姿态和对象承载着对霸权意识形态复归而抗争的社会价值，正如迪克·赫伯迪格所说的："商品确实面临着双重影响：'非法'使用与'合法'使用。"［p18］在这里我们尤其可以看到修辞对风格的影响。

风格可以是一种主张价值判断的方式，这种判断来自其他人的清晰表达或有意识的认知，而这种表达在修辞上或政治上可能是不恰当的。拉康指出了语言的暗示性质，他说："语言的功能不是传递信息，而是唤起感知。"［p86］因此带有这种特征的语言就是风格，不需要明确的说明就能唤起人们的记忆。社会中的所有辩论文本都被压缩成上流阶层的口音和姿态，以此来回应工人阶层，并忽略掉社会阶层问题。约翰·西布鲁克讨论了高雅文化和低俗文化之间的差异及其伴随的风格，认为这是表达社会阶层价值判断的隐秘方式："没有人想谈论社会阶层——这在富人中是一个很糟糕的品位——所以人们用高低差异来代替它。"［p46］这些差异特征被运用到日常生活的穿衣打扮中，人们运用风格来标记自己的社会阶层高低。当然，意识形态存在于有意识的感知之外，因此，风格的潜意识作品往往暗示着意识形态的含义。

在社会范畴的建构中，风格表达价值的一个有趣而重要的方式是它对性别和性取向身份的管理。埃文提出了一个引人入胜的论点：在资本主义社会中，人们普遍认同的对女性体型风格偏爱的价值观反映了社会对物质和财富价值的观念［pp176－184］。他认为，当资本主义社会最重视物质财富——琳琅满目、令人眼花缭乱的金银珠宝，装饰华丽的房屋和精致的首饰——的时候，人们就会偏爱微胖和丰满的女性体型（比如文艺复兴晚期的绘画或者彼得·鲁本斯〈Peter Paul Rubens〉的艺术所呈现的）。但是当一个人生活在一个无形资产更有价值的时代（可以确定的是，依然想获得更多物质财富。但是真正属于他们的财富却是股票、债券和其他的无形资产——如果提供给一个富人一套鼓鼓囊囊的沙发和一份令人垂涎欲滴的股票期权，他会选择哪一个？答案不言自明），人们偏爱的女性体型风格就像无形的资产，身材苗条已成为现代女性的追求。

埃文说，男性偏爱的体型风格表达了与工作和生产有关的社会价值观。当今男性的工作是碎片化的，很少看到他们能够生产整个产品。埃文认为，当今时代，男性对完美形象的追求导致了对身体某些部位的过度突出，从而忽略了整体的身体健康。男性杂志中的广告和图片展示了独立的、单个的身体部位，采用特写镜头拍摄，闪着油光，好像机器生产出来的一样［pp189－193］。埃文总结了这两种男性和女性的身体呈现模式："如果女性身体的理想化概念为现代社会价值结构的清晰表达提供了一个基点，那么'男性气质'就已经成为置于现代工作环境之上的牌匾，工作纪律被铭刻其上。"［p188］我还观察到，随着"合适的"男性工作现在越来越不需要付出沉重的体力，同时也不怎么使用钢铁机器，媒体中的男性身体（除了健美类杂志）不再轮廓分明，开始变得臃肿、圆润、光滑，更具有女性化特征，头发更长，嘴唇更翘（看看《绅士周刊》杂志中的广告就知道了）。

其他学者也注意到了风格及其商品构成元素表达价值的方式与性别和性取向身份之间的关系。弗兰克·莫特认为，关于英国男性气质角色变化的争论经常以消费模式的商业术语来表达，尤其是在广告文化中［pp17-18］。他说，通过商品"消费文化卷入了与男性自我有关的一系列同性和异性身份的争夺"［p71］。西恩·尼克松对此表示赞同，他认为这些广告文化中的个人价值和商业实践会影响整个文化的运作［p5］，他们中的许多人都具有一种"男子气质的自我意识风格"。作为结果：

> 从19世纪80年代中期到现在，通过风格系统操作和个体消费，工业生产就已经成为塑造并传播新的流行男性形象的中心。在商业化生产的商品和服务的世界里，这些广告表现形式一直是巩固一套新的男性气质身份的管家。［p6］

波斯特莱尔指出了另外一种表现男子气质身体形象的风格标准："在希特勒之后的两代人，肌肉发达的日耳曼人看起来像恶棍，而不是阿多尼斯（Adonises）①。"［p90］

风格也是一种与阶层位置相关的标记社会阶层和表达价值观的方式。我们如何对身体进行装扮反映了社会阶层价值观，正如费瑟斯通所表明的，"身体是社会阶级品味的物化：阶级品味是具体化的"［p90］。埃文注意到，19世纪开始的大规模服装生产使得时尚比以前更像是一个阶级流动

---

① 古希腊神话传说中的英雄，如今也被用来指代美男子。——译者注

性的符号，使人们的穿着可以"超越他们的地位"或者阶层［pp16－17］。一个人说话时的语调和词语的选择，也是风格问题，可以表达社会阶层价值观。例如，大卫·戈德伯格（David Theo Goldberg）认为："电台谈话节目也被标上了阶层色彩。"这种标记只能通过声音这种媒介加以风格化进行传播［p31］。

　　风格建构社会有两种途径：通过对时间进行标记和通过对空间进行标记。它通过对时间和空间赋予价值的方式实现这一目的。每个社会都认为特定的风格适合特定的时间和空间，但是这种期望可能会在现实中碰壁，这种对期望的违背总是有意义的，它与被广泛认可的、赋予特定风格标记的时间和空间密切相关。服装可以同时标记时间和空间，巴纳德区分了定式服装和时尚服装的区别，认为前者是特定空间和地点的标志，而后者显示了某个时间段的着装风格［pp13－14］。从这个层面来说，定式服装的一个例子是女王在特定的仪式场合必须穿戴的长袍和徽章，时尚服装则是新的复活节套装，为准备返校穿的服装。

　　许多学者关注风格建构社会时间的方式。道格拉斯和伊瑟伍德提醒我们，商品用来标记时间、生命周期和季节的特定含义，而被风格化使用的商品肯定能够做到这一点——想想那些适合在一年中某些特定节日或时间段使用的物品，或者像在宽扎节（Kwanzaa）[①]或美国独立日这些节日中的家庭装饰。［pp43－44］道格拉斯和伊瑟伍德认为商品"在使用频率、等级和质量方面具有逆相关性"［p86］，因而作者指出商品的评价和使用频率之间的关系就可以作为时间的标记："必需品使用频率高，因此代表了较低层次的社会身份，而奢侈品使用频率低，因此带有较高的社会身份属性。"［p83］每天收拾桌子的风格是高频率的，这与只在"逾越节"[②]摆

[①] 非洲裔美国人的传统节日，每年从12月26日到转年1月1日，持续7天，每天点燃一根蜡烛，象征着非洲裔美国人日常生活中遵守的七个原则：团结、自决、共同生活、合作经济、目的、创造、信念。——译者注

[②] 犹太民族为纪念历史上摩西带领犹太人逃离埃及而设立，在犹太教历尼散月（公历3月、4月间）14日黄昏举行。——译者注

桌子明显不同。商品在社会生活中标志着时间周期，因为它们"揭示了在其服务的整个时间周期中的有用性……消费者不应当被认为是某种商品的拥有者，而应当被看作通过消费行为对一种特定的时间周期模式运作者"。（Douglas and Isherwood, 89）显然，如果商品有这样的效果，它们建构了社会时间。约翰·哈特利的一篇非常有趣的论文同样探讨了周期性，它研究的是公共写作的频率周期，这是一个包括建筑在内的概念，他注意到或快或慢的频率通常是被社会风格化元素建构起来的。

利兰说，时尚风格"建构"了时间，并且"时尚产生了一种持续的现在性张力，割裂了过去和将来"[p273]。他认为时尚通过现在性的张力强有力地建构了社会。"现在性张力的解放是一种带有迷幻色彩的激进力量，已经通知到每一个新产品及其广告。它破坏了工作、学校、教堂和家庭的权威，而这些都要求我们现在从属于未来。"[p42]利兰尤其强调了风格作为时尚维系现在性张力的一种方式，在提醒人们关于时间或死亡的终结方面是自相矛盾的。

> 时尚本身所具有的当下性时态暗示着时间的耗散……时尚通过风格传达了这一死亡的象征。布鲁斯音乐中令人愉悦的宿命论，低俗音乐中闹剧般的暴力、亡命之徒和自信之人的自我创造，黑帮说唱中充满凶杀气的趾高气扬，朋克中愚昧的虚无主义——当它们与死亡擦肩而过时，所有这些都是最引人注目、最有趣的。

利兰说，在当下性的时间框架下，城市尤其是被时尚风格建构的："城市风格具有明显的时态性，如果说农民的生活处于过去和未来两个时态当中，例如上一季的播种和下一季的收获，而城市生活就存在于当下。"[p47]利兰还认为，与当代社会中的工作时间所不同的是，"时尚颠覆了这一观念，将休闲时间定义为富有成效的，将工作时间定义为无所事事的……时尚越无用，离工于心计的工作越远，从而生产效率就越高，因为它占据了更多的时间"[p274]。当然，利兰指的是在风格方面无用的表象，而不是现实。时尚艺术家和音乐家可能会拼命工作，但绝不会表现出一副不辞而别的样子。他的观点与本章后面的一个分析相呼应，他认为是风格颠覆了传统意义上生产和消费的关系。

埃文支持这样一种观点，即风格建构了社会时间，他认为风格"为广袤的图像世界提供了流动的文化景观"［p16］。风格让人有一种不断变化、永久颠覆的感觉，正如不同的风格在时尚中显现出来的变幻性："风格是一个可见的参照点，通过它，我们开始理解进步中的生活……一种根深蒂固或者永久性的感觉在风格的世界中是被排斥的。"［p23］风格本身具有稳定性，但时尚从中搅拌破坏了风格的稳定性。一个具有多种风格的社会显现出快速的时间流动性特征。

学者们也注意到了风格标记并建构社会地理空间的方式。关于时尚如何重视时间的问题，利兰进行了十分详细的研究。时尚也标记了空间，因为时尚具体指明的是美国人的空间，是"标志性的美国风格，为了摆脱旧世界而创造的新世界风貌"［p13］。利兰认为，时尚风格特别擅长通过标记特定的城市空间来建构社会："我们常常认为时尚能够标记地理空间，每个城市都有一个时尚的社区。"［p272］人们可以通过人、建筑和街道的风格来判断自己是否处在这样的空间中。我们对城市的记忆以特定的风格为标志，新奥尔良和盐湖城的做法不同，它们的街道看起来也不一样。埃尔多·罗西（Aldo Rossi）认为："城市本身就是人们的集体记忆，就像记忆一样，它与物体和空间联系起来。城市就是集体记忆的所在地。"［p172］当然，对空间的集体记忆是风格概念的核心，因为大家都知道，有些风格是法国乡村风格，有些风格是西南部风格，就像有些风格让人想起杰奎琳·肯尼迪（Jacqueline Kennedy）[1]，有些风格让人想起珍妮特·雷诺（Janet Reno）[2]。因此，这座城市对自己的记忆以不同的风格体现出来，

---

[1] 美国第35任总统约翰·肯尼迪的夫人。——译者注
[2] 克林顿任总统时期美国的司法部部长。——译者注

这些风格划分出不同的街道和社区，或将自己与其他城镇完全区分开来。特里西娅·罗斯指出，嘻哈音乐当然是今天流行文化的主要风格，它在内部建构了城市空间："嘻哈音乐通过节奏、姿态、舞蹈、服饰和音响效果来复制和重新想象城市生活的体验，象征性地占据了城市的空间。"［p402］城市的某些空间在成为嘻哈音乐风格的表达场所时，就带有对社会阶层和文化的形塑。

有些风格是对既定空间排布的违背，比如公共空间中的涂鸦艺术。涂鸦挑战着城市强有力的空间组织。莱斯·贝克（Les Back）、米歇尔·凯斯（Michael Keith）和约翰·索罗莫斯（John Solomos）注意到："涂鸦总是一种侵入，从这个意义上说，它是有预谋地——也是有目的地——脱离了空间。因此，理解城市写作，归根结底是要欣赏它所镌刻的表面的象征意义。"［p70］涂鸦创造了一种新的空间，涂鸦爱好者们声称他们不受霸权控制："涂鸦艺术本身构成了一种不羁的另类的公共领域，其中，政治辩论和口头辩论被一种非语言的战斗所代替，这种战斗发生在手持喷雾罐和记号笔的涂鸦爱好者群体之间。"［p94］由于是非语言的，这场战斗是在空白与被标记表象对立的美学基础上进行的，因而这种战斗属于风格的领域。

因此，风格是权力（消除涂鸦）和反抗（重新镌刻）的对立，是一个汇聚了各种力量和权力的空间。综上所述，本章的主要观点可以概括为以下要点。社会范畴很大程度上是通过风格建构的。风格维系着个体与社会之间的张力，表达了社会价值观，建构了时间和空间。现在本章将转向另一个主题，这个主题也一直存在于本书的论述中，但现在更值得做充分的探讨，那就是风格和消费之间的密切关联。

风格和消费

第一章探讨了社会世界中普遍存在的行为和对象所表征的风格建构符

号系统（比如语言符号）的方式，市场中流通的商品，已成为携带丰富意义的符号，在公众和市场的合力作用之下，商品的符号意义被生产出来。风格在市场系统中运作，而晚期资本主义是一种全球共享的意义系统。正如安德鲁·米尔纳提醒我们的，对商品及生产的关注是资本的一个特征，因为"在迄今所有的生产方式中，只有资本主义本质上是一种真正面向市场的商品生产体系"［p19］。

  风格对商品的运用与其赋予社会结构的价值观念密切相关，资本创造了维系市场和社会的商品意义体系。许多学者观察到，市场和文化正在成为同一种东西——风格是商品化和文化的主要工具。在使用商品来建构社会时，风格依赖于将产品和与社会范畴联系起来的刻板印象。不同风格的消费模式被视为社会群体的标志，例如，群体或阶层使用商品所表达的价值与世界进行交流。社会组织通过风格与商品的联系是由欲望的创造性来推动的，这一部分将引用一些理论来解释资本主义是如何维系其欲望的。城市环境对于欲望的商品创造来说是一个特别富有成效的场所。对时尚的过度消费会导致浪费，这是风格的一个特质。在晚期资本主义时代，由于欲望的维系，社会和个人的导向从生产转向消费。通过仿真的文化支配，人们对商品的渴望与时尚联系在一起。

  在风格的社会范畴与风格在资本主义社会的中心地位之间存在着内在的价值关系。拉斯基认为，商品资本主义模式中风格的出现将价值凝结成特定对象的形式。

    因此，在资本主义消费中，风格并不是简单地代表某种已经存在的价值。在任何情况下，价值总是已经被表征出来的。它们只能通过特定的形式被了解。然而，风格通过仿真或技术复制了这些价值形式，将它们变成了交换的对象，其意义取决于它们存在的语境。［p101］

  另外一些人也同样注意到风格将价值转换成可供购买的商品的过程。埃文指出："相互碰撞的世界观被转化为风格，图像通过买卖导致了风格与修辞发生了过多的纠葛。"［p15］然而，如前所述，社会是通过风格进行范畴建构的，这种风格的大多数都是可以买卖的。

凯尔维南指出了商品中隐含的系统意义："消费者在产品使用中的意义建构依赖于他们的符号思维和编码能力，而这反过来又由个体的文化资本决定。"［p80］凯尔维南对文化资本的关注很有意思，她将文化推到了资本领域。这正是资本主义晚期所发生的状况，尤其是在风格上：人们从商品意义所理解的文化，正日益与市场齐头并进。社交领域、公共空间和朝圣地点正逐渐被市场吞噬。凯尔维南将这一分析应用到风格上："商品被用来解释在生活方式中展示的象征性的集体梦想，通过这些被规则和语境控制的系统，我们使用产品来承载意义。"［p84］除此之外，我想说的是，我们的集体梦想就是我们的生活方式。

产品与风格密不可分，因为它们与控制文化/市场的意义体系绑定在一起。莫特认为，这一过程在20世纪80年代得到了强化，当时"风格被完全看作消费者市场，商品是文化交流的主要媒介"［p24］。需要注意的是莫特的论述中从风格到市场中的商品再到文化核心的转变。埃文的观点更加直白："消费是一种社会关系，而且是我们社会的主导关系。"［p51］埃德波尔·格雷沃（Iderpal Grewal）在时尚和消费的交叉点上很好地定位了文化身份："在美国社会生活的印度人、巴基斯坦人或者孟加拉国人，只有去特定的商场才能买到沙里克米兹（salwar－kameet）或纱丽服（saris），① 他们穿上传统的民族服装以后，就会显现出一种独特的族群风格。"［p181］当然，风格是由这些商品构成的，因此，文化意义体现在有风格标记的商品上。巴纳德指出了产品的文化意义来源，例如时尚："就像垃圾袋一样，直到有人把它穿在身上，在此之前根本就不是能穿的东西。所以衣服也不是时尚的东西，直到有人用它来暗示他们在社会结构中所处的实际或理想空间。"［p19］同样，埃文指出，移民尤其是城市移民，历史

---

① 沙里克米兹是印度男女皆可穿的一种传统民族服装，纱丽服是印度女性穿的服装。

上一直使用服装产品来管理他们的形象和外观，并且声称他们完全属于新环境［p140］。请注意在这些研究中社会组织、风格和产品是如何结合在一起的。瑞泽尔认为市场和社会的融合是典型景观中人们对图像和符号过分关注不可避免的结果。"这些技术化经济景观的最终结果——基于虚假需求的商品生产、耗费大量时间的商品营销、陷入虚幻假象的商品流通和消费——都是商品主导的社会生活。"［p187］埃文甚至认为，重新建构历史能够促使文化与市场的融合："由于风格变成了社会历史的奏鸣曲，它悄无声息地且不可避免地将历史从一个人类陷入各种动机和冲突的过程、一个卷入各种社会力量和利益的过程，转变成富于各种时尚表演的市场机制。"［p248］风格将时代、事件和空间标改为有意义的符号，并且成为传达这些符号的中介，正是在此基础上，我们得以理解历史。

品牌的概念展示了商品和文化之间不可分割的联系。西布鲁克认为，"品牌是……催化剂，是使文化和市场相结合的纤维"［p163］。一个明显的例子是已经融入了嘻哈音乐风格的 G-Unit 和 Ecko 品牌。品牌是一种关于如何在产品中融入文化内涵的整体性认知，品牌的文化内涵能够强化社群的价值观。西布鲁克以《星球大战》系列电影为例做了说明。作为一个品牌，其显著的标记在于"市场和电影已经合而为一"。在这个过程中，《星球大战》系列品牌嵌入了浓厚的文化意味。西恩·尼克松注意到，近来广告业的趋势是"通过产品的风格、表象和感官"［p40］来建立产品的长久意义。当然，这就是品牌的作用，而产品的长久意义不可避免地将文化语境和价值体系嵌入产品的使用过程中。

斯特恩斯支持市场和文化正在成为同一件事情这样的观点，他提出了一个有趣的概念，认为人们对今天表现出"很酷"的风格的期待，与陷入对商品的依恋密切相关："作为防止人们之间情感关系紧张的一种手段，新的情感文化有意培养对物品的替代性依恋。"［p274］这种情感依恋的转变显然还不够彻底，但它指出了一种在文化价值中存在的利益权衡，这种权衡指的是文化和市场之间不断增加的对等性，而市场的发展是以牺牲文化为代价，从而开辟出新的情感依恋的空间和场所。因此，我们可以预期的是，随着市场规模的不断扩大，产品交易的渠道和方式也会逐渐增多。波斯特莱尔认为这种情况已经发生，他认为，近年来，文化与市场的融合已经成为一种普通的全球化现象［pp47－48］。

西布鲁克的"无低俗"（nobrow）概念是文化和市场通过风格和商品融合在一起的另一种证明，因为那些陈旧的区分高、中、低文化品位的传统社会准则已经被市场所设定的标准代替。

> 这就是一个多世纪以来身份地位在美国发挥作用的方式。你在一个商业企业里赚了一些钱，然后为了巩固你的社会地位，并使自己与他人区别开来，为此，你必须表现出一种对廉价大众消遣和娱乐上嗤之以鼻的审美品位。［pp17－18］

在这样的状况下，现在的文化已经彻底沦为一个超级"大卖场"，被划分为"身份——亚文化——主流文化"［p66］。人们可以理解"主流"正是我在这里所描述的全球风格体系，值得注意的是，文化的这种发展和变迁主要表现为文化差异和判断已经沦为市场的工具。

文化与市场融合的另外表现是公众为商品赋予人格化特征，从而使得商品具有了社会文化属性。简·诺耶斯（Jan Noyes）和理查德·利特戴尔（Richard Littledale）评论说："在某种程度上，我们已经将情感人格化并将其赋予无生命体征的物质。"［p57］在商品消费的过程中，这一点表现得尤其明显。确实，广告一直在鼓励我们这样做，因为我们更有可能购买对我们来说是优质的、能够吸引朋友的产品。帕里克·乔丹（Patrick W. Jordan）说："给产品赋予个性以及产品由此表现出来的人格化特征，以及产品具有个性的总体概念，对设计师来说是有意义的方法。"他同时指出，这些归因并不仅仅是设计师自己个性的投射，因为"没有证据表明，设计师更喜欢与他们能够感知到的个性相匹配的产品"［p42］。诺曼的《情感设计》主要关注满足情感需求的设计准则，这些设计准则在具有人格化特征的商品中有所体现。

当风格利用有意义的产品时，它就是商品的语言。德塞托说："'通俗文化'或'通俗文学'将其自身塑造成一种"艺术加工"，这类似于不同消费模式的组合与运用。"[p15] 而风格的创造正是这一过程的发生方式，风格是由商品在社会上的使用和配置构成的，也就是说，商品的意义很大程度上与社会建构有关系。考虑一下奢侈品是如何与特定的社区联系在一起的。帕特里克·雷恩莫勒（Patrick Reinmoeller）说："奢侈品是从社群中浮现出来的能够带给人愉悦的产品。"[p128] 需要注意的是，由社群产生的是一种愉悦感和奢侈感，而不是产品本身。如果没有人关注香槟，它很可能会变成另外一种酒。在几十年的时间里，白兰地的受欢迎程度一直在下滑，直到嘻哈音乐发烧友开始关注它，白兰地的销售才得以推动。

风格可以通过刻板印象、一般或抽象性概念进行表达。凯尔维南解释说，产品通常可以根据这些刻板印象，将它们与角色期望联系起来："正如这样一种趋向，人们拥有不同的产品却表现出同一种风格，风格化的表达和解释使得特定角色的产品类型集合成为可能。"[p84] 根据你的经验，你可以识别出构成"大奥普里群星"（Grand Ole Opry stars）①、电视布道或者艺术制作节目主持人风格的典型物品装置。凯尔维南说，作为一种刻板印象生成的结果，"财富在与他人进行区分、攀比以及融入社会群体方面发挥了深远的作用"[p81]。依附在商品上的类型意义使这些商品构成了特定群体的风格；因此，商品的意义也会对特定的社会群体产生影响。尽管不同的服装风格可能标志着不同的社会群体（例如，男性群体或女性群体），但是克莱恩认为对时尚的追逐显现出一种柔弱的女性的气质[p179]。有些商品实际上对青年文化进行了界定，乔·斯垂顿指出："在广泛的以消费为导向的青年文化风格中，英国的青年文化已经成为被分割

---

① 大奥普里位于美国田纳西州纳什维尔市，1925年11月28日在该地开始举办乡村音乐的舞台音乐会，由Opry Entertainment运营，是美国历史上播出时间最长的广播，其口号是"使乡村音乐成名的表演"。——译者注

的群体风格。"［p180］同样，贝尔·胡克斯指出："今天的青年文化是以消费为中心的。"［Where，p81］为了证明这一点，可以留意购物中心作为年轻人首选的社交场所的受欢迎程度。

我们利用刻板印象对自我和他人进行组织和分类，对商品也是如此。本书序言中的一些例子能够清晰地表明刻板印象在风格中所处的中心地位。道格拉斯和伊瑟伍德认为："在一个流动的社会中，人们通过商品消费对某些人和事进行了等级划分和价值判断。"［p45］在商业场所，不言自明的着装规范体现了那里的人们看重什么，他们如何看待自己和他人。费瑟斯通同意这样的判断："社会群体倾向于对他们的生存环境进行分类和排序，将具有文化意味的商品作为划分界线的手段，正如通过交流在某些人中间划定边界，而在另外一些人中间搭建起沟通的桥梁。"［p63］例如，一个经常用来区分社会群体的产品系统与嘻哈音乐有关，而嘻哈音乐也牢牢地扎根于市场之中，因为，正如温特评论的那样，"嘻哈音乐具有超乎寻常的商业价值"［p197］。想一想那些和嘻哈音乐有关的饮料（白兰地、水晶香槟）、服装和帽子等产品。

如果风格的刻板印象能够标记某些特定的群体，那么它也可以通过购买相同的商品来给不同的社会群体提供象征性的希望。正如一首古老的戏仿歌曲所唱的那样：

我从你的衣着看出你是一个牛仔。
我从你的衣着看出你也是一个牛仔。
我们从我们的衣着看出我们都是牛仔。
如果你有一套这样的衣着，你也是一个牛仔。

贝尔·胡克斯说："'广告'……建构了一个虚幻的美国，每个人都想拥有一切。"［Where，p80］我们在媒体上经常可以看到，广告中开心快乐、风格多样的群体围绕着同一款产品如痴如狂。我们被告知，通过采用相似的风格，我们可以找到共同点，毫无疑问，我们在这里看到了嘻哈音乐跨越文化界线的一些吸引力。住在城市郊区的白人喝卢达·克里斯（Ludacris）① 中意的饮料，通过这种方式，他们将与非洲裔美国人的隔阂掩饰起来。正如胡克斯所讽刺的那样，"马丁·路德·金所呼吁的那种充满友爱和尊重的社群愿景，变成了一个多元文化、多族群的购物狂欢"[Where, p82]。资本提供的统一体来自许多群体进入资本评估系统之后的缩减，根据弗雷德里克·詹姆逊的观点："资本主义系统无一例外地会将所有具有凝聚力的社会群体的组织构造（包括它自己的统治阶层）溶解其中，从而证明美学生产和语言发明源于群体生活。"[p125] 具有讽刺意味的是，正是这种将群体身份简化为符号价值的做法使得风格能够如此强烈地围绕商品形成社会群体。我认为通过风格我们可以了解到资本如何既能向我们出售基于差异的刻板印象的商品，同时又能消除我们的差异，因为风格依赖于漂浮的符号，因为风格的审美融合了符号和物质，风格允许人们基于一种广泛多元的社会群体意义使用商品，同时它使人们更容易发出不同于他们自己的群体意义的信号。对于一个住在城市郊区的白人青年来说，使用像嘻哈音乐风格这样的商品来表明他的非洲裔美国身份是可能的，因为那是一种风格，既标志着范畴，也允许跨越它们之间的界限。

　　商品基于风格的社会判断将社会划分为不同的群体。商品本身具有交换价值，这使它们能够为社会判断奠定基础。正如凯尔维南所指出的，"审美品位具有将生活方式偏好和趣味转化为实际的商品消费功能，因此某些消费群体展示与他们的身份定位相对应的产品，或者通过排除，展示与之审美品位不符合的东西"[pp77-78]。正如凯尔维南所说的，商品标志着不同的社会群体。当然，这也意味着依赖于商品的风格也将成为社会判断的基础，既是判断的依据，也是我们做出判断的基础。正如温特所解释的那样："在一个由媒体和信息消费主导的时代，商业价值即使不能完全控制我们对社会现实和人与人之间关系的看法，也会对之施加越来越明

---

① 卢达·克里斯：美国说唱歌手、演员、主持人。

显的影响。"而这些商业价值中的大部分是建立在人们购买和展示商品的明显证据基础之上。瑞泽尔甚至认为,今天的过度消费模式始于充满道德负担的新教工作伦理:"虽然不是有意为之,但是后来的新教伦理导致了消费主义精神的崛起……它是基于个人主义的,充满了幻觉、白日梦和各种幻想;换句话说,它是一个令人迷醉的世界。"[p117] 当然,幻想是吸引交换价值的关键,而交换价值推动着今天的消费。

不同的消费模式引发不同的社会判断,这些模式经常出现在一个人的风格中。瑞泽尔遵循扬尼斯·加布里埃尔(Yiannis Gabriel)和蒂姆·朗(Tim Lang)所定义的消费者类型来识别选择者、传播者、开拓者、身份寻求者和享乐主义者(pp62-64)。每一种类型在消费模式中都表现出不同的判断。今天的社会期望是,可接受的生活方式建立在消费的生活方式基础之上。那些在社会中被接纳的生活方式如果不热衷于消费,也会被认为是怪异的,甚至是有缺陷的,正如瑞泽尔所指出的:"不仅那些有缺陷的消费者没有进行足够的消费,而且当他们不进行消费时——在一个人人都确实消费的社会中——他们消费'错误的东西',这些'错误的东西'会对那些深陷消费狂欢或者从中攫取利润的人来说构成了一种严重的威胁。"[p233] 你可以从他们的风格判断出这些危险的特征:他们用于装扮的衣服类别很少,几乎没有一件衣服是时髦的;在能够负担更昂贵的房租之前,他们很多年一直住在廉价的单间公寓里,出行靠公交而不是自己买一辆车,如此等等。

赫伯迪格呼吁关注社会群体如何使用风格和商品来传达他们的价值观,因为"正是通过独特的消费仪式,通过风格,亚文化立刻就能揭示其'秘密'身份,并传达其被压制的意义"[p103]。尽管赫伯迪格指的是朋克和雷斯塔斯(Rastas)①,但是人们可以想象,商品通过律师(穿长袍坐

---

① 20世纪50年代在牙买加兴起的一种青年亚文化,自由、奔放、狂野是其主要特征。——译者注

在羊毛垫的席位上)、医生(穿着手术服、戴着听诊器)和学者(迂腐老派)等群体在日常仪式、社群界定等方面操演亚文化风格的方式。约翰·费斯克也指出,商品的意识形态和使用去向反映了它的社会用途和起源:"每一种商品都是其生产系统意识形态的复制:商品是意识形态制造的物质。"[*Understanding*, p14] 在这个意义上,"生产"的含义就等同于商品,只有在商品消费之后,才使用"生产"这个术语,就像某些传统的犹太男人在购买一顶黑色软呢帽之后,将其作为亚文化的标记,从而"生产"出了一种独特的风格,具有某种仪式性的意义蕴含。商品必须体现社会价值观,才能被加工成流行文化,同时商品也必须承担人们的利益[*Understanding*, p23]。温斯特指出了商品中存在的种族化和去种族化现象,认为美国最近的文化变化趋势是已经远离了某些种族化的产品,因为"渴望被视为'全美国'的产品,被迫描绘出一个种族多元化的形象"[p151]。温斯特认为,开放包容的价值观通过商品表达出来:"跨种族视野在当今广阔的市场中获得了空前的认同,并非因为它符合政治正确性,而是关系到作为一个种族多文化的统一体,美国如何看待自身。"[p152]

社会阶层是一个社会群体,当然,也是一个充满巨大能量的价值判断和评价的场所。尽管一个人的阶层地位肯定包括他所拥有的金钱和他在生产系统中的位置,但是胡克斯告诉我们:"社会阶层远比金钱多得多。"[*Where*, p157] 米尔纳采取了传统的立场:"现有的社会学证据清晰地表明,阶层地位是文化行为、态度和生活方式的主要决定因素,与一般的阶层意识水平具有一致性。"[pp11-12] 克莱恩认为,人们在进行自我定义的过程中,消费扮演着比生产更重要的角色[p10]。社会阶层可能是被展示商品意义的一部分,从这个意义上来说,一个人可以为了某种社会目的而超越自己的物质条件,就像一个没有钱的人,却有一套非常漂亮的衣服可以在公共场合穿。一个人可能有钱,但是他拒绝向他人显示自己的财富,至少在社会风格的水平上,他的社会层次可能是较低的。不仅代表社会阶层的符号是漂浮的,就连那些界定社会阶层的商品也呈现出比过去明显的漂浮性特征。这至少造成了一种社会阶层混淆的情况，在这种情况下，一个拥有某种社会地位的人不会同意将自己占有的资源分配给他人。正如胡克斯所指出的，"没有阶层特权的人开始相信，他们可以通过消费同样的商品，与那些有钱有势的人站在同样的位置上，他们相信自此与富人的阶层利益结盟，然后勾结在一起进行炫耀性消费"[Where, p77]。费瑟斯通说，在社会阶层谱系的另一端，"消费文化"具有"声望经济"，其中包含的商品使得消费者与众不同，同时也包含满足所有人的幻想和梦想的"象征性商品"[p27]。有趣的是，费瑟斯通定义的声望和地位通常具有社会阶层的属性，不是根据一个人的经济状况，而是根据其展示和消费的商品。

我们已经注意到，风格的核心在于人们如何进行愉悦的休闲活动。对我们大多数人来说，休闲活动通过商品消费及其服务体现出来。保罗·威利斯认为："休闲符号化过程中使用的主要文化材料和资源都是文化商品。"[p241] 这样就将风格和休闲锚定在市场层面。威利斯补充说："文化商品是催化剂，而不是产品，是文化事物的阶段性成果，而不是最终目的。"[p242] 换句话说，人们建构了文化的模块。当我们自我愉悦时，我们一定是在使用商品，无论是产品体验、售后服务，还是产品的原材料，都是有趣的、令人兴奋的、令人愉悦的，也是我们的文化所建构的东西。

对快乐和休闲的观察引发了我们对欲望的讨论，当我们在第一章讨论交换价值和使用价值的区别时，我注意到人们对使用价值的渴望或需求是有限的，而渴望或需求对于交换价值来说，理论上是无限的。晚期资本主义时代，一种远远超出大多数人需求的工业能力，必然会引发基于欲望而非需求的过度消费。值得再次注意的是，商品是根据一种诱导的或人为的欲望向我们出售的。

尽管在重要的文学研究中有许多可用的理论，但是我不打算在这里长篇大论地或教条式地讨论某个关于欲望的理论，我只是想简单地把欲望和风格放在一起进行研究，因为风格是文化和商品化之间的交叉点。我想让大家意识到罗斯所说的"定义这个消费帝国的就是欲望"［p84］。关于欲望与商品消费之间的关系，人们已经进行了许多深入的探讨。例如，罗斯指出，色情作品提醒我们"欲望是通过图像的扩散而存在的"［p85］。我们应当记住，一个充满图像和符号的世界也是时尚的关键要素。鲍曼认为，总体而言，社会评价机制正在朝向欲望满足的领域滑动，因为"引诱和魅惑已经取代规范监管和强制管控，成为系统建设和社会整合的主要手段"［*Community*，pp130-131］。

斯垂顿依靠拉康的精神分析理论将欲望与商品、文化和风格联系起来，当然，拉康的理论过于宽泛，无法在此展开，但是让我们看看斯垂顿是如何利用它来达到这一目的的。斯垂顿认为，拉康关于欲望的理论本质上是社会和文化的。这是因为，与弗洛伊德描述家庭中的个人不同，拉康描述的是现代国家中的个人以及国家所统治的大社会［pp3-4］。如果人们在政府面前缩手缩脚，那么他们在面对自拉康时代起就获得巨大权力的跨国公司时就会感到倍加焦虑，而这些跨国公司的权力是建立在向我们出售商品的基础上的——这是对这种焦虑的不充分补偿。当然，在未来，我们将越来越多地看到国家和公司的合并。因此，拉康和他的解释者们很好地描述了欲望，由于欲望在企业权力中的作用，公众对保持这种权力的幻象感到无比痴迷。欲望本身是社会性的，它本质上是对社会和个人关系的渴望，正如斯垂顿所解释的："拉康所声称的个体的欲望，实际上是被他人的欲望所控制。"［p6］斯垂顿解释说，消费是文化拜物教激发的欲望所驱动的，消费被界定为"一种由对政治权力的追逐所激发出来的情感缺失"［p15］。而政治权力能促进企业数量的增长。这种情感可以作为对商品的欲望来利用，很明显，那是一种消费的欲望。斯垂顿认为，消费的味觉隐喻总体上对于阐述欲望是有效的，因为"消费模式好比吃东西，而消费欲望的模式则是饥饿"［p146］。请注意，饥饿感总是只能暂时得到满足——它总是会回来的。在一个肥胖患者日益增多的世界中，对饥饿的仿真（例如，在广告中宣传胃口好的人总是感到饥饿）永远不会消失，对商品的欲望需求也是如此。拉康认为，在当今社会，我们一直对社会关系和安全感抱有极大渴望，这种渴望可能会被用于无止境地购买商品。

约翰·斯道雷（John Storey）指出，拉康的"匮乏"（lack）理论解释了欲望在现代社会如何占据了人类心理的中心。

> 通过语言，我们进入了拉康所说的象征阶段。这是文化的秩序，在这里我们获得了人的主体性。语言允许我们与他人交流，但它同时也强化了我们关于"匮乏"的体验。我们的需求现在可以通过语言表达出来，但它们无法弥补我们关于"匮乏"的体验——它们只能加剧这种体验。我们对语言和象征的介入，当我们进入语言和符号世界，就在最初的丰盈、充满希望的意义需求和语言的意义衰竭之间开辟了一条鸿沟，正是在这条鸿沟中，欲望显现出来。[p94]

拉康本人表示，满足欲望的方式不可能是这样的："我们说，主体在其欲望消失的层面来支撑自己的幻想乃是其基本的诉求，欲望消失在了需求的满足中，并隐藏了从主体而来的对象。"[p272] 我们可以观察到，"幻想"在这种情况下可能包含产品的诱惑力，商品的意义归结于风格的操演。斯垂顿明确地将"匮乏"与风格联系起来思考："对匮乏的个体建构已经变得越来越普遍……除此之外，有一种向'生活方式'广告转变的趋势，即广告将产品作为一种更普遍的、建立在图像基础上的生活方式元素。"[p14] 这种心理机制可能尤其会驱使女性进行消费，考虑到她们与"匮乏"的特殊关系，斯垂顿认为："女性作为生殖崇拜替代品的内在化，加上她们自己对阳具'匮乏'的感觉，激发了女性消费的动力。"[p17] 当然，这种驱动力是人为的，而不是自然发生的，它是晚期资本主义父权制环境的产物，但它的目的是驱动欲望，进而促进消费。

马尔科姆·迈尔斯、蒂姆·霍尔和莱恩·博登将欲望与另外一种特殊的风格来源联系起来，那就是城市："城市意味着危险，也散发着欲望，城市冲突故事，经常讲述匿名性的私密关系，这样的故事情节令人感到兴奋。"［p4］除了城市，我们还有哪些地方如此强烈地暴露在政府和企业的双塔之下呢。我注意到，时尚是一座城市风格的特殊领域，而埃文同样将时尚与欲望的操纵联系起来："大众时尚产业的主要成就是它能够充分挖掘大众欲望的隐秘之地。"［p167］他们认为，正是在时尚领域，风格、欲望和商品化极其独特地被捆绑在一起："社会欲望的过程被翻译成商品化形式，在时尚的王国中成为一种极其普遍的存在——在开放的消费社会中，事物的表象比其他任何地方都更为常见。"［p169］当然，它们指涉的表象信号风格也是如此。

欲望成为时尚的中心，它与社会组织的联系也助长了过度消费。如前所述，晚期资本主义的工业能力需要持续的消费。因为欲望永远不会被完全满足，它不断地被唤起并且占据社会结构的中心，这意味着欲望是长久存在的。正如拉斯基所言："消费已经变成……一种自我生产的机器，其唯一的'功能'是复制其技术风格中不断增长的剩余价值，其自身的仿真技术——剩余价值唯一的目的是促进更多的消费、更多的商品销售。"［p101］需要注意的是，拉斯基将许多已经讨论过的问题联系在一起，将过度消费与时尚以及对剩余（交换）价值和仿真依赖联系在一起。结果，正如瑞泽尔所阐述的，消费者"被引导购买和消费比他们的意愿多得多的商品，他们陷入了过度消费的泥潭"［p8］。埃文将过度消费的心态视为一种意识形态："工业力量和市场的创造迫使不利于消费的社会记忆消失。消费意识形态需要一种世界观，在这种世界观中，人与自然并不是完全分开的，而且还彼此矛盾，这样，自然就必须变成商品并被消费。"［p36］瑞泽尔指出，最近宽松的信贷政策作为一种驱动过度消费的力量："信用卡及其背后的产业积极推动其增长和扩张，不仅对于其信贷业务发展是重要的，而且也是了解现代社会的一个窗口。"［p71］瑞泽尔进一步解释说："信用卡在鼓励消费者花更多的钱方面扮演了重要的角色，在资本主义的商品和服务消费方面，多数消费者在许多情况下超支了其可用的现金。"［p76］

任何过度消费的社会都不可避免地产生浪费，在晚期资本主义及其对时尚的迷恋中，浪费就算不是一种美德，也是不可避免的。鲍曼注意到，过度消费、浪费、超支近年来已经成为一种常态："极端或过度乃是社会规范的死敌，但如今它本身已成为社会规范，并且是唯一的社会规范。"［Community，p131］贝尔·胡克斯认为，过度消费及浪费现象困扰着所有社会阶层，因为"可悲的是，在资本主义文化中，富人和穷人常常因为对消费的共同痴迷而走到一起。穷人往往更容易沉迷于过度消费，因为他们最容易受到所有强有力的信息的影响。这表明摆脱社会阶层羞耻的唯一方法就是炫耀性消费"［Where，p46］。

如果过度消费是一种价值——实际上也是一种经济需求，那么浪费也会得到重视。有人可能会说，无论商品的交换价值有多大，都是一种浪费现象。因为任何多于需求或使用价值的东西都是浪费。风格体现了交换价值，因此有趣的是，许多学者将风格和浪费联系起来进行分析。埃文对此的表述更为直接："现代风格现象在浪费的呈现和审美化中发挥着最为普遍和持久的作用。"［p239］然而，埃文注意到，虽然浪费是有价值的，但它也被认为是"罪恶的"，尤其是以诋毁女性的方式："在大众文化的传播中，生活在城市郊区的家庭主妇也被认为是罪恶的载体，当她所处的社会文化激励女性通过购买一些时尚品装扮仪容时，她投身市场的行为同时也被嘲笑为是无聊和轻佻的。"［p176］这种谴责很可能助长一种从未得到满足的欲望，即继续消费，寄希望于购买更多的商品能够获得社会的认同。随着易贝（eBay）股价的上涨，人们对消费是罪恶的看法也会逐渐消退。

瑞泽尔引用索斯滕·凡勃伦（Thorsten Velblen）作品中的观点："浪费现象在炫耀性消费和休闲中都很常见。"［p209］当然，这两个概念都是风格的核心（参见巴纳德对凡勃伦论述的分析，p114）。雷恩莫勒呼吁对奢侈品进行关注，这是某种类型风格和几乎所有交换价值的核心："奢侈品经常被批评为浪费的产品。"［p126］埃文认为，"对于生活在消费社会的大多数人来说,浪费被看作他们获得补偿和愉悦的过程中固有的一部分。"[p236]我们应该注意到,补偿和愉悦都超出了使用价值的范畴,埃文扩展了这一论点,他指出浪费在景观社会中是一种普遍固有现象,因为"浪费的原则并不体现在任何特定的图像中,而是包含在商品营销的连续不断的景象中"[pp241 - 242]。因为景观是风格的核心,浪费也是。

风格一个显而易见的方式是,当它在时尚界出现时,它就会搅动时尚界的审美,随着时尚的变化,一种风格会取代另一种风格。这意味着上一季的毛衣已经过时了,必须换新的,尽管它们仍然像以前一样有用——当然,也有可能在五年之内再次流行起来。埃文注意到一个明显的事实:"任何一种风格的重要特征之一就是它不会一直流行,尽管它作为一种风格还将继续存在。"[p4]诺曼认为,新时尚的吸引力很大程度上恰恰在于它们取代了旧时尚,在不断变化的过程中产生了愉悦感:"今天喜欢的东西,可能明天就会厌烦。事实上,这种变化的原因正是某样东西曾经被人喜欢。"[Emotional,p58]任何事物都不可能是"最新的事物",很多东西会因为过时而被浪费掉。事实上,诺曼认为这种态度正是教养观念的关键:"如果你是为了有教养或者有思考能力的人设计,你的设计真的会变得过时,因为这个群体对文化差异、时尚潮流及其快速变化非常敏感。"[Emotional,p67]埃文认为,社会中存在的一种普遍性的浪费文化心理注定会使形象和观念过时:"在一个由奇特的和一次性的物品构成骨干市场的社会中,那些过时的图像和观念很快会摇身一变以一种新的面目出现。"[p193]埃文评论说,一旦这些过时陈旧的图像再次被确立为一种文化期盼,这正如我们通常所理解的历史:"这是废弃物作为历史,而历史作为风格的精髓;一组激动人心的挑衅性图像,一组熟悉的碎片拼贴,一种反叛和解放的态度。"[p257]我们开始了解20世纪60年代的历史,例如,作为拼贴艺术的喇叭裤、战斗装备、宽领带、镜框、音乐、熏香,等等。民权活动家和南方的种族主义者一样,都被编码为独特的风格。当我们从一种社会背景转向另一种社会背景时,可能会出现一种"搅动"的并行过程，在这种情况下，从一种风格转向另一种风格是必要的。我们在上班时穿一套衣服，晚上在城里逛街时穿另一套衣服，这虽然很浪费，但是很时髦。

正如许多学者所表明的那样，风格与商品之间联系的另外一个主要考虑的因素，乃是晚期资本主义时代的社会经历了一个巨大变化，无论是个体还是社会整体取向都从生产转向了消费。人们过去对自己的定义是依据他们做了什么，生产了什么，在生产结构中他们处于什么地位。生产过程被理解为商品离开生产场所进入市场的结束，人们为通用公司工作，或者她们是家庭主妇，或者他们是水管工人，根据他们的身份和归属感这些身份对于生产非常重要。今天，许多研究者指出，人们是根据消费来进行自我定义的。即使从事的职业不变，人们也会经常换工作，由于身份的变化，生产地点变得不再可靠。我们购买和拥有了越来越多的商品，通过看电影、电视我们大量购买各种商品从而变成了购物狂。很明显，社会与个体身份的融合能极大地促进消费的增长，这正符合那些企业的利益。这种连接也必然会使主体发生动摇，因为身份和情感归属会随着每次去商场购物而发生改变。随着人们在日常生活中创造性地使用商品，消费也变成了一种生产。

费斯克对这个问题解释得最清楚："每一个消费行为都是一种文化生产行为，因为消费总是意义的生产。"［*Understanding*，p35］我们通过如何消费来寻求意义，老一辈人则通过如何生产来寻找意义。鲍曼注意到从生产到消费的转变："资本主义社会的生产者，化茧成蝶，变成了社会消费者。"［*Community*，p30］另外一种描述这种转变方式的是把消费说成一种生产，是将消费作为当今许多人的"生意"场所，德塞托将消费不仅看成一种购买行为，而且看成使用商品的整个过程。

与一个理性的、扩张的，同时又是集中化的、喧嚣的、壮观的商品生产相比，存在着另外一种生产方式，那就是消费。后者是隐晦和分散的，但它无处不在，它悄无声息，几乎是无形的，因为它不是通过自己的产品来显现自身，而是通过使用产品的方式来显现自身。〔pp12-13〕

德塞托对这一过程进行了阐释。

成千上万购买健康杂志的人、超市的顾客、城市空间的从业者、报纸故事和传奇的消费者——他们如何"承受"、接受和支付这些东西？……在现实中，一个理性的、扩张的、集中化的、壮观和喧嚣的生产所面对的是一种完全不同的生产，这种生产被称为"消费"。〔p31〕

作为一种生产实践的消费开始于而不是结束于购买，当威利斯认为"有一种文化生产完全存在于消费中"时，他同意德塞托的观点，认为消费扮演着积极的、生产性的、与文化相关的角色〔p243〕。

当然，将个人视为主要由他或她在生产系统中的位置所定义的，是一种经典的马克思主义立场。瑞泽尔注意到，从马克思主义的观点来看，生产的重要性正在下降："马克思主要关注生产……然而，近年来，在生产和消费可以明确分离的程度上，生产变得越来越不重要……而消费的重要性日益增长。"〔pp109-110〕在这个意义上，重要性指的是人们在生活中如何看待自己和创造意义。克莱恩也提出了相似的观点，即对很多人来说，消费比工作更有意义："休闲活动往往会塑造人们对自己的看法，对很多人而言，休闲活动比工作更有意义。"〔p175〕斯特恩斯对此表示赞同："随着社会情绪压力的持续增加，以及由此而导致的对高强度工作的抗议，这可以解释20世纪休闲生活的发展方向……休闲就是生活……它与正常社会规则的分歧正是其情感功能。"〔p272〕威利斯也认同这样的观点："可以这样认为，工作关系的维护和工作效率的提高取决于对大多数工人的日常象征性工作的压制，而文化和休闲产业却遵循相反的逻辑：主张心灵的放松和情感的愉悦。"〔p242〕

瑞泽尔还认为，消费策略在经济上的重要性还在增加："我将消费策略与消费区分开来，快餐店和我们在里面吃的汉堡包不一样，消费策略在消费中的中介作用与生产手段在马克思的生产理论中的中介作用相同。"［p110］他补充说，就像经典马克思主义理论中的生产手段是用来控制工人一样，消费策略也是用来控制消费者的［pp111－112］。

在这里，生产对于某个人的社会阶层来说是一种符码。因此，米尔纳对社会阶层的讨论使他观察到从生产到消费的转向："对于安东尼·吉登斯（Anthony Giddens）和马克斯·韦伯（Max Weber）来说，社会阶层的产生是市场的作用，而不是生产方式的作用。"［p86］如果社会阶层是根据一个人消费什么和怎样消费来定义的话，那么显然必须从不同于生产的角度来理解这个概念。威利斯观察到："人类的消费，并不是简单的对生产关系的重复。"［p244］埃文将传统的社会阶层看作一个人与生产结构的关系［p62］，但是现在我们生活在"一个消费社会，充满了批量生产的身份象征，在这个社会中对一个人的评价不是依据他从事什么工作，而是依据这个人拥有什么"［p68］。人们可能会反对社会阶层是由消费来决定的观点，不过，这种关于消费的迷思可能正是迷惑穷人过度消费从而试图超越其社会阶层的神秘力量。从生产到消费的转向也会刺激较低的社会阶层，与他们在商品生产中所处位置不同的是，这些较低社会阶层的创造性来自消费的生产，即使它需要承担相应的经济成本。然而，当消费使用廉价商品时，消费的生产力可能是最有意义和最有能量的，这正是有创造力的穷人的策略。费斯克认为，"消费的生产力与财富或阶层无关，穷人往往是最有生产力的消费者——失业的年轻人将自己塑造成街头艺术的模样，大胆地进行商品展示（服装、化妆、发型），其创意不是由成本决定的"［*Understanding*，p35］。这种赋权就来自生产性消费。埃文认为，对许多人来说，工作和生产被风格所取代，成为自由和成就感的源泉，风格则是对曾经购买过的商品的创造性操纵。风格方面的专业知识不需要在大学取得的学位、著名的演说，也不需要信托基金来授权。这个重塑商品的过程是一种我们所有人都参与的生产，因为我们每个人都希望过一种有风格的生活。正如诺曼所指出的："通过这些个人的设计行为，我们将日常生活中那些原本无名的、平凡无奇的事物和空间变成了属于我们自己的东西和空间。"［Emotional，p224］穷人和一无所有的人使用这种方式可能会尤其富有成效，把旧货店的和半价销售的产品变成创新的甚至是具有前卫风格产品的原材料。

亚历山大·多蒂（Alexander Doty）提到了另外一个关于生产性消费的例子，从文本消费者的角度来看，酷儿特质（queerness）是有生产能力的："大多数大众文化文本的酷儿特质与其说是一种有待发现的本质属性，不如说是受众生产和消费行为的结果。"［p11］利兰认为时尚风格是另外一个关于创造性消费的例子，在很大程度上，费斯克是这样描述消费的："这是一个永恒的问题，它取决于发明的过程，而不是产品本身。例如，在商品生产和购买之后，穿着很时尚则意味着用一种时尚的语言来玩耍嬉戏。"［p174］埃文回应了费斯克具有创新性的观点，谈到人们对商品的创造性行为："根据消费者或受众的地位，人们所能接受的主动创新范围受到了购买行为的限制。在消费者想象的逻辑中，创造力的源泉是'个性'的主观力量对客观世界的投入。"［p49］利兰通过DJ文化的比喻对费斯克"连贯游戏"（coherent play）的概念进行了反思，嘻哈音乐DJ通过动作节奏的变化以及对其他物品的操纵，从而产生了一种夸张变形的效果。DJ文化就是关于信息的控制，反映了新世纪开始时的经济状况。"［p319］

从生产到消费的转向可能与性别有关。斯垂顿谈到一些长期存在的父权制偏见："与男性的生产者角色不同，女性一直以来被塑造成消费者的角色，被描绘成根深蒂固的甚至是强迫性的消费者。"［p236］但是，如果消费开始被看作生产性工作，那么女性就可以通过消费作为重要和精明的文化生产者而工作。利兰还使用性别术语描述了从生产领域的转向："20世纪晚期的经济模式从传统的男子气质——建设生产——转向了以销售图像为特征的女子气质形态。"［p258］如果他没有明确地提到消费，请注意，过度消费与图像的扩散以及对图像的沉迷有关，而图像本身就能够给产品带来交换价值。莫特还谈到男性从生产到消费的转变，他认为，在20世纪末，人们重新强调了通过创造性的商品生产形成风格的重要性，从而使男性获得了解放，因为"解放现在被赋予了企业家精神，那些长期被传统束缚的男性因为市场的运作而获得了解放"［p83］。

商品与风格通过仿真产生一种持久性的关系。第一章探讨了风格的仿真程度，仿真通过漂浮的符号与物质所指之间微弱的关系创造出意义结构，可以从许多学者的研究中看出风格与商品的密切关联，消费往往是一种仿真，尤其是当它为了风格的目的时。由此，他们认为这是一种玩弄符号的行为，是一种与商品实际使用价值相隔离的交换价值行为。我们消费是为了建构一个仿真的世界，商品能够让我们扮演士兵（军事盈余商店）、水稻种植者（Dier One商场的椅子），或者亚洲人（就像在各种餐馆里）。

瑞泽尔明确地指出了仿真和商品化之间的联系："如果我只能选择一个词来抓住这种新的消费方式的本质，以及它们创造迷人景观的能力，这个词就是仿真。"［p135］他把商品的仿真本质称为"魅惑"（enchantment），这个过程是商人们渴望的，他们试图刺激过度消费。

> 就像魔法世界一样，幻象的概念对于理解新的消费方式至关重要。一方面，它意味着丰富的商品和服务，提供了满足人们最疯狂的幻想的可能性……另一方面，幻象也暗示了魅惑的消极一面——一个充满了鬼怪、幽灵和大量似乎触手可及却又不可得的事物的噩梦世界。［p121］

当然，瑞泽尔在这里所使用的幻象其含义就是仿真。瑞泽尔解释了为什么资本需要在市场中制造仿真："为了继续吸引、控制和利用消费者，消费的殿堂经历了一个不断恢复魅惑的过程。"［p126］这个过程进一步与风格联系在一起，因为，正如瑞泽尔所解释的那样，它需要视觉图像，在

这方面，风格是非常出色的："消费的殿堂其魅惑的重新恢复依赖于它们日益增长的景观。"［p133］

商场、互联网和各种商店都必须通过制造富有成效的视觉图像来吸引顾客。瑞泽尔认为，互联网（高度可视化）为仿真提供了新的动力和魅惑，因为"这些与互联网联系在一起的去物质化的消费空间，相比于那些以物质形态存在的场所，更能够制造变幻莫测的魅惑和梦想世界"［p148］。这些去物质化的消费空间具有高度视觉化和景观化特征，然而，景观的仿真必须不断地被重新创造，因为随着时间的推移它们不可避免地会失去魅力，正如瑞泽尔指出的："对于观看而言，固有的审美疲劳要求新的消费方式不断地重新获得魅力。"［p193］居伊·德波也将景观与商品联系起来："景观是商品占据全部社会生活的时刻。"［p111］我们可以回想一下，这正是仿真的特征，其最终将人们空虚的世界填补至地平线，从而与外部世界保持隔绝，这与戴博德关于语言的总体占领性观点具有一致性。

仿真消费的例子比比皆是，从某种程度上而言，人们去的任何一家餐厅都有特定的主题（中国风味、西南风味等），在餐厅就餐可以看作一种仿真体验。瑞泽尔说："如今的就餐者往往更期盼戏剧化表演而不是食物，因此出现了像'硬石咖啡'（Hard Rock Cafe）这样的'娱乐'连锁店。"［p26］色情文学制造了一种尤其强大的仿真现象，瑞泽尔提供了另外一个关于商场的例子："娱乐也是购物商场的核心要素，商场被设计成一个梦幻的世界，再次唤起了人们对仿真世界的渴望。"［p28］旅游也是关于仿真消费的例子，鲍曼解释说："游客们想让自己沉浸在一种奇异的元素中……但是，条件是它不会一直缠绕在人身上，而是只要游客们愿意随时都可以甩掉。"［"From"，p29］这是典型的仿真生成的条件。鲍曼还谈到仿真的美学维度："游客的世界完全是依据美学标准建构的。"［"From"，p30］需要注意的是，参与所有这些环境是人们生活方式的核心，也是人们建构自我和向世界展示自我的一部分。

本章讨论了风格对于社会建构和商品化的核心作用，把这两者结合起来，我想说的是，晚期资本主义社会很大程度上是根据风格提供的逻辑建构起来的。如果迄今为止风格在这样的社会中居于中心，那么在权力结构的创造、分配和挑战方面，风格也应该具有重大的影响，这一点不应令人感到惊讶。权力不可避免地将我们引向政治，下一章将集中阐述风格的政治后果。

第三章　风格的政治后果

> 一位风格学家的抱负首先是征服他自己，然后，怀揣对风格的坚定信念，去开创属于自己的领地。一旦我们用这些词来定义风格的愉悦，我们就会发现，政治即使不是最简单的，也一定是最直接的获得满足感的方式。
>
> ——昆汀·克里斯普《如何过一种有风格的生活》，[p108]

1822 年，新加冕的英国国王乔治四世访问苏格兰，这是自 1641 年以来第一次访问苏格兰的君主。彼时，苏格兰的政治和社会问题悬而未决，自 1745 年查尔斯·斯图尔特（Charles Stewart）王子领导最后一次武装革命试图让苏格兰国王登上英格兰王位、恢复苏格兰独立失败以来，还没过多少年。然而，不断增加的经济和社会联系正在削弱苏格兰传统社会的狭隘性，苏格兰人在他们是谁以及他们与南方的英国人的关系这些问题上需要做出权衡。乔治四世的王位继承于德国人乔治一世，他根本不会说英语。英国人必须想一个恰当的办法来接纳乔治四世，才能成功地处理所有这些敏感的政治问题。

为了解决这个问题，一位苏格兰老人沃尔特·斯科特（Walter Scott）爵士举办了一个聚会。当时，斯科特爵士声名远扬，有人称其为"一股主要的国际力量"；他还是浪漫主义小说《威弗利》（*Waverley*）的作者，该作被誉为"19 世纪最重要的作品之一"。在其他方面，斯科特与我们当今时代的任何一位男士都非常相似。他懂得风格、表象和漂浮的符号所具有的力量，斯科特也被普遍认为是历史小说的开创者，他编造了许多引人入胜的故事，讲述了身披铠甲的骑士和哥特式地牢，斯科特和读者们之前从未读过这样的故事。我们可以把斯科特称为前电子时代的专家，他擅长为读者创造极其逼真的仿真场景，他为乔治四世举办的宴会就是展示他这方面才能的实践。

斯科特召集了苏格兰原先氏族部落的宗族首领，随着现代主义在特威德（Tweed）和克莱德（Clyde）以北蔓延，这些宗族的重要性已经日趋下降。斯科特指示这些达官贵人用每个氏族特有的格子呢或格子花布制作成方格呢短裙和配套的服饰，并穿着这种服饰参加欢迎乔治四世的宴会。不过问题在于，如今许多氏族都没有格子呢这种东西，而用格子呢制成的苏格兰短裙能够代表鲜明的氏族风格。不过斯科特却说："那没有关系，编个故事吧。"氏族首领们就这样做了，他们幻想着格子图案的服装款式，仿佛它们永远都挂在石头城堡的衣橱里。正如一份历史资料所记载的，"为了这次访问，斯科特实际上重新创造了苏格兰高地社会生活景观和格子呢图案（之前从未以这种形式存在过）（'Famous'）。斯科特为国王做了同样的事，用整块布料创作了'皇家斯图尔特'格子图案，可以说，这是一种'虚假格子'，在这个宴会之前从未出现过。"（"Famous"）不管怎么样，乔治是汉诺威人，不是斯图尔特的后裔。斯科特甚至让这位不幸的君主穿上了一套"橙红色绑腿"来搭配他的苏格兰高地仿真套装（"Writting"）。尽管因为这种伪装（"Writting"）受到了一些苏格兰同胞的"严厉批评"，但是斯科特在服装修辞方面的实践却立即获得了广泛的成功。远古时代的泥炭香气立刻附着在格子呢花布上，苏格兰人很快就接受了格子呢图案体系，仿佛它已经存在了好几个世纪。从那一刻起，氏族与格子图案之间的虚构关系不仅变成了现实，而且通过这一策略，英国统治者与北方之间的紧张关系得到缓和。直到今天，苏格兰人还会在特殊的场合穿格子呢服装，英国君主也会在适当的场合通过穿格子呢服装，向公众彰显这一被重新发现的传统，苏格兰也没有表现出从英国分裂出去的迹象，也没有出现像詹姆士二世党人类似的叛乱活动。

来看一些更简单的例子。英国对新西兰进行殖民并征服其原住民毛利人的一种手段是：禁止毛利人文身。要知道，精心设计文身是毛利人部落的传统。英国当局的策略遭到了文身设计者们的抵制，这件事不像在伦敦蓓尔美尔街①寻找回家的路那么简单。文身是毛利人身份和文化的标志，备受毛利人重视。每一个文身设计都讲述了文身者的故事。对英国人来说，这是抵抗他们的统治和他们所认为的不可阻挡的欧洲文明前进的标志。禁止文身的企图最终失败了，现在它已经成了恢复毛利人身份的象征，有越来越多的人开始文身（哈特菲尔德和斯图尔地区）。从这个意义上来说，文身是毛利人为了争取民族权利而展开斗争的前线的一部分。

2004年，法国立法者发起了一场禁止在学校或公共场所穿戴印有宗教含义的服装或徽章的运动。["French Headscarf"]这篇文章至今仍然存在较大争议。

在2008年总统大选之前的竞选活动中，风格所扮演的角色显得尤为突出。一位叫作盖伊·特雷贝（Guy Trebay）的记者在报道中怀疑参议员约翰·麦凯恩（John McCain）穿着毛衣看起来像是"同性恋"："时尚业内人士对此不屑一顾，他们认为麦凯恩的造型更适合在生活救济中心排队领餐，而不是'Out'杂志的封面。"[p1] 根据特雷贝报道，大卫·莱特曼（David Letterman）祝贺参议员巴拉克·奥巴马（Barack Obama）穿着"一件非常有可能当选的套装"。[p1] 特雷贝引用一位销售主管的话："选民们正在寻找一种新的语言和思维……奥巴马打破了蓝色的西装、浆洗的衬衫和红色领带搭配的着装规则，在视觉上引入了一种新的语言。"[p2] 请注意我在第一章提出的观点，即风格是一种语言，在这个例子中，它是一

---

① 伦敦的一条街道名称，因俱乐部多而闻名。

种政治语言。另一名叫作惠顿的记者报道了参议员希拉里·克林顿（Hillary Clinton）的低胸上衣和粉红夹克引起的争议。专栏作家艾伦·古德曼（Ellen Goodman）指责记者的报道，认为"报道的是美丽标致而不是政治"，另外，让人感到疑惑的是，"有人还记得希拉里在CSpan2电视节目上说了什么吗？"风格而非辩论是这场政治运动的主要内容。

这些例子解释了当下的政治斗争呈现的鲜明的时尚风格意味，主要围绕以下主题展开：服装、配饰、设计、文身、美容等。在这些例子中，我所指的政治是对社会资源分配的争论，包括对物质资源（金钱、学校、军事协议）和象征性资源（意义、图像和符号）的分配。政治可能与选举或文化产品有关，但它通常需要争夺资源，这样的争夺涵盖了从幽默到死亡的全域。在法国颁布禁令的两年内，禁止佩戴头巾的禁令也波及了阿尔及利亚，阿尔及利亚的穆斯林青年在进行各种各样的抗议，他们烧毁汽车，有人被警察开枪射杀，这反而引来了更为激烈的反抗，就像当年毛利人反抗英国殖民者一样英勇无畏。

风格概念作为一个政治战场就如同今天上午的报纸一样新鲜，当早上我写下这些文字时。（Stengle）

将风格作为一种政治战场的观念也很古老。西蒙·沙玛（Simon Schama）描述了16世纪的"黄金布场"（Field of the Cloth of Gold）①，这是英格兰的亨利八世和法国的弗朗索瓦一世为了恐吓神圣罗马帝国的查理五世（或许还存在彼此恐吓）而上演的一场宫廷表演。这种通过壮观华丽的服装、舞蹈而不是武器来统治欧洲的斗争是相当激烈的，沙玛说："无论如何，战争还是来了，不是用剑和长矛，而是用更致命的东西：风格。"两位国王在法国北部进行了数周的"令人发指的炫耀"。［p243］

文章探讨了政治行为如何利用风格扩大其斗争领域和影响范围的问

---

① 16世纪初英法百年战争期间在英国境内的阿德莱斯举行的一场盛大典礼，以谋求两国和平，因与会者居住的帐篷、穿的衣服被大量的金布、金丝所装饰而得名。——译者注

题。断言风格的政治后果当然不是否认其他种类的话语和表意也有政治后果，风格正日益成为世界政治沟通和政治行动的场所。

风格可以政治化吗？

通俗文化文本在何种意义上是"政治的"？这个问题指涉的是风格如何与政治纠缠在一起并执行政治功能的，因为风格与流行文化之间具有连续性和不可分割性。在直接解决这个问题之前，思考一下风格的政治化为何会变成一个根本性的问题。有人可能会认为这是由于近年来政治与流行文化的融合，这种现象遭到了公众的不满和质疑。维尔洛克尤其抱怨今天无法区分受众和公众的差异：

> 大众媒体要为我们不能区分受众和政治负责，受众是统计学意义上的群体，他们之所以重要，是因为他们的存在意味着市场份额或规模，而不是因为他们代着集体智慧或公共声音。相反，公众是一群人，我们的制度成败取决于他们。[p7]

维尔洛克的担忧很明确：政治正在与娱乐融合。如果这是真的，那么显然政治会与风格结合在一起——如果这种趋势继续蔓延下去，政治还能是政治吗？维尔洛克的回答是否定的，因为"公共交流已经变成一种仪式化的娱乐形式，而不是交谈和辩论的媒介"[p13]。维尔洛克认为，一种被风格、娱乐化和图像操控的语言"对政治艺术是致命的"[p2]。卡罗尔·贝克尔（Carol Becker）同意维尔洛克的观点，她批评说："美国已经……发展出如此规模庞大的媒体工具，它们混淆了真相，并且干扰我们在公共和私人领域的具体实践，把政治、痛苦的个人见证、悲剧和世界事件转变成娱乐事件。"[p108]其含义就是如果某件事是娱乐化的，那么它就不是政治。

正如这些批评所言，用娱乐取代政治的后果是，一个充满互动和共享协商的公共领域垮塌了。齐格蒙特·鲍曼对此批评说:"我们处在一个失控的时代。全景监狱模型……正在让位于自我审查和监控……而不是行进的队列和人群。"[Community, p127]看到购物中心和屏幕前聚集的人群,我们可能会将这些加入批评中。鲍曼声称,当片面追求快乐和愉悦成为人们的主导价值观时,任何共同追求社会正义的美好愿景都会失去效力,这在很多流行文化中都是如此,当然在风格上也不例外[p81]。由于人们不再愿意对国家权力进行监管,而是一门心思地追求感官的快乐和愉悦,这种状况导致了法西斯主义的再生。维维安认为:"许多现代评论家也警告说,政治沦为权力的美学展示和对大众情感的操控。"[p231]体现了法西斯主义的征候。

关于流行文化文本和风格如何具有政治性是一个复杂的问题,需要分解成不同的问题来分析。人们可能会问,接触流行文化文本,包括展示带有修辞诉求的文化文本,是不是一种政治行为。这种意义上的政治行为,我指的是有意向性的行为,目的是在公共场合带来预期的效果,结果通常是重新分配资源和权力。大多数人可能会同意投票是一种政治行为,包括抗议游行、给自己的代表写信、去参议员的办公室进行游说等都是如此。这些都是公众和政治专业人士采取的政治行为,而且,很明显,他们试图重新分配权力和资源。

关于风格以及参与流行文化文本的建构是否属于政治行为,关键是看政治行为是否符合人们的需求。权力和资源的重新分配总是取决于对人们来说什么是重要的。传统上,政治行为一直致力于通过结束奴隶制、改善街道和学校状况、加强军事实力等项目来影响财政和赋权方面的物质变化。我认为《抗诉》(肯尼斯·伯克著作名称)在晚期资本主义福利国家中,世界各地许多人享受足够好的物质生活,以至于他们被排除在了政治活动之外。尽管物质生活还不是十分富足,但大多数所谓的发达国家的人都有足够的食物、住房、衣服以及其他基本生活用品,包括有时候并不稳定的社会权利等。在这种情况下,人们关心的不再是让市议会捡垃圾,因为垃圾确实被捡的够多了。人们开始关注流行文化领域,包括风格的表意维度。人们关心他们如何被接受,他们做了什么样的表演,以及别人给他们反馈了什么样的风格符号。如果公众对电视选秀感兴趣,他们愿意将更多的选票投给那些在电视演讲中才华横溢的优胜者,而对这个候选人竞选的是什么公职毫不关心,如今这样的事情也不再是什么政治丑闻,而竞选公职的候选人似乎并没有给这个世界带来重大改变。

当然,人们可以适当地抱怨这个世界不够好,对于这种抱怨,我只能暂时搁置对公共机构的情感,将其置于对立面。我认为,每个时代的政治事务都是在权力分配的基础上进行的,并因而从中孕育出整治行动的重大影响。在一个特定的时代,隐藏的权力结构不会暴露在政治行动中。在这种情况下,几乎没有人能够影响那块冻结的权力基石。政治革命可能会打破这层地板,打破权力的冰封,但这只会持续片刻,很少能够一直持续下去。例如,美国革命使得原先那种僵化的权力结构顶层发生了关键的变化,这从殖民地和奴隶制的经济分配问题中可见一斑。这种圈层意识告诉我们,全球晚期资本主义和为资本服务的国家权力结构可能不会受到当前任何政治行动的影响。然而,我们应该注意到,约翰·费斯克坚持认为通过日常化的策略,例如对风格的操控,今天那些被冻结在权力地板之下的修辞最终可以被破坏掉。"在体制本身的层面上进行的结构变革,无论在什么领域——法律、政治、工业、家庭——只有在体制被日常生活的策略侵蚀和削弱之后才会发生。"[*Understanding*,p20]

乔治·瑞泽尔的观点很有预见性,他说,消费文化从来不会询问其商业基础(但我认为这是可能的):"尽管可以看到现代消费者集体遭受虚假意识的蒙蔽,然而很难看到他们在意识中对现代商业体制的反对,因为消费者没有建立现代商业体系的社会阶级基础。"[p123]值得注意的是,瑞泽尔对政治的阶层基础感到失望——然而,人们可能会设想政治的其他基础。在瑞泽尔看来,有可能活跃于企业和全球化舞台的政治行动,包括华尔兹风格和流行文化中的两步舞。鲍曼提出了类似的观点,他认为全球化引发了"权力和政治的分离：权力体现在资本和信息的全球化流通中，成为一种无处不在的存在，而现存的政治制度仍停留在先前的水平，仅仅是一种地方化存在"［Community，p97］。在我们的世界中，资本的概念比国家的概念要大，后者被理解为政治存在的场所，政治介入从一开始就被认为注定是有限的。波德里亚悲观地认为："社会和政治的舞台正在逐渐缩小成一个没有形状的、多头的身体……随着公共空间的消失，广告侵入了一切事物，继而出现一个永不可撼动的商业机构。"［Ecstasy，p19］弗兰克·莫特谈到商业和政治的分离及其给同性恋者带来的更大影响，因为在1980年代，"同性恋消费的增长是把双刃剑，如果说购物和其他服务消费的增长似乎让社区远离了激进主义和政治，那么它也激发了人们对城市公共空间的自信"［p166］。这对于一个先前被边缘化的群体来说也是一个理想的政治结果。

另外一种理解风格、流行文化和政治之间关系的方式，需要考虑接触流行文化文本包括带有修辞感染力的风格展示，是不是一种影响政治行为的话语。这并不是我的第一个问题，我考察的是风格及其同类是否属于政治行为。现在的问题集中在影响政治行为的话语形式和结果上。当然，要在这两个问题之间划清界限是很困难的。抗议游行本身似乎是一种政治行为，但也可能是一种旨在影响他人（比如立法者）政治行为的话语。如果人们很难把风格看作一种政治行为，那么就很容易将它看作一种旨在影响政治行为的话语，在某些层面甚至是更为传统的政治话语形式，例如竞选广告、演讲等。商务装和都市牛仔装的穿着在风格中都是一种相对保守主义语言的表达，这种着装方式也影响了其他人采取类似的保守主义风格。

最后，我想提及被广泛研究的政治效力的结构层面和功能层面之间的差异。效果的功能层面是个人化、短期和具体的。如果有一条短信告诉你明天投票给琼斯，你按照做了，这就是功能性效果。效果的结构性层面是社会化、长期和扩散性的。不论政治信息的功能性效果如何，都可能产生结构性的效果，使社会对选举过程的完整性产生广泛的信任。

在许多方面，结构性层面更为重要，但是更难以追踪。因为结构性属于意识形态的内容，那里发生的事情很可能超出意识范畴，因此单独一个人不能完全对结构性效果的内容有所掌握（对于功能性效果在某种程度上你可以做到这一点）。结构性政治效果的主张是基于这样的理论假设：社会及其衍生物是在长期过程中形成的，而潜在的结构性效果可能是从阅读特定文本中（读得越多越好）显现其轮廓的。我赞同这一观点，并在下面的论述中会引用许多观点来对这一理论立场进行论证。

我提出了一些思考流行文化及其与政治和权力关系的方法，而不是针对这些问题的明确答案。在这些问题中，较为引人注意的是风格政治。本章考察了几位学者对这一问题的思考，当然，上述学者们对于政治和流行文化的批判中，许多人包括利兰声称风格不可能是政治化的："MTV和猎奇者的崛起证明了1960年代的反主流文化是错误的：个人不应该被政治化，而这种病态的风格许可证并没有转化为政治或经济的变革，它们全部转化成了病态的风格。"［pp304-305］然而，在其批判文章的两页里，利兰指出风格创造出了更高的种族和性别接受度："如果激进的个人主义创造了现代的消费者，那么给予激进消费者的尊重也可能促进了其他自由，比如对同性恋的接受和对嘻哈文化的多种族接纳。"［p307］显然，风格和政治的问题是复杂的，容易产生矛盾。

一些学者认为，风格具有重要的政治含义，正如埃文所描述的："风格也是权力的一个重要元素。"［p23］埃文指的是风格被用来影响实权机制的方式，就像本章开始时讲到的例子一样。然而，埃文提醒说，对风格的正面情感反应可能会产生一种虚幻的权力感，这种情感反应并不会超越眼前的审美冲动："在一个掌控感难以捉摸、无力感充斥的世界中，精心设计的产品能够提供一种象征性的自主能力和权力，通常这种象征只不过是一种姿态。"［p215］埃文解释说，这种风格的"姿态"确实具有实质性的政治影响。

罗伯特·哈里曼对政治风格有独到的研究，然而，他对自己的研究主题的定义足够宽泛，足以显示风格在总体上的政治影响："政治风格是一套连贯的修辞策略，依靠审美反应来达到政治效果。"［p4］哈里曼的研究表明，风格是政治沟通和政治行为的主要形式。拉斯基声称："存在明显的非物质的政治后果和被认为是非历史的现象，例如情感、风格、暗示。"［p20］他专注于具有政治影响力的设计和建筑等形式的风格。最近的政治运动调查关注种族、性别、性取向，等等，波斯特莱尔认为："20 世纪晚期伟大的社会和文化转向也使得审美变得更加重要、更加合法化、更加多样化，就像任何技术或商业创新一样塑造了审美时代。"［p60］在波斯特莱尔的美学阐述中，它是一种隐含的政治影响，因此，种族、性别、性取向等的风格问题是本章需要探讨的内容。

赫伯迪格指出不少亚文化风格策略旨在影响权力，他进一步分析说："我们不应该指望亚文化对于资本主义真实关系的反应是永远正确的，或者在任何直接的意义上，与它在资本主义体系中的物质地位有必然的联系。亚文化景观表达的是一种虚幻的关系。"［p81］然而，任何团体在传统媒体上通过言语、文字或文章等所做的政治努力都如出一辙。许多人在给编辑写信的时候，有一种愉悦但可能是自欺欺人的感觉，觉得那些掌权的人现在会在这种压倒性的逻辑面前颤抖？当我们问风格是不是一种政治沟通和行动时，我们不会问它是否总是成功的。

我们还需要注意的是，风格不仅仅是一种政治工具，当它掌握在个人或人民手中时，它可能永远是（正如赫伯迪格所表明的）一种反抗和抵制的工具。风格可以成为被权力利益集团控制的工具，例如希特勒运用建筑、盛典或服装对德国的大众进行洗脑；风格既是一种抵抗也是一种统治工具，正如斯图亚特·霍尔所分析的，将大众文化称为"控制和抵抗的双重场所"［"Notes"，pp64－65］这种利用商品和其他风格工具进行斗争的可能性，在一定程度上正是丽莎·劳（Lisa Lowe）和大卫·劳伊德（David Lloyd）的观点："跨国资本主义，就像之前的殖民资本主义一样，持续生产制造矛盾的场所，以及产生自我否定和批判的动力。"［p139］例如，首府兴建了大型购物中心，然后这些购物中心就变成了非商业化的社交场所，甚至是反商业的涂鸦和入店行窃的场所。鲍曼认为："人的管理正在被物的管理所取代（人应当遵循物的管理，并根据自己的逻辑调整自己的行为）。"当然，今天对物的控制就是对商品的控制，而这将在很大程度上与对风格的控制形成交叉（Community，pp127-128）。如果鲍曼是正确的，那么风格的操纵将使人类觉醒。

关于风格所具有的影响力，人们可能会注意到服装既能够引发时尚的变化，也能够与时尚背道而驰。巴纳德对反时尚与时尚进行了区分，认为前者是抵制变化，后者则是鼓励变化。陈旧古板的思考方式和过时的风格是企业控制的一种工具，其目的是在办公室中保持某种特定的风格。想想看，如果公司的员工开始穿着朋克风格的垃圾袋或者涂着哥特风格的黑色眼影等过时的时尚打扮出现在公司里，会给公司带来怎样不稳定的影响。再考虑一下卡纳比街（Carnaby Street）[①]和超模崔姬（Twiggy）[②]的时尚泛滥，这是20世纪60年代文化变革的一个先兆，变化是时尚的本质。

本章探讨了一些与政治和权力有关的风格的一些维度，在许多分析中也回顾了以前提出的问题，但现在更趋向于关注它们的政治含义。首先阐述身份、政治和风格之间的联系，然后阐述社会和政治斗争的风格问题。

身份、政治和风格

首先从思考身份的意义开始，它是如何在社会上运作的，它是由什么构成的。这一部分论证了身份是被社会和象征建构的，因此它具有不稳定

[①] 该街道位于伦敦，1960年代以出售流行服装而闻名。——译者注
[②] 英国超模、歌手和演员，1949年出生于伦敦，Twiggy是其绰号，因其身材瘦小像树枝拼出来的小假人而得名。——译者注

性和复杂性特征，并且以风格作为根基。我对商品化的概念进行了一些修正，以表明市场语境中的身份何以具有不稳定性。商品通过风格化改变身份结构的例子在新移民、娱乐、服装、民族和种族、性别和性取向中都可以看到。

身份似乎与个人相关，它是我们是谁、我们与谁为伍、我们反对谁等问题的总和（也许是一个变动的、不稳定的总和）。如果身份是人们"拥有"的东西，那么它就不是像鼻子或汽车那样的东西——尽管它可能体现在物质上——但是它是我们向自己和他人展示自我的一种方式。因此，身份在本质上是象征和想象的，正如福瑞斯所言："身份总是想象的，是我们想成为什么，而不是我们是什么。"［p123］霍尔解释说，身份是"处在想象中（也可以说是象征中），因此在某种程度上总是被幻想建构起来的"。["Introduction"，p4] 因而，我们许多人通过自我反思所得出对于自我认知的整体意识同样也是被建构的。霍尔指出："身份被看作一种基础性的、具有内在同质性而非自然化的整体，是一种被建构的封闭形式。"["Introduction"，p5]

这些关于身份的概念和想象从何而来？很可能是来自社会群体的物质经验、经济条件或者我们接触到的其他文本。所有这些问题的关键在于，身份不是孤立地产生的，而是从社会、物质和象征性语境中产生的。福瑞斯说："身份……来自外在，而不是内在。它是我们穿在身上或者要试穿的东西，不是我们揭示或发现的东西。"［p122］或者，如霍尔所指出的，"身份是通过差异建构起来的，而不是外在的"["Introduction"，p4]。而差异只有在语境中与其他身份的比较时才能显现出意义。

如果身份是通过象征、社会和想象建构起来的，那么也可以说身份就是通过语言和符号建构起来的。约翰·斯道雷指出："我们说的语言不仅生产出了我们的主体，我们的主体被建构的过程……我们的自我和他人感知都是由我们所说的语言和我们在日常生活中的文化组成的。"［p95］语言概念在主体中占有中心地位，身份也一样，当然，雅克·拉康的精神分析理论本质表明:"能指的激情现在变成了人类状况的一个新的维度,它不仅是说话的人,而且使得人与人之间能够交流,它的本质是在语言结构中被发现的编织物,因而它变成了物质的。"[p284]

文化批评研究的学生应当对由阿尔都塞和葛兰西提出的主体这个概念非常熟悉,它是一个与身份有关的概念。文本召唤或询唤读者从被阅读的文本中接受主体的定位,身份可以被理解为我们接受的主体定位的总和,因而,随着我们接受主体定位的变化,身份也是变化的。所以,身份就是起源于我们长期和反复地与文本中的语言和符号的接触。霍尔认为:身份因此是暂时依附于主体定位的,并且通过零敲碎打的方式得以建构["Introduction", p6]。每个人的身体都是浓缩的主体定位的场所,或者,如霍尔所阐述的,是"主体在个体中浓缩的能指"。["Introduction", p11]

如果身份是被语言建构的,那么身份也是通过修辞建构起来的,因为语言本质上是修辞的。波德里亚论述了说服在当今主体建构中的影响,它"变成了一个纯粹的屏幕,一个纯粹的影响网络的吸收平面"。[Ecstasy, p27]我们不断地宣称我们是谁,这被波德里亚描述为一个"证明我们存在的过程"[Ecstasy, p29]。如果这是真的,那么个体的身份不仅来自真实的或物质的资源,而且来自持续存在的说服的社会影响。朱迪斯·巴特勒坚持这样的立场:"人的'一致性'或'连贯性'不是人格的逻辑和分析特征,而是社会制定和维护的可理解性规范。"[Gender, p23]首先是创立和维护,然后是修辞。

因此身份是社会建构的,这种社会基础是语言、符号、主体定位和修辞,它们对于人的身份根基建构具有必要的意义。维维安认为自我"在一个异质性的特殊社会环境中换得了本质和意义"[p234]。在巴赫金对话模式中,维维安坚持认为个体身份是从社会中产生的:"自主的主体不再被认为是社会的构成原子,相反,塑造社群轮廓的社会和政治关系建立了社会和政治的角色分类,没有这些社会和政治角色,个人就不可能存在。"[p235]我们的自我认同必须置入特定的社会语境中。鲍曼指出,在一个社群日益萎缩的时代,对于身份的感知能够代替实际的社会联系:"'身份',是今天在城镇被谈论最多的话题和最常见的游戏,当今身份成为社群的替代品,因而身份问题也引发了人们的格外关注。"[Community,p15]

不管身份是如何被建构的,后现代社会语境下的身份也很可能是不稳定和流动的。不稳定性是身份政治化的一个重要特征,因为只有当某件事能够被争取和改变时,政治和修辞才能与之联系起来。在我们的后现代世界中,至少在我们的理论家中,我们已经失去了"一个完整性的、原始的和统一的身份概念"。[Hall,"Introduction",p1]正如鲍曼所表明的,在它的位置上,"身份的建构是一个永无止境、永远不能完成的过程。必须保持这种状态,才能履行它的承诺(或者更准确地说,履行承诺是可信的)……身份必须保持其流动性,并且总是能够尝试新的变化"[Community,p64]。鲍曼认为:

> 如果说现代的"身份问题"是如何建构身份并保持其固定性和稳定性,那么后现代的"身份问题"则主要是如何避免固定性并保持选择的开放性。在身份问题上,和在其他的问题上一样,现代性的口号是创造,而后现代性的口号是回收与循环利用。["From",p18]

身份循环的过程是短暂的,因此身份在长期内是不稳定的。鲍曼这样描述:"在后现代消费者的生活游戏中,游戏规则在游戏过程中不断发生变化,因此明智的策略就是使每场比赛保持在较短的时间内……问题不再是如何发现、发明、建构、组装(甚至购买)一个身份,而是如何避免不同的身份粘连在一起失去了流动性。"["From",p24]霍尔同意这样的观点,认为今天"身份从来没有统一过,在现代性晚期越来越支离破碎"["Introduction",p4]。拉康从他自己的角度也为主体在终极意义上所具有的去中心化和不稳定性特征进行了辩护。

迈克·费瑟斯通也认为,今天的身份是不稳定的,他将这种身份不稳定性与主体的去中心化联系起来:"新的城市生活方式的一个有趣的方面与深刻的风格折中主义……是与去中心化的主体以及超越个人主义的动态观念密切相关的。"[p101] 费瑟斯通表明，对风格的关注本身是逐渐弱化的，它将主体向外拉，以与不同的和相互冲突的能指系统保持一致。在这个关键点上，费斯克认为，今天的主体性是游荡的："在一个高度复杂、盘根错节的社会结构内部，关于日常生活问题必要的协商产生了游荡的主体性，它围绕着网格移动，根据某一时刻的必要性对自身的社会属性进行重组。"[Understanding, p24]

如果人们将身份看作操演而不是自然的，那么它就会显得特别不稳定。斯雷登和维尔洛克认为："自我的概念和呈现变得越来越具有流动性和想象性，这是由这种操演发生的中介环境的需求所塑造的。"[p9] 当然，巴特勒有一个著名的论点，她认为性别身份是操演性的。巴特勒明确地将身份建构与语言和其他种类意指联系起来，并且声称："身份是通过意指过程被确立的……能够确立主体'我'的条件是由意指结构以及规范该代词合法和不合法的规则提供的。"[Gender, p183] 当然，如果性别身份是被操演的，那么身份的其他元素如阶层身份和种族也是如此。

有些学者已经注意到美国社会中身份的不稳定性、流动性以及无常性，这是美国自从建国之初就存在的一个神话，人们可以随心所欲地成为自己想要的样子，这与欧洲那种墨守成规、等级森严的社会形成了鲜明对比。正如利兰所说："从一开始，美国就提供了重塑的承诺：消除过去的联系，创造新的身份，这一理念当前仍然是这个国家中普遍存在的一种梦想。"[p39] 当然，这是一个神话。然而这个国家中存在的强调种族差异以及冷酷持久的种族主义思维冻结了身份流动的可能性，破坏了这个神话。但是直到今天，这个流动性身份的神话仍然存在于许多美国人的意识中，关于这一点，埃文认为："个体平等的观念使得每个人都能获得相应的地位和认知，因而能够避免许多状况下身份的匿名性，这一观念塑造了美国民主的意义和理解。"[p59] 需要注意的是，埃文将这种身份的神话与政治过程联系起来，此外埃文还将身份的塑造与风格联系起来："随着中产阶级市场风格的兴起，形象越来越成为个人自主成就的标志。"［p29］以风格符号为标志的个体差异成为美国身份的核心，如埃文所表明的："这种以强制性的图像消费为标志的个体之间高度差异化的观念，代表了'美国梦'的核心。"［p58］

到目前为止，对于一些问题的回溯主要集中在为什么身份是一种至关重要的符号和语言，身份为什么是变化和不确定的，一些暗示表达了身份和风格之间的关系。现在本章要更明确地探讨身份与风格之间的关系，这是理解政治风格化运作的重要路径。

风格是当今身份建构和抗争的主要场所，理解这一主张将有助于理解为什么风格是政治化的。通过观察风格、社群和身份之间的连接，埃文指出："风格被看作自我表达的一种强有力模式，是人们与他人建立关系的重要方式。"［p21］请注意，埃文不仅强调自我表达，而且也强调使用风格来定位自我和他人之间的关系，其中暗含着一种政治关系。当埃文认为在工业生产中"人格"被践踏，而在消费中个性可以被表达时，他同样是将风格与政治的关系连在一起，他认为今天的身份来自我们在消费多于生产的网络中所处的位置［pp60-61］。

当然，我们看到风格中表达的身份是商品化的，不应当导致我们犯安德鲁·米尔纳所犯的错误：仅仅将身份政治看作资本的影响：

> 新的亚文化差异通常是由准社会主义性质的政治运动发起的，事实上却是通过对商品化的反文化文本的资本需求来维持。这样看来，身份政治最终将被更好地理解为后现代资本主义的一种影响，而不是另一种选择。［p8］

我相信，实际情况要复杂得多。在晚期资本主义社会，人们更热衷于对身份政治追求，身份政治常常通过一个人穿的服装或者购买的音乐唱片来表达——这就是米尔纳所说的商品化文本。当然，他所指的一些亚文化差异也不过是穿着最新服装摆造型而已，就像历史上许多政治运动被证明是闹剧一样。但是和米尔纳的错误类似的是，假定19世纪的废奴运动只是一种传统解释性宣言和书写的影响，因为它是在那样一个领域中进行的。真实的政治事务是通过风格手段来完成的，从米尔纳的评论中就可以看出，政治事务是以身份的表达和斗争开始的。

波斯特莱尔巧妙地表达了风格及其审美偏好与身份融合的方式："我喜欢流行身份的那种融合方式。"［p101］我们喜欢的风格元素成为我们是谁的一种表达，当然。这些元素通常都是产品。诺曼表达了商品和身份之间的关系："我们的穿着和行为，我们拥有的物质，珠宝、手表、汽车和房子，都是自我的公开表达。"［*Emotional*，p53］斯雷登和维尔洛克指出："当前大量的研究表明：消费者将购买商品看作一种社会角色或身份的标志。"［p12］具体而言，就是"当今，消费者运用身份进行风格的想象、维护或者交换，并通过身份的仪式化操演来确立风格"。身份的建构与商品消费密切相连。凯尔维南认为："身份的获得和表达是通过消费来进行的，这已经成为和商品相关的常见方式。"［p80］

波斯特莱尔认为，品牌化是创造产品身份的强大力量，它允许从商品中进行个人或社会化的身份建构［p108］。约翰·西布鲁克持有相似的立场，他说："品牌与身份已经融为一体，当你买一件衬衫时，你买的不过是它的标签，这会成为你身份的一部分。"［p163］因此，"我们对身份的判断更多是通过穿哪个品牌的牛仔裤，而对其质量并不关心。"［p170］西布鲁克认为身份基于商品的品牌化将会导致社群身份也会如此。

"我就喜欢"这句话的真实含义包含了粉丝关系、品牌关系以及一般社会关系的建构。人们的判断被一种很微小的经济关系所左右，这种经济关系表现在围绕数量庞大的文化产品——电影、运动鞋、牛仔裤和流行歌曲等持续进行聚合、消解和变形，一个人的身份就是在这些经济关系中的投资。［pp170–171］

利兰认为品牌化的商品能够创造社群并且能够锚定身份："传统的广

告宣传的是产品的质量和价格,而品牌和商标的运作就像某种教义或信条创造商品部落,这和流行文化的运作方式是一样的。"［p293］品牌就是一组商品的身份,人的身份可以从这些品牌中建立起来。

前文讨论了身份的流动性,许多学者认为,身份的流动性恰恰由于它是由商品化的风格构成的。商品化的身份也是可以变化的,鲍曼指出,如今用于身份建构的商品大多是一次性的或者是快消品,因此,相对而言,身份就具有了更容易被改变的可能性。［"From Pilgrim to Tourist",p23］费瑟斯通注意到,我们倾向于通过商品创造他人的风格来判断他人的社会地位。但这种判断是不稳定的,费瑟斯通认为其原因在于:"在当代西方社会,……不断变化的商品流动是一种常态,这种现象使理解商品持有者的地位或等级问题变得更加复杂",从而不可避免地使身份更加具有不稳定性和流动性,因为它与那些变化的商品相联系［p17］。福瑞斯认为,风格创造身份,"问题不是某一段音乐或表演如何呈现了人们的样子,而是身份如何生产了他们,身份如何创造和建构了一种体验——一种音乐的或美学的体验——这种体验我们只有通过一种主体的或集体的身份呈现才能理解";正因为身份来自这些商品,"身份是流动的,是一种过程而不是一个具体事物,是正在成为而不是已经存在"［p109］。如果这是真的,如温特所指出的:"身份根植于可以在市场上自由交易的文化,而不是出生时被强加的种族或民族印记。"那么身份就像下一次去购物中心一样具有流动性,这正是因为风格被商品化了［p181］。还请注意温特有趣的阐述,它所指的不仅仅是商品,而是整个"文化"可以在商场通过买卖以创造不同的身份。克莱恩也明确地将身份的不稳定性和商品消费的风格化联系起来:"在后现代主义文化中,消费被概念化为一种角色扮演的形式,因为消费者寻求确立不断演变的身份概念。"［p11］在风格的世界中,我们用来建构身份的商品不断地被赋予新的意义,比如时尚。克莱恩继续说:"时尚不断地通过赋予人工制品新的意义来重新定义社会身份。"［p13］

回到本书开始时讨论的一些主题，我需要将这种说法复杂化，即我们的风格是我们自身的一部分、是我们的身份。说我们的风格表达了我们的身份，其实也暗示着身份的存在具有优先性，同时也暗示着风格的展示就意味着身份是一种自由选择的事物。但是有些风格的元素是我们可以控制的，而有些似乎可以控制我们或者至少超出了我们的控制范围。丽莎·沃克（Lisa Walker）将我们带回到很久以前就存在的同性恋风格问题上。

但是意义的所有方面都具有同样的可适应性吗？就男性化或女性化的风格而言，服装是最常见的身份标志之一……然而同性恋群体或许像服装一样被从文化上进行定义——尽管这不完全是显而易见的——但是性取向风格的其他方面不那么容易改变。低沉或高亢的嗓音可能不容易调整，如果主体不能控制这些明显的自我表征的基本元素，那么这对身份意味着什么？[p10]

在某种程度上，我们有意识地选择展示风格的程度，这是一个复杂的问题——如果风格不是身份和政治的重要组成部分，这个问题就不那么重要了。沃克提到了风格的一些很难被物理操纵的元素，比如音域，但是人们也必须考虑那些由于社会和象征原因而很难被操纵的风格元素，比如那些被污名化群体所表现出来的具有危险意味的符号。

埃文提到了一个例子，说的是风格如何通过政治影响身份建构的流动性和变化性。他描述了在20世纪早期新移民迁往美国的方式，尤其是当他们到达一个新的城市时，会通过消费和风格来管理身份问题。有些服装或家庭装饰风格体现了他们与原国家的文化联系，而有些则体现了与新国家的文化联系[pp71-72]。通过这种方式，风格明确地成为身份的一个组成部分，因为"风格也被理解为建构个性的一种工具。风格是一种表达一个人是谁或希望成为什么样的方式。风格化商品的新兴市场为消费者提供了一个巨大的象征意义的调色板，在聚集公共性自我的过程中被选择和并置"[p79]。这些移民发现了一个历史上经常重复的教训："在一个新的土地上重塑身份的最快途径就是通过时尚。"[Leand，46]当新一代移民到达美国时，这样的观察又有了意义。我很荣幸地认识了一个在扎伊尔内战中来到密尔沃基的家庭，当时的孩子们年龄分别是13岁、10岁、5岁，从语言、衣着、姿态（简而言之，就是风格）来看，他们显然来自非美国文化。但在去城市公立学校上学和观看美国电视的两个月内，每个孩子在日常生活中都在模仿嘻哈音乐，至少就其公共风格而言是这样。他们用风格标记来寻求美国新朋友的认可。

一个非常普遍的以商品化风格建构身份的途径是通过大众娱乐行业。鲍曼将审美、社群和风格联系起来："审美社群通过聚焦身份而产生的需求是娱乐行业最喜爱的牧场。"[p66]我们可能会尤其想到音乐，在音乐中，我们对于自我的认知是由我们对所认同的音乐的感觉建立起来的。福瑞斯认为："在欣赏流行音乐的过程中，我们与流行音乐表演者及其粉丝产生了强烈的情感共鸣。"[p121]

我们已经注意到，存在一些服装风格创造身份的方式。正如克莱恩所说："服装，作为最可见的消费形式之一，在身份的社会建构中扮演着重要的角色。"[p1]她还指出了促成身份建构的风格与制约身份建构的风格之间的张力。

> 衣服作为人工制品，通过赋予人们社会身份的能力来"创造"行为，并赋予人们维护潜在社会身份的能力。一方面，衣服的风格可以是一件紧身衣，约束（表面上的）人们的行为和举止……或者，衣服可以被看作一个巨大的意义库，通过被操纵和重建，以增强一个人的中介感。[p2]

风格创造了世界各地的文化、民族和种族身份，也就是说，风格不可避免地成为特定民族的标志。在美国，我们可以清楚地看到这一点，特别是在白人和非洲裔美国人身份和风格的对比中。当然，这是理查德·梅耶斯和珍妮特·比尔森的主要观点："'酷'对于黑人男性身份的形成至关重要，因为'酷'可以形成一种独特的风格，这种风格是高度个性化的，通过走路、说话、服装的选择和自然的或修饰的发型变化来表达。"［p4］值得注意的是，在他们的论述中，身份和风格具有同一性，"通过沉着的行为，冷酷、刚硬、无惧的面部表情，非洲裔美国男性努力消除外部强加的'零度'形象"［p5］。我们从中看到了基于风格的身份政治的重要性，他们论述说，总体上，"黑人男性的文化标志就是他们所表现出来的很酷的风格"［p30］。埃利斯·卡什莫尔（Ellis Cashmore）认为，白人的身份常常被建构为黑人风格的一面镜子："黑人一直被认为是白人的一面镜子，但不是真实的一面：更像是弯曲的、抛光的表面，提供了一种扭曲的表现。许多白人被建构成对于黑人风格持否定态度的形象。"［p164］请注意对身份的社会和政治基础的强调，这建立在对另一群体风格反对的基础之上。

种族风格的商品化是当代风格主题的另外一种变化，在一个市场越来越流行的时代，"身为黑人很酷"，人们只需看看嘻哈音乐就能发现某些种族的市场价值，巴卡里·凯特瓦那对这个过程进行了描述。

> 从1980年代晚期开始一直到1990年代，媒体和娱乐公司重新发现了黑色的商业价值。说唱音乐的高度商业化以及黑人时尚、模特、艺人和运动员成为主流视觉现象显现出了这个市场的能力。［p123］

凯特瓦那提醒我们，在电影《街区男孩》（Boyz n the Hood）中，劳伦斯·菲什伯恩（Lairence Fishborne）扮演的角色被命名为"狂怒的风格"（Furious Styles）［p124］。温特扩充了凯特瓦那的观点，并提醒我们即使没有真正的黑人卷入其中，"黑色"也可能是一种商品。谈到黑人歌手，温特说："一个世纪以后，我们看到非黑人表演者同样不加掩饰地使用明显是非洲裔美国人的修辞，尤其是在当今版本的'黑人方言'和年轻一代流行歌曲的'贫民窟风格'的着装和姿态当中。"［p45］因为白人实际上是装腔作势的主要市场，这告诉我们风格的身份建构是通过漂浮的符号来完成的,是相对自由和多变的。

温特接着在这里反驳了我的观点,"商业文化自动将种族政治从非白人标签和文化中剥离出来,即使是黑帮说唱歌手也得不到35岁以上成年公民的政治认同"[p267]。我想到了几点回应,其中最重要的是,政治本身可能正在以许多35岁以上的人无法认识到的方式发生变化。我在这一章开头部分就已经挑明了一个观点:黑帮音乐已经被商业化了,晚期资本主义的主体是一块冰冻的基岩,政治在其上面正在跳跃摇晃,所以如果温特正在寻找黑帮说唱或其他文化形式对政治基岩所做的伤害,他会感到失望。最后,即使是商业化的文化形式,在黑帮说唱中我们可以清楚地看到,在建构特定的身份时它们的政治作用也非常明显。黑帮说唱是一种允许人们宣称自己身份的风格,如果这些风格没有政治意义,它就无法做到这一点。

特里西娅·罗斯的立场与我一致,她认为嘻哈音乐是一种权力管理工具,并通过创造身份来实现政治诉求,因为"风格可以被用作拒绝的姿态,也可以被用作对统治结构的间接挑战。嘻哈艺术家使用风格作为一种身份构成形式……服装和消费仪式证明了消费作为文化表达手段的力量"[p409]。凯特瓦那认为通过嘻哈风格可能会对身份的建构产生负面影响,因为"流行文化中许多年轻黑人具有的反叛性的'无所谓'的自画像(主要是在说唱音乐的歌词、视频和电影中)已经被白人和其他非黑人视为确定的和真实的"[p42]。当然,嘻哈音乐成为黑人身份的标志,黑人不一定必须是非洲人。散居的非洲人也不需要大量消费它来作为黑人身份的标志,这意味着那些没有非洲血统的人在消费的过程中既让人感到有些疑惑,又似乎顺理成章。霍尔描述了散居海外的黑人遍布世界各地,尽管如此,他们的文化身份特征依然十分明显。

> 对欧洲意识形态、文化和制度的选择性挪用、合并和重新表达,与非洲文化遗产一道……对陌生社会空间的占据,言行举止以及建立

和维系社群情感方面的能力得到强化,由此导致了身体风格化修辞在语言方面的创新。["What",p290]

这种身份和社群的建构具有明显的政治意义,当然,这种政治工作并不限于嘻哈音乐或非洲侨民。维克多·韦斯卡(Victor Hugo Viesca)说,奇卡诺人(墨西哥裔或拉美裔美国人)的身份也是通过流行文化和音乐形成的,因为"流行文化尤其是流行音乐是奇卡诺人身份形态变化的重要标志"[p479]。

我之前说过,美国人的身份尤其容易变化。我们对风格作为种族标记的关注是这种波动的另一个原因。正如前面提到的,美国种族历史事实掩盖了完全自由创造身份的神话,正如这些事实揭露了美国默认的身份总是白人的神话一样。美国人的身份认同也必须始终与种族问题,以及人类社会其他维度方面的问题——例如性别和阶层等——相关。这些种族问题往往被掩盖,但是它们会在某个时刻爆发从而成为斗争的场所,这是美国身份不稳定的另一个原因。温特评论道:"当你把美国白人的虚拟结构与美国真正的跨种族本质在原则上和血统上放在一起时,你就会得到美国身份的文化能量向两个不同的方向流动而形成的电极。"[p15]这是真的,我们已经注意到存在着一个白色优先的神话。温特继续说:"白色优先制度需要将美国人经验中两大部分本质溶解掉。白色才是种族的纯洁性,我们被残酷地混合在一起。"[p22]不同版本的白色身份体现着各自鲜明的风格(例如阿巴拉契亚人、意大利人、继承祖先遗产的东海岸人、山谷女郎)。因此,美国所特有的身份建构的条件,使得身份在面对与种族相关的历史事实时具有特殊的建构性和想象性。在很多重要的方面,为了逃避种族矛盾所造成的荒谬,美国人需要不断地重新协商和调整身份,这使得美国人的身份充满了流动性。

性别和性取向构成了消费中通过风格创造身份的另外一个领域,正如巴特勒所言:"我们原本认为是内在本质的性别,却是通过一系列的行为制造出来的，通过身体的性别风格化而确定。"［Gender，p15］如果这是真的，那么风格化很大程度上是通过市场上广泛存在的舞台道具来实现的。莫特认为，男性杂志将风格等同于通过购物来建构男性身份："通常购买与自我定义密切相关的商品……男性被定义为拥有共同兴趣和诉求的群体成员，是消费的仪式连接了个人和集体的表达方式。"［p77］根据巴特勒的观点，风格化的操演制造性别身份有着内在的一致性，因为"性别不是一个名词，也不具有自由浮动的属性，因为我们已经看到，性别的实质性影响是由性别一致性的规范实践在行为上产生和推动的"［Gender，p33］。我们知道什么样的风格代表什么样的性别。根据巴特勒的说法，我们通过操演表现出自己的性别，或者我们表现出违背性别身份的行为，但无论怎样，都需要参照相同的风格符码。性别化的身份不是先于风格化而是由其构成的，因为"性别总是一种行为，尽管不是一个主体的行为，但是这个主体却有可能先于这个行为而存在"［Gender，p33］。身份是随着时间不断重复的风格化的产物："性别是身体风格化的不断重复，是在一套高度严格的管理框架内不断重复的行为，随着时间的推移，身体风格化的凝聚，由此产生物质性的外表以及自然化的存在形式。"［Gender，pp43-44］以此类推，身份的其他维度也是如此。

如果性别是身份建构的一个组成部分，那么性取向的维度也是如此。巴特勒以同性恋对异性恋风格的挪用作为证据，证明同性恋没有任何原始的异性恋特征，而是所有性取向的一种建构："在同性恋语境下所谓的异性恋'存在'，特别是同性恋差异话语的激增，如作为历史性身份的'男性'和'女性'，也不能被解释为原始的异性恋身份的幻想表征。"因为没有这样的原始的身份，相反，"在非异性恋框架中复制异性恋结构，动摇了所谓异性恋建构的原始根基"［Gender，p41］。斯垂顿追溯了18世纪、19世纪资本主义发展过程中性别建构的历史："同性恋与女性结盟的同时，女性的身体也被恋物化了。主动的男性和被动的女性之间的区别，是这种恋物秩序的核心，这种恋物秩序也被映射到异性恋和同性恋的区分上。"

[p129] 换句话说，所有的性取向都有被建构的历史。在一个自相矛盾的例子中，沃克指出她经常因为自己的"女性"风格而被"指责"为不是女同性恋，尽管她会宣称自己的女同性恋身份［pp11 - 16］。她自己的身份主张似乎与通过风格建构身份的例子相反，但是，她对异性恋的归因支持了身份是风格化的观点，因为归因是基于风格的。

我已经探讨了身份是被风格建构的，并且我已经在探索的边缘展示了这种建构的政治含义。现在是时候面对这样的观点了：即身份是一个具体的政治问题并充满了争斗。德塞托观察到："当今社会结构的碎片化为主体问题添加了政治维度。"［p24］当然，这意味着创造身份的风格是政治斗争的工具。

通过风格进行社会和政治斗争

这一节展示了政治斗争是如何通过风格来进行的，首先是对政治理念的检验，在这个过程中，人们看到身份不仅是风格的问题，而且是政治结盟和对抗的问题。在全球范围内，政治正越来越多地在风格领域上演。通过共同的风格语言，政治全球化得以巩固。我认为，晚期资本主义鼓励了这种作为全球政治语言的风格共享，因为这促进了商品化发展。风格作为政治斗争的场所和语言在亚文化、城市背景、身体、代际差异、种族和民族、道德和阶层斗争的例子中得到了具体阐释，风格作为政治斗争的基础将在周期性的合并重组中得到详细的阐释。最后，本部分的结论是：风格的支配性和统治地位作为一种政治语言意味着其长期以来具有漫长的历史传统，作为政治和民主话语标志的文字性、阐释性、批判性的话语会逐渐减少。

身份政治这个词大家都很熟悉，维尔洛克评论说，今天"身份政治取代了传统的'共同利益'的政治口号，以换取对特定群体有利的东西"。［p10］然而，更准确的说法是，身份政治是在公开的情况下做到这一点的，它取代了那些在历史上似是而非的呼吁，仅仅为了某一特定利益集团享受霸权而推动"共同利益"的实现。我相信，那些最有可能因为身份政治的潜在分裂而哀叹身份政治兴起的人，是那些曾经最享受群体政治主导地位的人。或者坦率地说，有经济保障的白人男性最有可能对身份或许是不稳定、充满争斗的场所这样的观点嗤之以鼻。指出可能存在许多共同利益，或者真正的共同利益比通常认为的要小，这被认为是一种政治斗争行为，理解真理是实现某种真正公平公正的共同利益的必要步骤。

简单地断言身份是一种政治陈述，因为它是一种对社会和政治结构可见性和存在性的反对性声明，在这种政治和社会结构中，否认可见性常常是一种权力策略。沃克认为，公众宣称的身份可见性本身就是政治性。

> 对可见性的要求一直是20世纪后期身份政治的原则之一，炫耀可见性也成了它的策略之一……面对沉默和被消灭的威胁，少数族群做出了回应，用可见性的语言象征着他们对社会正义的渴望，通过颂扬已经存在的可识别的差异性来对抗他们遭到的歧视。[p1]

当然还有，什么样的术语适合炫耀性的"可识别的标志"以便获得更多的可见性而不是风格？

我之前已经注意到这一点，但是让我回到这个基本的事实，即身份的建构意味着与其他身份之间保持差异性。鲍曼指出："'身份'意味着脱颖而出：我是与众不同、独一无二的——因此对身份的追求只能通过分裂和分离。"[p16] 当然，拥有身份并不意味着独一无二，它意味着与某个社会类别保持一致。但是鲍曼的观点是正确的，他指出了社会斗争始于身份建构，因为身份并不总是存在于那些人中间。当然，这种情况在历史上很可能是真实的。但是一些学者认为身份越来越成为权力和政治斗争的场所。正如约翰·哈特利所言："公民身份现在是以身份的名义而不是以领土的名义进行斗争。"["Frequencies", p11]

身份和风格作为斗争的政治基础的例子比比皆是。学者们观察到一个显而易见的现象,即身份是根据种族形成的,是一个政治斗争的场所。克莱恩指出,种族和宗教少数派以及其他边缘群体更是经常使用风格来表达身份[p172];当然,他们的边缘化使得身份的风格化表达一直以来都是一种政治斗争。作为边缘化群体的一员为了使自己与众不同,就要求获得可见性,正如上文所述,这是一种政治主张。克莱恩提到有研究表明黑人家庭在服装上花费更多,尤其是黑人青少年,比白人青少年更有可能这样做[p172,pp191-192]。以这种方式表达的风格很可能被解读为标志着他们与其他种族具有不同的身份。那些通过种族(宗教或性别等)符号建构并表达自己身份的人,很可能会在潜意识中将那些具有不同文化身份的群体看作敌对的一方。温特在这个问题上提出了一个更为复杂的观点,他指出,美国人在文化和基因上的融合已经有数世纪之久,这使得种族身份成为这个主体内部斗争的场所。他观察到:"美国人在身份的镜像中看到自己,被事实所迷惑,编造他们自己的映像,努力调和社会矛盾。"[p35]美国种族身份的混合和不稳定使其成为一个特别的身份政治斗争的场所。

性别和性取向是身份的要素,而风格是政治斗争的战场。多蒂认为,"酷儿身份"这个概念本质上是政治性的,因为它挑战了性别和性取向的分类体系,而这些体系过去是压迫的基础:"最终,酷儿身份应当挑战和混淆我们对性别和性取向类别的理解和使用。"[p16]之所以会这样,是因为"对酷儿身份的接受和认同,超出了传统意义上相对清晰的性别身份范畴,而在传统的性别身份范畴之中,大多数人都遵守性别的伦理规范"[p15]。酷儿身份带来了不稳定性,因此,性别身份政治通常会陷入争斗。想想看,通过风格的策略性操纵,政治影响如何导致性别或性取向的混乱。以至于一个思维混乱的母亲就像大卫·波伊(Davia Bowie)在《反叛,反叛》中唱的那样,无法分辨一个人是男还是女。同样,巴特勒认为,有效的女性主义策略就是对那些已经得到承认的类别的颠覆:"女性主义的关键任务不是在建构的身份之外建立一种观念……而是寻找相应的策略,以颠覆重复稳定的结构。"[*Gender*,pp187-188]

服装可能是两代人之间风格的战场。西布鲁克回忆说："我父亲用他的衣服将文化传递给了我，而反过来，我用衣服去抵制他的努力。"［p58］西布鲁克观察到："在嘻哈音乐和 MTV 中，身份政治与消费诗学幸福地结合在一起。"［p26］在政治斗争中，他一直在寻找能够抵抗来自他父亲权威的场所和空间。不仅是服装，其他购买的商品也可以参与政治斗争行动，西布鲁克指出，年轻人更有可能依靠风格参与身份政治［p94］。

身份政治经常和娱乐一致，因为风格化的身份主张是通过音乐、演唱会、电影等的选择来管理的。哈特利观察到："身份政治和娱乐媒体的结合已经在私人领域发展起来，现在已经成为媒体创新和扩展最有活力的领域。"［"Frequencies"，p9］人们可能会想到在越南战争期间能够引起年轻人身份认同的音乐，或者在全球化兴起过程中的工人阶级音乐（如乡村音乐和西部音乐），在这些音乐形式中我们可以看到风格元素和身份政治的融合。

身份是风格反击政治斗争的一个重要的领域，但这并不是风格的政治重要性的唯一方面。考虑一下风格——以及与它伴随的图像、叙事、漂浮的符号、仿真、消费等，这是一个超越了身份问题的重要的政治斗争的场所。

哈里曼将风格和政治权力等同起来，他发现，在政治中"控制和自治的关系是通过言语、姿态、修饰、装潢以及其他调节感知和塑造反应的手段的巧妙组合来协商的。总之，我们的政治体验是有风格的"［p2］。马费索里认为当今政治力量建构社会群体是基于群体归属的需求，这种群体归属的基础是相似风格的展示："这些聚合不再有任何的理性程序，而是依赖于具有相似思想的人共有的欲望，即便这意味着会排除一些意见不同者。"［p33］

风格是当今政治的一个主要关注点，风格通过对身份的建构而具有政治性。下一步需要考察的是风格如何通过其对社会群体的建构及其与社会群体的关系而具有政治性。

如果风格是政治斗争的场所，那么风格的全球化——通过全球市场、全球娱乐和信息网络以及跨文化的风格实验——在某种程度上意味着全球政治的融合。无论在何种程度上，通过风格表达的政治运动都会被理解为具有全球化特征；因此，许多第三世界的领导人抵制西方风格涌入他们的文化，因为风格带有政治色彩。瑞泽尔观察到，世界正在以美国人的方式增加消费［p173］。根据瑞泽尔的观察，如果在消费中掺杂进了政治色彩，那么我们可以想象，尽管每个地区都存在不同的文化差异，但类似的政治斗争在世界范围内一定不在少数。

马费索里说，今天的政治越来越没有工具性，也就是说，不再试图运作或者改变某些事物。相反，今天的政治崇尚"社群主义"，试图在既存的权利和权利状况下获得利益并创建社群［p9］。这样一种政治肯定存在于之前提到的结构层面。这使得政治成为跨社会群体的核心，与这些社会群体相关的风格具有政治影响。米尔纳观察到，"对于韦伯来说，群体地位是根据特定生活方式、特定的荣誉观念来定义的"［p69］。他还说，今天的集体身份和行动是在阶层基础上发展出来的："这一发现已被几乎所有有关这一主题的大规模定量研究所证实。"［p104］用来表达这种身份和行为的工具越来越具有风格化，正如米尔纳所指出的，无论主要的归属群体是社会阶层还是其他一些人口统计，风格都是政治的，因为它定义了不同的群体，也定义了不同的术语。费瑟斯通说："城市游荡者对时尚、自我展示和外表的关注，指向了一个文化分化的过程，在许多方面与大众社会的刻板形象是相反的，这假定了一种迟滞的符合与一致性。"［p97］波斯特莱尔描述了不同阶层之间差异的复杂性："个体不会简单地模仿比他们社会地位更高的人，或寻求将自己与那些社会地位更低的人区分开来。"［pp11-12］另外，费瑟斯通描述了上流社会阶层恰当地运用风格达到某种特定目的的过程。"新品味的引入，或者自我膨胀，导致了社会地位较低的群体模仿或者篡夺较高社会群体的品位，促使后者通过采用新品味来做出回应，从而重新建立和维持原有的距离。"［p88］

要使风格成为政治斗争的工具或领域，无论是在身份认同方面还是在群体之间，风格的意义必须被广泛共享并加以规范——这一点在早期将风格视为一种语言时就已被注意到。认为风格是一种语言的有效方法是把它看作一种在社会组织中运用的有意义的商品系统。玛丽·道格拉斯和巴伦·伊瑟伍德（Baron Isherwood）强调了消费的意义——这是风格的一个主要维度："消费商品的流动模式展示了一张社会融合的地图。"［p22］我认为这张地图是一种政治斗争、结盟和对抗的图表。如果政治斗争首先被认为是在消费地图上进行的，阶层、种族、性别等都是由消费决定的，那么政治就会被认为是在文化中广泛传播，并且通过风格来运作的。

道格拉斯和伊瑟伍德说，消费"正是文化争夺和塑造的舞台"［p37］。鉴于风格和消费之间的密切关系，那么对于风格也可以提出相同的主张。莫特认为，撒切尔主义在英国的政治是由消费主义话语支撑的，当然，其中包括风格和美学问题。

> 在英国，撒切尔主义的成功，尤其是在大众政治层面，引起了人们对消费语言的持续使用的关注。市场修辞把花钱的自由等同于更广泛的政治和文化自由，被认为是这种政治词汇的关键部分。［p5］

西布鲁克也提出了类似的观点，他认为在政治上赋予特权阶层权力的高雅文化和低俗文化或大众文化之间旧有的区分已经消失了。在那种旧有的区分中，"精英文化和商业文化之间的区别被认为是一种质的差异"［p27］。但是商业文化正在吞噬所有其他的社会范畴体系，这种发展状况就像对风格的迷恋一样："贵族的精英文化和大众的商业文化之间旧有的区分被打破了，取而代之的是一个火爆的等级制度被建立起来，这明显指的就是风格和时尚。"［p28］由于这种区分充满了政治后果，它说明了风格作为政治斗争基础的作用。克莱恩提出了类似的观点："在取代了'阶层时尚'的'消费时尚'中，存在更多的风格多样性，而对于某个特定时期的'流行时尚'，共识则要少得多。消费时尚不以社会精英的品位为导向，而是融合了社会各个阶层的品位和关注。"［pp134－135］因此，作为风格的主要元素，消费时尚正是一个政治斗争的主要领域，因为它把所有社会群体的利益都编码在了同一块地盘上。

所有被剥夺权利和被赋予权利的群体，都通过对于审美判断这种风格的关键要素来表达对于权力和政治的一致诉求。赫伯迪格通过研究许多边缘亚文化以风格化的形式表达政治抗拒后指出："亚文化的意义总是充满争议的，风格则是大多数引人注目的文化力量之间的冲突。"［p3］谁是年轻人、朋克、哥特主义或者帮派成员？来自街头和董事会的答案都以一种时尚的语言表达出来。赫伯迪格说，亚文化对既定权力的挑战是在风格领域精心策划的，因为亚文化所代表的对霸权的挑战并不是由它们直接发出的。相反，它是用一种迂回的方式来表达的。

德塞托声称，城市生活在日常生活中对权力的断定和抵制成果显著，而这种斗争大部分将通过风格的操纵而实现［pp94－95］。既有城市居民，也有新来者，他们展示的风格试图控制复杂的城市环境，而他们被其所面对的风格控制。莎伦·祖金（Sharon Zukin）认为，城市里面的人利用建筑风格来构建身份，因为"在楼宇、街道、公园、室内等建筑形式中对文化意义永无止境的协商有助于社会身份的建构"［p81］。正是这种在城市中象征着支配和抵抗意义符号的近距离接触，以及各种可用符号中意义的多样性和复杂性，才使得城市成为一个如此富有成效的身份建构的场所。祖金指出了审美在城市服务经济中日益增长的重要性："值得注意的是，随着城市服务经济的发展，它们既为审美冲突做了宣传，又被审美冲动所挟持。"［p81］她描述了当今城市中存在的象征性建筑："这种象征性经济的特征是具有两条平行的生产系统，它们对于城市的经济增长是至关重要的：空间生产，以及与之伴随的资本投资和文化意义；符号生产，构建商业交换的货币和社会身份的语言。"［p82］祖金对符号和美学的引用表明风格是政治工作的工具。

费斯克强调说，身体风格既可以被标记为霸权力量的标准，也可以成为抵抗霸权力量的规范:"存在于身体美丽与丑陋、打扮得漂亮与糟糕、举止的得体与粗野、肌肉的矫健与松弛等之间的关系都是社会关系的规范和偏差,因而政治关系旨在对社会结构中的大多数权力规范进行自然化。"[*Understanding*,p92]费斯克指出,正如身体风格可能成为颠覆性力量的例子所表明的:"对肥胖的蔑视可能是一种冒犯性和抵抗性的声明,是对权威和既定风格规范的一种身体上的亵渎。"[*Understanding*,p93]

西布鲁克讲述了他和父亲在服装领域进行的代际斗争。时尚经常被描述为一个政治性战场,当然,这是赫伯迪格在亚文化研究中关注的焦点即对霸权的抵抗(巴纳德赞同赫伯迪格对朋克的看法,认同它是对主流美学的批判,因而是政治性的)。克莱恩将服装视为政治话语:"在任何时期,服装话语总是包括那些支持社会角色的主流观念的话语和那些表达社会紧张关系的话语。"[p100]巴纳德对此表示赞同:"那么,时尚和服装可以被理解为武器和防御手段,被不同的社会群体用来组成社会秩序,形成社会等级,以实现、挑战或维持统治性和至高无上的地位。"[p41]因此,巴纳德宣称:"时尚和服装是各种动态斗争的场景,在这些斗争中,人们在争夺意义和身份。当然,这些都是当今政治的核心。"[p102]克莱恩说,当今公众的碎片化使得时尚成为政治战场,正如不同的群体对意义的争夺:"意义并不像波德里亚所说的那样从媒体文本和消费商品(例如时尚)中消失,相反,越来越碎片化的公众对它们的理解是相互矛盾的。"[p172]政治斗争趋向时尚的目的是对社会阶层进行定义和挑战:"时尚和服装作为文化现象,现在可以被理解为一种实践和制度,其中阶层关系和差异是有意义的。"[Barnard,42]

种族政治也常常在风格领域运作,利兰认为种族在美国是由生物性决定的或者是被"无限渗透的",如果是后者,那么种族就被看作风格化的[p164]。无论种族被看作风格还是被风格标记,种族群体和服装、娱乐、食物等风格的关系都是一种象征性经济,我们几乎所有人都能对此有所感知并且不断地对自己的身份进行标识。梅耶斯和比尔森将"酷的姿态"风格描述为非洲裔美国男性的一种政治策略，以此来对历史上的身份压迫进行回应［pp2－3］。凯尔维南将说唱音乐形容为"当下美国流行文化中最强大的力量之一"［p195］，是一种被应用于政治目的的风格化力量："由于说唱音乐，年轻黑人的声音、形象、风格、态度和语言已经变成了美国文化的核心。"［p196］如上所述，可见性既是一种政治手段，也是政治的终结。

因为政治在这里被广泛讨论，而且不仅仅是选举政治，因此值得注意的是，在某种程度上风格和消费是道德化的，总是带有政治含义。维维安对整个过程进行了清晰的描述。

> 显然，当代的政治投资反映了政治价值观的重大变化。社会的凝聚力现在正与民选代表的领导竞争，当前的集体成果胜过对未来社会的进步愿景，对当前需求和欲望的感知，比公民代表的承诺更能激发群体行动。因此，当前社会和政治结构的风格……支持审美而不是公民道德。［p232］

然而，政治斗争是在道德和审美领域进行的。由此导致了宗教根基的动摇，对传统政治持怀疑态度，风格已经成为道德判断的新基础。

这种风格的道德化在美国文化中有着古老的根基。瑞泽尔说："虽然早期的加尔文主义者需要成功的符号来帮助他们决定是否要被拯救，但是后来的加尔文主义者寻求的是他们良好品味的证据，好品味与美和善联系在一起。"［pp116－117］这种品味和道德的经济学将风格确立为社会判断的战场。西布鲁克说："品味是品味制造者的意识形态，它们伪装成无私的判断。"［p24］他举了一个意识形态被应用的例子："美国的文化等级……利用品味来掩盖其真正目的的权力等级制度。"［p32］克莱恩举了一个例子来说明这种权力是如何通过制服和着装符码作为一种控制形式来行使的，当然，这些是通过风格来实践政治的更为"正式的"方式［pp67－68］。人们可能会把非洲裔美国人的音乐历史看作一种文化认同风格的例子，这种风格被有权力的白人认为不如其他类型的音乐有品位——这带有明显的政治后果。

道德与风格的合流可能发生在大规模的城市规划中，这是一种涉及阶层和种族的政治活动。祖金指出："在公共艺术、美术馆、博物馆和工作室中，建筑环境形式的可见性强调了与制造经济中陈旧、肮脏的空间运用的道德距离。"［p82］不难看出，这种道德距离同样也指向了穷人和被边缘化的人，他们仍然生活在被工业污染的城市和地区。因为非常贫穷的人很容易被人指责在审美上令人不愉快，风格的道德化可以成为统治的工具。当贝尔·胡克斯在媒体上发表"穷人很容易被妖魔化"的言论时，如果不是受到审美描写的影响，他通常也会从中受益。［Where，p72］当然，这种统治政治可能与其他统治手段在最终效果上没有什么不同，这些风格术语缺乏资源无法占据统治地位，因而也不可避免被边缘化。

道德的风格化有助于风格的道德化，费瑟斯通认为："现代西方社会的趋势，是让宗教成为一种在市场上购买的对私人休闲时间的追求，就像任何其他的消费文化生活方式一样。"［p113］这应该从审视今天流行的、高生产价值的大型教会中得到明显的体现。仔细思考一下鲍曼提出的相反观点，当今的审美和道德并没有关系："对于审美社群来说，其重点在于并未在拥护者和追随者之间编织道德责任和长久承诺的网络。"［p71］尽管鲍曼有自己的观点，但审美的作用是支持我们对那些在审美上与自己不同的群体进行道德判断。责任感与不负责任，承诺和厌恶，然后发展出它们自己的逻辑和理性，这些逻辑和理性是由一种审美来保证的，来判断"我们"的人是谁或者不是谁，道德责任可以在一个有风格保障的基础上进行培养。

风格的道德化很大程度上是通过他者化过程发生的，他者化使得处于竞争中的那些社会群体显得如此另类和与众不同，这种他者化过程是我们作为社会个体、完全不能把握的。鲍曼认为我们从审美或风格上与他人进行区分并对他人做出判断的方式，肯定是一个带有政治含义的过程。鲍曼声称，后现代主义的人际关系"拉开了个体与他人之间的距离，并将他人视为审美评价而不是道德判断的主要对象；这是一个品味问题，而非责任问题"。[p33] 在一个控制或连接的网络中保持他者或底层身份的方法是规划一个人的消费以便消费他者的符号。保罗·坎特简洁地描述了多元文化主义的过程："多元文化主义的意识形态有一种将差异问题美学化的趋势，关注服饰或烹饪的民族差异。处理纯粹的文化差异——诸如民间舞蹈或民谣等现象——赞美差异很简单，因为没有什么重要的事情处于危险中。"[p58] 然后，人们能够感觉到与他者的关系，并且没有情感上的伤害。在著作《黑色的外表：种族和表征》中，胡斯克将这种行为描述为"吃掉他者"（eaten the Other）[pp21-40]。这是一个允许我们通过消费去感觉然后可以控制他者同时保持与他者距离的过程。胡斯克认为，近年来"广告业为了追求利润，总是将穷人和社会底层群体排除在外，对他们的文化漠不关心"[Where, p65]。这个过程在这个国家有很长的历史，就像当白人去贫民窟听非洲裔美国人表演的爵士乐和蓝调，在消费音乐的同时感到某种控制感，但从未与非洲裔美国人建立有意义的联系。亨利·于（Henry Yu）将这种过程描述为"异国情调"，它允许主导群体与他者共存："吸纳国外民族的文化体质而不是仅仅关注表象化的皮囊，文化多元主义者已经取代了具有异国情调的民族主义者。"[p203] 他举了老虎伍兹的例子，当时老虎伍兹已经在白人主导的高尔夫运动中取得统治地位。

时尚是一个能够赋予某个社会阶层政治含义并"吃掉他者"的例子，瑞泽尔说，"高级时装迎合了有闲阶级接受时尚来自底层这样的观点"。他举了一个外出就餐的例子来对这个过程进行说明："白人商人消费种族性同时也在进行文化资本的展示——表现出对是有异国情调食物的精通和熟悉。"[p213] 大卫·戈德伯格在观看体育节目中发现了类似的过程："如今，商品种族主义主要表现在过度消费的体育景观中或者通过体育景观表现出来。"[p39]

现在，我需要将注意力集中在这样一个过程上，这个过程解释了风格作为政治斗争场所的潜力，对被边缘化者反复利用的一个策略就是利用其符号并转换其意义，使得这些符号成为拒绝剥夺权力的一种手段。这一过程可以被称为"混入"，即主流商业文化的退出，这是一种打压和转化的标志。只要这个群体对这个标志的使用没有变得过于流行和普遍，这种做法就会继续下去。当这个标志出现时，如果可能的话，那些利用它的人就会被中和并以某种方式融入主流文化。在资本主义晚期，实现这一目标的主要方式是将混入的符号制作得很酷或者令人感到满意，然后对其进行营销，约翰·费斯克对这个循环进行了清晰的阐述：

> 混入是这样一种过程：亚文化对由主流社会系统提供的资源和商品表现出一种拒斥的态度，这是大众文化的核心，对于一个工业社会而言，从属文化能够创造它们自己的亚文化的唯一资源是由其从属系统提供的。没有真正的民间文化来提供这样一种选择。［*Understanding*，p15］

然后，费斯克描述了将危险符号重新纳入系统的过程——主要是通过商品化。［*Understanding*，pp15 – 16］波斯特莱尔用非常相似的术语对这个循环进行了描述［pp98 – 99］。

混入的一个典型例子是基督教的十字架，它是耻辱和折磨的工具，是早期教会被打压的标志，后来这个标志的意义发生了改变，变成了教会的一个具有挑战性的符号。当然，随着教会变得日益强大，开始占据统治地位，十字架也被纳入其中，不再是一个受压迫群体的标志，而是一个权力和尊严的象征，今天人们已经忘记它曾经具有耻辱性的起源。

与米尔纳的观察相一致，我开始了对这一循环的探讨："霸权在原则上不是没有争议的，也不是绝对的，而只是一种不稳定的平衡，最终会被其他社会力量挑战。"［p50］统治和伴随而来的压迫和抵抗总是并存的，巴纳德对拒绝和逆转两者的区分有助于我们理解这种循环："拒绝是试图走出令人厌恶的结构，而逆转是试图颠覆这些结构中运行的权力和特权的位置。"[p129] 如果不是权力的颠倒，混入就是一种相反的尝试，但是它精确地从令人不快的结构中取出某些符号而不是在结构的内部来做到这一点。

当一个符号被标示出来之后，它就不一定是流行文化的一部分了，因为它在整个循环期间变成了一个边缘群体的标志。对于主流文化来说，这个符号在其被标示的状态下是奇怪的，甚至是冒犯的。经过再次被征用，这个符号成为流行文化的一部分——今天通常是通过商品化。因为合并重组涉及剥夺那些一度受压迫的群体的"财产"。费斯克认为："流行文化是一种从属的和被剥夺权力的文化，因而总是要在它的权力关系的符号中承受某种意义。"（*Understanding*, pp4-5）从另一种意义上而言，流行文化与风格无论关系远近，都源于痛苦。

与费斯克的观点相反，西恩·尼克松认为大众文化是对于更高社会阶层的模仿：它是一种仿真，就像你渴望长辈的生活习惯和方式，最重要的是，它解释了社会结构中新的消费倾向和消费水平层出不穷的原因[p28]。人们只需要看看以前那些被边缘化的社会群体，例如同性恋者或者非洲裔美国人，它们作为符号充斥于流行文化的货架上，然后，就可以对尼克松的假设提出质疑。人们还可以求助于巴纳德对西美尔和凡勃伦有关时尚扩散"涓滴效应"（trickle-down）的批判[p130]。克莱恩对西美尔的"自上而下"模式提出了批评，更倾向于一种"自下而上"模式，这种模式主张新风格出现在社会底层群体中，然后被较高地位的社会群体采用[Fiske, 14]。利兰在描述时尚的起源时也持类似的观点："时尚并不意味着要有合适的衣服，而是要能够运用从街道和旧货店而不是设计公司冒出来的设计语言。"[p46]

正如费斯克在上文指出的，混入总是将某种主导性社会和经济体系提供的文化物质转化为符号。混入是对压制性符号的游击队式袭击，正如费斯克所说："流行文化是利用体系提供的东西创造而成的艺术。"[*Understanding*, p25]在其他地方，费斯克使用"流行歧视"（popular discrimination）来描述地方文化由可挪用的材料制成这样的过程，因为"'流行歧视'从选择在流行文化的生产中使用哪些产品开始，然后传递到由这些产品产生的意义和乐趣与日常生活条件之间的富有想象力的联系……流行是功能性的"〔"Popular"，p216〕。

德塞托也注意到了征用和混入策略的过程，他对这些"策略"进行了区分，这些策略是强有力的权力手段，同时也是一种计谋，是"一种弱化的艺术"〔pp35-38〕。有趣的是，从修辞学的角度来看，德塞托将亚里士多德的系统看作一种赋权的策略，而诡辩家的手段则被视为"反常的，正如亚里士多德所认为的，是真理的秩序"〔p38〕，尽管诡辩家在亚里士多德之前就开始发挥作用了。德塞托还发现，策略和手段与语法和修辞有相似之处："修辞关注的是词语的'规范性'，修辞上的变化……指的是说话者在特定的仪式或实际的语言交锋中使用的语言。"〔p39〕作为使用手段的例子，他建议"居住、移动、说话、阅读、购物和烹饪等日常生活中的事物都要转向和使用可用的符号"〔p40〕。

德塞托认为："消费的手段是一种弱者利用强者的巧妙方式，因而为日常实践提供了一个参考的政治维度。"〔p17〕这听起来完全像费斯克在论述流行文化时所说的那样，"人们只能从他们手中所拥有的东西选取材料"〔p18〕。德塞托描述了"假公济私"这样的例子，即"工人们假装在为他们的雇主工作，但其实他们在忙于自己的私事"。这是一种常见的工业上的托词，与跨文化范围内的符号征用和再加工相对应〔p25〕。德塞托说："使得某事物流行的手段最终也将导致事物的终结，这恰恰是流行文化语境下事物的存在状态，流行的幻象被剥离之后，事物随时都会发生快速的变化。"〔p26〕混入是德塞托描述的日常颠覆过程中的主要部分，在这个过程中"秩序被艺术欺骗，因此暗示着风格的社会交换、技术发明和道德对抗，也就是一种'礼物'经济（慷慨的人期望得到回报）和美学'把戏'（艺术家的操作）以及道德坚守（无数的方式拒绝与法律、意义、宿命等既定秩序保持一致）作为被服务的对象进入社会制度之中"〔p26〕。

对于每一个被边缘化的混入行为，在对它们被压迫的符号进行转换时都存在着征用以及对主流权力的利用，以对这些混入的符号进行拉拢。斯雷登和维尔洛克认为："抵抗和民粹主义的行为——涂鸦就是一个例子——无一例外地通过商业化同化被审查和压制。"［p10］请允许我举一个个人的例子。1960年代晚期，当时的社会"当权派"规定人们应当穿着得体和斗争的服装，而年轻人则将这一规定看作社会打压的标志。那些叛逆的年轻人宁可穿着有破洞的衣服，也不会去买新的外套。当衣服上的破洞越来越大，或者随着年轻人身体发育，衣服变得不再合身，他们也只是用那些花里胡哨、完全不搭的衣服碎片对他们穿的衣服进行简单的缝补，通过这种方式向外界宣示他们不会购买新衣服，他们对履行所谓的商业责任完全不感兴趣。唉！这些混入的行为持续了足够长的时间，以至于有人发现这种风格可以进行市场开发，很快，新制造的小丑补丁风格的服装就在公寓下面的商店里出售了。这是鲍曼所描述的状况："那些曾经被边缘化的群体所采用的风格，现在被大多数人在他们生命的黄金时期和他们生活世界的中心地带所采用。如今，它们已经成为完全而真实的生活方式。"［p26］巴特勒对这种商业文化颠覆中"重复"所具有的吸纳和笼络功能进行了批判，她认为商业化的"重复"制造了大多数的文化"征用"现象，"通过重复所表现出来的颠覆性总是具有成为陈词滥调风格的风险，与之相比，更重要的是，在商业文化范畴中的'重复'所展现出来的'颠覆性'是有市场价值"［Gender, 21］。

赫伯迪格同样指出商业化作为一种"征用"的手段："随着亚文化开始摆出自己显著的市场化姿态，随着它的词汇（包括视觉的和口头的）变得越来越为人们所熟悉，它所能被最便利分配的参考语境也变得越来越明显。最终，它可以被整合，并通过市场回归正常。"［pp93-94］对于赫伯迪格所研究的亚文化群体，比如朋克和塔法里派教徒，这一点无疑是正确的，他们那雷人的装备和服饰很快就在时尚精品店里出售。赫伯迪格明确指出，混入与征用的循环是一种风格："新风格的创造和传播与生产、宣

传和包装的过程不可避免地会导致亚文化颠覆力量的消解。"［p95］

相似的过程也发生在音乐的混入上，最终，盖伦·盖泽尔－盖茨认为："在强大的消费文化中，具有威胁性的音乐表达形式有时通过商品化而被中和，在商品化过程中，反常规的符号变得有利可图，并且对主流文化造成相当程度的伤害。"［p254］克雷格·沃特金斯称嘻哈音乐也有一种混入与征用的循环："嘻哈音乐在早期历史中，通过保持与一种与主流文化相对立的气质和先锋性而聚集了大部分的吸引力……最终，嘻哈音乐并没有简单地加入主流，实际上，它重新定义了主流的意义和经验。"［p126］这无疑是权力和成功的标志，当然也表现出了一种文化征用的效果。当你能够在沃尔玛买到嘻哈音乐唱片时，就是以说明嘻哈音乐在当今社会文化中的混入程度。

如上所述，服装是混入和征用文化循环过程的一部分。巴纳德认为，牛仔裤已经被用作一种摆脱阶级差别、拒绝被剥夺权力的地位和标记被边缘化身份的方式［pp133－134］。"然而，几乎在它们成为反对阶级身份和地位的标志的同时，牛仔裤被系统征用并成为批评的对象。"［p135］我们可能会想到穷人无视董事会的期望，穿着旧的、磨损的、破洞的牛仔裤，而这些穷人无论如何也无法进入董事会——然后他们可能会在当地的购物中心以相当高的价格购买新的、磨损的、破洞的牛仔裤。巴纳德还指出，不系鞋带的运动鞋和沙基裤也有类似的循环周期［p140］。这些曾经是那些被监禁的人的命运，鞋带和腰带被没收，所以它们不能被用作武器。当然，年轻人、穷人、城市居民和非白人都会认为那些穿着没有腰带的裤子或者没有鞋带的鞋子的人更容易遭到不公正地监禁。松垮的、没有系鞋带的运动鞋在设计的过程中利用这些被压迫的符号并加以改造，开始了它们在街头的时尚生活，以此来作为对不公平地监禁非洲裔美国人、拉丁美洲人、年轻人和穷人的制度的公然蔑视。当然，现在这样的风格非常流行，在任何郊区的商场里都能找到超大的裤子或者被设计成没有鞋带的运动鞋。后面的例子让我们明白了凯尔维南的观点，即非洲裔美国人的文化经常被卷入风格的"混入－征用"循环。他提到了非常明显的主流非洲裔美国文化和当地的街头文化："这种文化运动的商业元素和其他元素相互促进，尤其是先锋文化元素提供了源源不断的新兴人才，而这些人才又被商业化吸收。"［p200］祖金谈到城市中带有种族标记产品的商品化："在临近的购物街上，种族既被宣扬，也被谩骂，它们同样可以成为团结或反抗的象征性的中心。"［p89］在这里，人们可能会想到大胆地展示主流符号的街道风格，或者在商店前的人行道上向游客出售（征用）去年的具有反叛性的风格。人们可能会想到那些被污蔑或赞美的购物街，因为那里是拉美人或亚洲人去购物的地方。

"坎普风"也经常卷入混入与征用的循环，它常常被理解为一种对抗压迫性体制的政治斗争工具。马蒂亚斯·维格纳这样描述《同性恋朋克爱好者杂志》(*Gay Punk Fanzines*)：

> 这些出版物提倡一种节日斗争：它们用风格来消解一种集权化的文化霸权，在这种风格形式中卷入了一种再辖域化过程，一种从主宰那里偷来的词，它有助于预先讽刺性地解决文化矛盾。一方面，风格产生一种差异的标志，一种发起者才能看到的符码；另一方面，它传达了某种拒绝的信号。［p238］

大卫·伯格曼认为"坎普风"只能在赋权的特权结构中才能发挥作用，然后就可以从这些结构中将那些消除权力的符号抽离出来，并将它们转化为同性恋社群的有利条件［Ross，p58］。"坎普风"对如此大范围符号的转化被解读为一种低级趣味，然而它却对这样的解释进行颂扬。正如安德鲁·罗斯将"坎普风"解释为一种低劣和粗俗的艺术："重要的是它们与主流文化保持一种长久的从属关系，因此它们被定义为'失败的品位'。"［p62］

混入与征用的过程有着悠久的历史，设想一下各种各样的种族诽谤被成功地抽离和转化，然后被融合进主流文化中——考虑一下在这样的过程中,"黑鬼"(nigger)这个术语具有挑衅污蔑的含义,它与"黑人"(nigga)这个词具有同源性和亲属关系,现在人们几乎在每一首嘻哈音乐中都可以发现这个词被融入。从"酷儿"这个术语同样也可以看到其经历了一个从侮辱转向各种颂扬的历程——当今,随着有学问的、受人尊敬的学者们发表学术论文,召开关于"酷儿"研究的学术会议,"酷儿"这个概念开始登上大雅之堂,变得体面起来。当然,风格贯穿整个循环过程,由于被抽离的符号构成了边缘群体风格的一部分,因此主流风格化的符号作为一种商品必然是其再度融合的符号。

其他风格循环也包含抽离和融合的过程。利兰评论说:"时尚使得思想和语言在罪恶的地下世界和地面社会之间来回穿梭,它将犯罪转化为审美。"[p224]这主要是通过不断地将主流符号转化为它自己的目的,然后将其意义征用并在商场里出售。马塞尔·达内西举了另外一个抽离的例子:"'朋克'文化利用带尖的狗项圈作为压迫的工具,这种尖头最初是朝内戴上去的,如果狗狗拒绝牵引就会感到疼痛。朋克将这种项圈由内而外翻过来,使项圈里面的尖头突出来,然后将其作为一种被抽离风格的装饰品戴在脖子上。"[p47]循环的另一面是费斯克在上文所描述的"融合或抑制的过程"[*Understanding*,p15]。很快,带有尖头的狗项圈就在百货商店年轻女士专区开始出售。

有些符号可能会拒绝融合,在不完整的抽离和融合的循环中来回摇摆。在某种程度上,"黑鬼"这个词就有这样的特征。它只能被抽离作为已经被转换的"黑人"这个词,原始的术语仍然是一种压迫的象征,仍然承载着如此多的破坏性意义,这种破坏性意义既不能被完全抽离也不能完全融合(如嘻哈音乐中的歌词)。莱斯·贝克、米歇尔·凯斯和约翰·索罗莫斯认为,涂鸦艺术在其具有颠覆性的创作之后,也不能被完全地融合:"所有的涂鸦都是叙述性的,因为它们试图讲述关于空间的不同故事。这些故事在最基本的意义上标志着公共领域未能将它们融合在一起。"[p98]

本章的最后一部分将进行深入的总结性探讨。对于很多人来说，风格是当今政治实施的领域，今天的政治话语越来越不是主要向目标受众传递言语信息，而是越来越多关于风格操演的问题。通过这种方式，我们说出我们是谁，我们适合什么角色或职位，我们与谁结盟或者反对谁。要理解候选人为什么会当选，法案为什么会通过，权力是如何被争夺的，我们将越来越需要把风格作为政治来审视。

彼得·凯莱特（Peter M. Kellett）和古道尔（H. L. Goodall）对当今政治中的话语状态进行了解释。

> 现代主义的传播观支持一种权力观，这种权力观来自现代哲学、商品资本主义和科学驱动技术中对社会和政治表现的统一感知。这种权力观赋予了"主权理性主体"以特权，人们将其视为一个自主的、去实体化的、个人主义的自我……但现代主义者对公开演讲、辩论、讨论和争论的标准也促进了精英主义的话语形式；只有社群中受过最良好的教育、受过最良好的辩论训练、最雄辩的成员……才有资格实践它。[p159]

在很长一段时间里，所谓审慎的公开演讲的民主本质一直是向学院兜售的商品。站立着面向观众，把手指插在马甲口袋里发表演讲（或者设计一个政治广告或者写一封有说服力的信）的能力，在一个特定的民主体制中，从来都不会成为赋予每个人的能力或机会。在民主的雅典，妇女和外国人不能讲话。丹尼尔·韦伯斯特（Daniel Webster）、约翰·卡尔霍恩（John Caldwell Calhoun）和亨利·克莱（Henry Klay）在这个论坛上辩论得很精彩，而非洲奴隶们则在这个论坛上保持沉默。那些言辞激烈、爱争论的学者们将这种话语奉为政治交流的缩影，这并不奇怪，但这是一种自私自利的行为。如今，人们对这种话语的兴趣和技巧比以往任何时候都要少得多。人们从事政治活动，但方式不同，他们通过风格来进行表达。正如马蒂亚斯·维格纳通过研究朋克得出的结论："它极端的风格化告诉我们，政治与审美和日常生活紧密相连。"［p241］而文化斗争的政治也同样在流行文化中进行，正如霍尔所说："对文化霸权的斗争……最近在流行文化中进行的和其他地方一样多。"［"What"，p287］

流行文化和风格行使政治权力的重要手段在于符号和图像具有意义层面的中心地位，因为对意义的控制就是对政治的控制。雷福德·吉恩斯和奥玛伊拉·克鲁兹谈到这一点："然而，最深刻的是，知识分子的转向开始迫使人们对流行文化进行算计，从中可以看出，创造意义的能力是如何被理解为一种重要的权力形式的斗争场所。"［p9］这种来自图像、意义和符号的政治权力也引起了霍尔的注意："只有通过我们表征和想象自我的方式，我们才会知道我们是怎样的人，我们是谁。"［"What"，p291］

鲍曼认为，如今具有政治影响力的不是传统政府及其交流模式，而是在我们的日常生活中树立起来的"生活策略"，其中当然也包括风格。鲍曼声称："道德态度形成（或不形成）的语境是当今的生活政治，而不是社会和制度结构。换句话说，在塑造后现代人类道德状况的元素中，最重要的是后现代的生活策略，而不是社会过程的官僚管理模式和协调行动。"［p33］维维安同样认为，当今的新政治学鼓励基于不断变化的地方模式以增加与他人的互动交流，而不是传统上的单一"宪法"模式，那些变化的地方性模式往往是基于风格的。

作为一个日常生活政治化和与风格化纠缠在一起的例子，莫特认为在英国风格成为政治所动的场所始于1980年代晚期，在英国"通过新的政治形式，风格领域成为旷日持久的政治斗争展开的场所"［p25］。通过图像呈现的风格可以是颠覆性的和抵抗性的，这是一种拒绝不平等的权力分配的方式。斯图亚特·埃文和伊丽莎白·埃文注意到："在一个以图像营销为基础的社会中，图像成为反抗的武器。"［p182］他们指出，生活方式是专门设计用来羞辱受人尊敬的权力的。服装就是这样的一种反抗形式，因为他们主张"今天没有时装：只有时尚。反抗的多元化已经转化为市场的多元化"［p186］。请注意其中的含义：正是时尚的政治功能导致了它的多元化。当然，作为一种要求一致性和整体性的方式，时尚也可能被强加到人们身上。因此"今天的时尚给人们提供了抵抗和顺从的武器，人们随时可以选一件穿在身上"[p187]。

在风格与政治结合的例子中，商业化现象被反复提到。当然，商业化是风格的关键，尼克松同样观察到通过风格进行斗争的政治影响。

> 商业生产的产品和服务能够通过它们塑造主体身份、社会习惯和规范的能力干预和塑造特定的生活文化。从这个意义上讲，商业企业——无论是广告公司还是零售商——都被认为是宣传文化项目或使命的载体，就像社会改革家和政策制定者追求的目标一样，它们对特定人群的雄心壮志也具有变革性。[pp35-36]

那些承认流行文化的政治力量，尤其是承认风格的核心特征的人会同意利兰的观点："今天流行文化的融合，从另外一种意义上而言，预示着未来的经济和政治变革。"[p79]通过几个流行文化的政治有效性的例子，我们可以检验风格在其中发挥的效用。杰克·巴布肖认为"坎普风""可以是颠覆性的，它可以用来说明那些压迫我们所有人的文化的模棱两可和矛盾性"[p28]。有一点需要注意的是，多蒂认为"酷儿"通过文化传播会导致普遍的自由主义后果，因为"当文化文本鼓励异性恋受众表达比日产生活中更少审查的酷儿欲望和快乐时，这种'退化'必然会对性别和性取向产生不稳定的影响"[p4]。

正如前文论述过的，沃特金斯声称嘻哈音乐受到政治的极大影响，与风格大量纠缠在一起："嘻哈音乐和政治的交叉融合促使年轻一代人相信，他们不仅有权利而且有义务改变世界。"[p164]这一政治行动在风格上得到了明显的体现，就像年轻的政治活动家们所表达的那样，"他们是采用嘻哈的风格、方言和文字向城市和州政府的官员发表演说的"[p182]。沃特金斯举了底特律市长夸梅·基尔帕特里克（Kwame Kolpatrick）的例子，他"被吹捧为美国的嘻哈市长"，人们可能会由此想到罗素·西蒙斯

（Russell Simmons）在 2004 年实施的激进主义和摇滚选举运动。沃特金斯也认识到一些嘻哈文化对政治的负面影响，因为"在企业嘻哈文化中厌恶女性的倾向变得如此普遍，以至于看起来是再正常不过的一件事"［p211］。

戈德伯格认为，体育爱好者的热情当然与服装、装饰、语言和娱乐等方面的风格有关，对许多人来说，已经取代了传统的爱国主义："今天，支持一个人的球队已经取代了过去支持一个人的国家，这无法用对与错来衡量。"［p34］贝克、凯斯和索罗莫斯认为涂鸦和其他对空间的跨界处理可以是一种提出政治要求的形式："城市空间被征用，作为'表征空间'的替代，这在很大程度上属于平民主义的一部分，就像涂鸦艺术本身就是一种美学。"［p75］

许多人熟悉的另外一种通过风格进行的政治斗争与化妆品、服装和装饰品的政治含义有关，尤其是对于女性来说。雷萨·洛克福德认为：

> 难以捉摸的理想形象……需要在化妆品、装饰品上花费巨资，在极端情况下还需要进行手术，同时还需要进行严格的锻炼和节食。另外……一个女人可以通过拒绝表现传统的女性气质来提高自己反抗主流文化暴政的意识。这正是许多女权主义者所做的，比如，她们选择不化妆，不穿女性化的衣服，不穿高跟鞋，拒绝其他传统的女性化行为。［p7］

女性问题也通过其他方面的风格在政治上得到解决。洛克福德指出："对不协调身材的话语常常伴随着想当然的假设：身体是不守规矩的，仅仅依靠我们自己无法控制它，因此需要管教它。"［p30］女性的表征通常就是一个政治领域，尤其是这样的表征呈现并鼓励某种风格。洛克福德认为："性别意识形态是由商业上产生的女性形象来定义和延续的。"［p31］这一女性形象出现在产品广告中并形成风格，因此，什么样的风格会对女性产生什么样的影响将是争论的焦点。

另外，传统政治形式正越来越多地向流行文化方向发展，更多地变成了一种风格，而不是传统的商议模式，就像总统候选人在竞选期间在晚间喜剧小品秀和深夜脱口秀中那样循规蹈矩地表演。或者像波德里亚所声称的其他形式的政治一样，"我们知道，现在的民意测验和公民投票是一种完美的仿真：答案是由这个问题引出来的，它是预先设计好的。公民投票始终是一种最后的结论：这个问题的单方面特质不再是一种真正的质询了"［Simulations，p117］。政治公投——我们也可以说是选举，正日益成为一种娱乐形式，其程度不亚于政治审议。波德里亚提出另外一种政治现象，民意调查："当政治领域进入媒体和民意调查的游戏，它也就完全失去了其独特性，也就是说进入了问/答唱双簧的表演。"　［Simulations，p124］因为与流行文化的融合，传统政治失去了其独特性。在我写这篇文章的时候，电视上的晚间新闻节目充满了电话"调查"，在这些"调查"中，人们可以对来电者已经给出的一个或另一个观点"投票"，对许多人来说，投票就是这样的。这让人们陷入了波德里亚反复描述的境地："任何人发表意见都不再必要，重要的是所有这些都是公共意见的再生产。"［Simulations，p126］波德里亚声称："权力在某个时间段之内除了生产出具有相似性的符号之外，没有其他任何东西，同时，出于对权力符号的集体需求，另外一种权力角色开始发挥作用。"如果波德里亚所说的是正确的，那么我们应该注意到，他对政治的描述与风格多么相似，都是将其还原为符号［Simulations，p45］。

　　波德里亚无论何时写作都会采取较为极端的立场，但其他人也注意到了传统政治向流行文化和风格的转变。西布鲁克指出："总统政治……其工作与其说是领导，不如说是娱乐和消遣。"［pp5-6］当然，这是通过风格来实现的。祖金提到了城市政治，并认为对图像的控制是这种斗争的主要目标："要问这是'谁的城市？'这不仅是一种职业政治，它也询问谁有权利居住在城市具有统治性的图像中。"［p81］之所以围绕图像展开斗争，是因为图像表达了权利和规则，正如祖金所说的："物质文化和政治经济的视觉产物强化了人们对社会结构的评价，通过使社会规则清晰可辨，它们对城市进行了再现。"［p81］即使有人认为图像之外存在着重要的权力，图像作为权力的表征，依然是一种重要的政治斗争的场所。祖金谈到气势雄伟的建筑风格："因此文化意义的符号和表征暗示着真正的经济权力。"［p82］

维维安认为："如果不考察政治产生和传播的交流或象征模式，就无法理解特定政治风格的形式和功能。"［p233］对于风格政治的理解也是如此，我们现在需要一种方法来理解风格如何在修辞上作为政治的基础发挥作用，需要一种理论来解释风格是如何对人进行说服的，需要一种方法来指导如何对风格文本进行批判性分析。这是下一章的任务：对修辞理论进行系统化分析，提出一种"交流或象征模式"的方案，通过这种方案当今的风格能够巩固我们彼此之间的劝服关系。

第四章 21世纪的风格修辞学

> 演讲的风格不能与生活风格混为一谈，前者仅仅是后者的修饰语。
> ——昆汀·克里斯普：《如何过一种有风格的生活》

风格是日常生活、身份认同、社会组织以及21世纪政治的中心。上一章考察了风格的重要组成部分以及彼此之间的关系，如审美、商品化、系统性、语言、图像等，本章打算对风格修辞学做进一步的阐释。

所谓修辞，人们通常指的是三个非排他性观点中的一个或多个。第一，修辞学可以是实践的手册或指南，人们可以参考这样的修辞来寻找如何参与有说服力或有影响力的实践活动。书店的书架上到处都是这样的修辞学读本，向公众建议如何演讲、建构商业陈述等，修辞实践的目的是提升表现力。第二，修辞学是一种探讨说服如何有效的理论，一种对影响在特定情况下如何起作用的系统性陈述。显然，修辞学理论与修辞学实践的指导是密切联系在一起的，原则上，即使理论没有为法则的实施提供切实可行的建议，理论也总是能够适应实践。修辞学理论的目的是提高对修辞学在世界范围内如何运作的系统性认识。第三，修辞学可以是一种批判的分析方法，系统地解释了批评的方法和技巧，使得读者能够以新的方式看到修辞的运作。修辞批评方法的目的是提高对特定修辞事件或者更重要的修辞事件类型的专注理解和鉴别能力。当然，一种观察修辞学如何运作的方法很容易变成一种理论或实践手册或批评指南，所以对于这三者的理解并不是独立的。

本章将要对第二种和第三种修辞方式进行探讨，试图解释风格修辞学的主要构成元素以及这些元素是如何产生影响的。并且，也要解释如何在大众媒体和日常生活中发现这种影响机制。大多数修辞学警告读者不要以一种过于线性的方式使用它们，这也不例外，写作的结构要求不能拿来作为思考和分析风格修辞真实案例的逻辑顺序，必须从一点开始，接下来再从另外一点开始。理解和批评任何一种修辞的过程都和这种修辞运作的过程一样复杂，因此修辞学应当对这种复杂性保持敏感，修辞学理论的读者应当避免假设认为写作的线性意味着过程的线性。这里所涵盖的理论要素常常重复，先前假定存在的观点常常影响后来的观点，反之亦然。我还想说，这种风格修辞学并不意味着否认其他修辞学的有效性。风格修辞在我们这个世界上越来越重要。但是如果有人认为某种修辞实践没有包含在这种修辞学之内，其修辞实践似乎更好地由其他修辞学（如亚里士多德、伯克的修辞学）指导，那么这样的人应该使用另外一种修辞学来用于实践、理解和批评。

任何一种风格修辞都有五个组成元素：文本首要性、想象社群、市场语境、审美原理以及体裁同源性。每个元素都有一个子结构与其他元素保持清晰的关联。让我们先进入对第一个构成元素的讨论。

文本首要性

在其他的一些论述中，我对文本是这样定义的："文本是一组相互关联的符号，在此程度上，它们的意义具有相同的效果和功能。"［Rhetoric，34］文本或许应当被理解为风格修辞即流行文化修辞主要的组成元素。我们生活在一个文本、符号和图像组成的世界，身体上的接近已逐渐失去重要性，作为我与他人联系的媒介，文本成为互动交流的基础。文本越来越成为公共领域的关注焦点，以至于约翰·哈特利认为："公共生活已经普

遍地被文本化。"［*Politics*，p2］

我们越来越多地通过网络、电视等媒介来进行社交、购物、获取信息以及参与社会活动，即使在公共场所中与陌生人的偶遇也离不开这些电子媒介所传播的信息。在文本中，年轻人在不疯狂互发短信的情况下，通过Myspace和Facebook结交朋友进行交流。年轻人建造虚拟的冰屋邀请他们的在线网友到www.clubpenguin.com网站上游玩，进行社交活动。上了年纪的人会玩扑克，讨论摩托车，玩南北战争游戏，在众多网站上阅读帖子。在大多数情况下，连接我们彼此的最主要甚至唯一的媒介就是文本。

在传统的修辞学中，文本对已经存在的真实环境做出回应。在不否认其真实或其结构的前提下，我认为对今天的大多数人来说，许多预先存在的真实环境实际上是以预先存在的文本形式存在的。这是因为，对某些紧急事件或状态的修辞，尤其是公共修辞，越来越多地呈现在文本中而不是直接的体验中。大多数人生产文本不是为了应对自家后院（例如美国、欧洲、日本等，当然，这也许会发生变化）的一场真正的战争。但是针对由文本所引发的战争的反应，特别是由政治人物或政治候选人生产的广泛传播的媒介化文本，通常并不能产生真实而直接的体验，而且这种体验与战争本身、政治人物或政治候选人也没什么关联。

文本是身份和社会关系建构的主要场所，在一个由不稳定社群和身份构成的行为世界中，人们通过创造文本来表明他们是谁，并向他人发出召唤。身份与社会忠诚融于文本，这并不是说它们仅仅变成文本，但是所有真正的东西如阶层、种族、性别、性取向等，都与文本相关联。文本成为一个入口，通过它我们可以进入生活的真实维度。通过分享文本，比如电影、电视和互联网，人们找到了共同点。正如我将要展示的，文本是想象社群的根基。

文本既复杂又多义，既离散又弥漫。它们是节点状的：一个人此时此地所经历的是一个文本，但它很可能是延伸到时间和空间中的更大文本的一部分。文本往往从自身发展出节点，然后扩展成更大、更复杂且相互关联的文本。我们呈现给他人的文本，很可能会在时间和空间上延伸，成为更大的社会和政治文本的一部分，而个人并不会出现在其中。因此，批评家对文本的称呼总是出于战略考虑而不是物质上的考虑。对于风格修辞尤其如此，风格修辞是分散在日常生活和媒体中的一系列连续的节点展示和阅读，并与他人和群体创造的文本的其他节点相联系。

如果文本是首要的，那么价值观、动机、关系、身份、社群和意图都可以从文本中读出。在文本性文化中，这在很大程度上是正确的，但这就是我们所拥有的文化。文本促进了人们不同意义、价值观、动机、关系、身份、社群和意图的创造，但不是简单的或单维的。批评家阅读文本提出的意义、价值观、动机，和类似的对文本的解读，这是相当重要的——运用这种方法保持文本的"真诚"，显示特定的对文本的阅读不是特异的或想象的，而是基于符号的冗余、多样性和融合，其中文本可以显示出能够促进阅读。换句话说，如果一个评论家认为某种特定的风格是保守的，那么它就必须在风格上表现出非常多的具有"保守"含义的符号，这种符号越多越能表明其风格特征，这样评论家的读者对风格的阅读就会喜闻乐见。评论家并不认为这样的阅读会使文本穷尽，尤其是文本的节点状特质延伸到经验领域时。当文本的链条向外扩展时，文本阅读的有效性就越高。

风格修辞学首先是文本性的，因为风格就是我们背在背上的像壳一样的文本。风格被明确地设计成供人阅读和注意的文本。人生活在世界之中，应当学会关注他人的风格，这样他也就懂得去关注文本。一个基于图像、漂浮的符号的世界必定也是首要的以文本为基础的世界。当然，一个仿真的世界是文本性的，因为缺乏直接的指涉性和文本性的闭环是仿真的关键。行为修辞的世界是文本性的，所实施的行为是关键的，具有创造行为者身份的关键。

在风格修辞中，另外一种获得文本首要地位的方法是着眼于注意力和努力程度。今天，无论是在家里还是在公共场合，人们都很注意自己的着装风格。风格是有意识地精心设计出来的——它不是偶然为之的。日常生活的审美化是对风格的迷恋，因而也表现在个人外表、家居装饰等文本中。同样，人们也会注意他人的风格，从这些风格中解读出那些与社会阶层、性别等相关的社会有用信息。如果说风格是当今人们关注的焦点，那么它也是文本关注的焦点，因为人们关注的是可以在公共场合阅读的符号。

想象社群

在传统修辞中，受众是物质的和真实的。这是一个特殊的群体，可能聚集在当地，也可能分散在各地。修辞学家可能对传统的受众并不了解，但它是在修辞学文本出现之前就已经存在的，而且有些特征是人们预先知道的，否则传统修辞学很难继续下去。

但是在当今流行文化的修辞学中，尤其是在风格修辞学中，受众并不是那么重要的先决条件。的确，很多时候，受众是修辞的结果，是文本呈现的结果，受众可能是成功的符号，在新技术环境下尤其如此，如哈特利所观察到的："一种技术在被公众召唤出来之前，是不可能让公众行动起来的。而围绕一种新的交流技术建立一个读者社群尤其需要时间。"["Frequencies"，p9] 如果某人打算建立一个网站，众人不可能一直在电脑屏幕前等着，然后自言自语："噢，格特鲁德打算什么时候建那个网站。"很显然，当格特鲁德建了网站之后才有受众，这个网站的点击率或访问量就成为衡量这个网站成功与否的标准。在这种意义上，风格修辞同样创造了属于它们自己的受众，人们注意并且把意义归因于风格的展示。风格的展示就像一块磁铁在世界各地移动，吸引着与风格产生情感共鸣的人，吸引着那些认为自己的风格与展示的风格相一致的人。

只有在与想象社群的联系中，我们才能看到风格修辞的政治维度。约翰·费斯克认为："政治的文化形式在于它的社会动员，而不是它的形式品质。"［Understanding，p165］或许换一种说法，政治就是政治运作所表现出来的内容和形式。在一个想象的社群中，风格修辞是如何在社会动员中同时影响政治和个人的？

在风格修辞中，文本与想象社群联系在一起。我理解的想象社群有两种含义。与文本相联系的社群（作为受众、作为参考点、作为文本的生产者等）几乎总是通过文本显现出来，从这个意义上说，社群必须是图像的或想象的。即使是物质上有血有肉的受众，通常也必须是想象的，通过符号和图像来编码，才能成为修辞的一部分。在法庭上，双方当事人必须有代表：原告和被告、陈述与指控。即使一个人自己做律师，一个人代表自己。在某种意义上，人们与其他人的互动是一样的，尤其是在风格修辞上。在某种程度上这是因为，正如前面提到的，我们的世界已经文本化了。我们通过使用其表征和符号参与与受众、社群和群体的交流互动。如果总统在电视上辱骂阿富汗人，对大多数美国人来说，阿富汗人是被想象的。这并不是说他们不存在，而是他们必须以符号和图像代替其物质化的存在——我们必须想象他们以便他们成为修辞的一部分。大多数人很少见到真正的阿富汗人。哈特利说："公众被证明是一种虚构，而在这方面，会说话的图像是唯一的真实。"［Politics，p33］但是总统也是被想象的，因为大多数人只能看到他的图像，他的助手和幕僚可能会很努力地工作，在文本中把他呈现为一种很独特的图像。然而，即使我们遇到一个有血有肉的、真实的总统，我们依然不过是遇到了一个真实的复杂表征，就像我们面对自己的复杂性一样。

哈特利注意到了当今散布在公民中的民主的想象和表征特质："民主是通过公开传播的表征来实施的，即使没有公众（没有人民）在一个地方集会来组织和管理自己。抽象和表征政治的过程已经走得太远，公众本身现在以公共舆论的形式作为一种表征而流通，这是一种工业化生产的公民权的虚构化。"［Politics，p36］需要注意的是，对于哈特利来说，民主的想象本质源于公民作为表征的文本化本质。

与"想象"的第一种含义相互关联的另外一种含义是,创建文本或文本节点的人也是想象的。想象的第一种含义在风格修辞中是清晰可见的,我们通过想象自己是谁,他人是什么样的,以及通过风格我们想与之交谈的人是谁,我们建构了符号和想象的框架,将我们自己作为一种表征呈现给他人,正如我们对他们的想象一样。作为受众成员,我们被要求依据主体的位置对他人的形象进行设想。风格是一种媒介,在这种媒介中,想象的社会性过程得以发生,这样我们就可以对想象社群进行建构、召唤和回应。

想象的第二种含义是修辞需要受众、公众和社群的参与。维维安认为所有的方面都参与了话语的建构:"在后现代主义知识框架中,自我与其说是在社会和政治关系的影响之前存在的一个自主的行为人,不如说是在社会和政治关系的相互作用中形成的某种代理能力的体现。"[p234]例如,那些有着根深蒂固、保守的宗教和政治信仰的人,并不都在某个地方等着有人过来对他们发表演说。确实有这样的人,但他们大多是分散的,分散在胶状的社会结构中,由此形成了人口结构、意识形态等方面的大规模扩散。即使弥散在社会结构中,这些群体也认为他们自身只是作为文本存在,而不是传统意义上的社群。哈特利的观察是正确的:"现在已经不能确定什么是公众,或者到哪里去寻找公众。"["Frequencies",p9]大选开始的时候,总统必须终止所有的演讲、采访和新闻发布会,之后总统会设想,在他的政党选举中,什么样的人会成他的拥护者,通过什么样的措施会促使这些人做出实际行动,那些在社会结构中被镜头捕捉到的人组成了一个文本,他们就是支持总统及其政党的公众。对于移民改革、强制管控或人们可能想到的问题的诉求,也可以这样说:尽管个人的身体是物质的,然而今天的受众、公众和社群很大程度上是通过想象和符号化呈现出来的,他们具有和受众、公众和社群内在一致性的想象性和符号化。

迪克·赫伯迪格通过这种方式对亚文化的兴起进行了想象,并以此作为一种修辞上的回应:"每一种亚文化都代表着一个独特的'时刻'——

对特定环境的特定反应。"[p84] 大卫·戈德伯格举了一个通过广播文本召唤听众的例子："体育广播塑造了受众的存在感，使得受众的潜意识被物质欲望填充，而受众自身的主体意识却逐渐被剥离。它塑造的主体是追求视觉刺激、即时满足的寻求者，新时尚新包装商品的消费者。"[p38] 需要注意的是体育广播文本在创造和"填充"这样的受众方面所具有的影响力和范围。

前面提到的主体位置的概念，是一种理解个体和社群在与文本的关系中如何被建构的方法。詹姆斯·唐纳德（James Donald）强调了在想象中占据一个位置的政治含义："公民总是成为一个主体……在象征中占据一个位置，因为占据一个必要的空位置使主体有可能将需求明确地表述为渴望，这样总是会带来一种失落感。主体由此产生一种缺失感，从而激发治愈现代文化创伤的冲动。"[p179] 如果公民正在形成，那么它就是被建构的。西蒙·福瑞斯认为想象的形式限制但也解放了个人身份的建构："但如果身份总是以某种方式受到想象形式的约束，那么它也被想象形式解放了：个人的就是文化的。"[p122] 它是我们的想象形式，但也改变了我们的存在，同时有被解放的潜力。

将一个想象社群召唤为现实存在并不需要意图的暗示，也不需要暗示一个明确的起点。一个想象社群围绕着一个文本而存在。文本正在成为首要的东西，这样做的时候没有任何人有意地让它发生。这种内在性可能不会在记忆中发生，甚至也不会立刻同时发生。人们可能会想到想象社群的成员，他们紧密围绕在"备受崇拜的经典"电影、音乐团体或电视节目周围。个体可能会做一些特殊的事情来使这样的社群长存，但他们最初的出发点可能不是有意的，也不需要清楚这样的事情何时发生。当文本是节点状的时候尤其如此，它们在时间上和空间上相互链接，而不是分散发生。人们可能会想到《洛基恐怖秀》或《谋杀绿脚趾》的经典地位，每一部电影都有其粉丝社群用独特的仪式来崇拜经典。但是这些社群成员并没有约定在某个特定的时刻一起来举行这些仪式，只要人们持续不断地做这些事情（在一些重要的节日）就能够使社群成员紧密凝聚在文本四周。朱迪斯·巴特勒指出，围绕文本或本性实践而存在的想象社群也能够解决"对话结构"缺失这样的难题："而且，当达成一致的身份或商定的对话结构通过已经建立的身份进行交流，不再构成政治的主体和议题，那么身份就可以形成并且与具体的实践相融合构成身份的主要内容。"〔*Gender*, pp21-22〕

今天，许多社群都是围绕着风格文本而团结在一起的，社群围绕着风格操演或文本呈现而形成。热情洋溢的社群通过风格文本的宣传奠定基础使得社群能够长存。这些社群可能是实践这些风格的人一种预先的想象，也可能不是，但是通过风格的实践，社群被想象为某种存在。有时，不同的风格操演和想象社群已经凝聚在一起很长时间，很难追溯到底什么是先出现的。因此以想象社群为核心的文本演变模式可能是最恰当的，正是风格与个人和社会身份之间的联系使得风格修辞对于想象社群如此具有凝聚力。

想象社群非常强大，引人入胜的在线模拟游戏《第二人生》《芝加哥熊队球迷》和《圣公会教徒》只是几个对成员拥有巨大权力的想象社群的例子。社群是由文本，尤其是风格修辞文本凝聚而成的，而以想象社群的名义所创造的文本具有很强的凝聚力。它们对展示这样或那样的风格具有很强的凝聚力，这就是为什么被污名化的人会表现出危险的风格，因为想象自己是社群的一部分就意味着承认并感觉到社群的象征性需求，而不考虑代价和成本。这对每个人都是真实的，不仅仅是对被污名化的人，因为如果被污名化的人被要求展示一种可能给他们带来麻烦的风格，同样真实的是，没有被污名化的人就会被强烈地要求展示与他们想象社群相一致的霸权符号。这种权力暗示着想象社群具有控制权和独断性，对社群成员的主体和身份塑造构成了限定性——很大程度上，这样的社群不能被理解为真实的存在，包括卷入其中的社群成员，也是一种想象性的存在。

想象社群也可以是（尽管他们不需要）非常民主的，这一点在互联网上出现和消失的社群中表现得最为明显。这些社群完全是围绕着在线文本聚集在一起的，完全是散漫的，由参与者的想象力凝聚在一起。约翰·利兰指出："网络……是一个不需要阿尔法的操作系统，它击败了权威，它的共识是微观的——在亚群体内部而不是在它们之间。"［p337］哈特利认为，今天的大众媒体通常是公众产生的场所："电视、通俗报纸、杂志和摄影，当今的大众媒体是公共领域，是公众产生的手段和空间。"［*Politics*，p1］如果这是真实的，我们应该期望从这些媒体不断演化的特质和高频率的节目中瞬间能够创造出想象社群。一个高度且变化明显的、可想象的社群从根本上不太可能成为根深蒂固的教条和控制的基础。

市场语境

如今，修辞主要发生在市场语境中，而风格修辞正是帮助我们理解这一点的理性工具。卡特瓦那观察到："我们生活在一个企业融合的时代，尤其是媒体和娱乐领域重新定义了公共空间。随着公共空间的大幅扩张，观看的公众不断受到视觉图像的狂轰滥炸，这些图像已经成为整个一代人身份的核心。"［p9］需要注意的是，公共空间和公众通常被认为是修辞的元素，然而凯特瓦那却将它们置于市场当中，市场语境尤其有助于我们理解风格修辞。当今，重要的修辞符号包括文字，但已经远远超出文字范畴，还包括其他的符号系统，例如商品。在全球经济体系中，商品对于人们有着重要的意义，很大程度上是因为这些商品也是日用品，需要进入市场体系。如果这些商品的意义最初不是来源于市场，那么这些意义仍然会与商品融合后进入市场，也就是说，是市场容纳了它们。

商业上的修辞越来越成为政治、社会互动和宗教的修辞。西恩·尼克松认为："在过去的50年左右的时间里，广告和更广泛的商业领域在经济和文化生活中获得了新的中心的和突出的地位。在某种程度上，商业领域的发展已经成为近来社会和文化大规模变化的中心地带。"［p3］波德里亚将这种融合看作一种长期的发展："在整个的19世纪和20世纪，政治和经济实践越来越多地融合到同一类型的话语中。宣传和广告融合在相同的对象和意识形态的营销和商品买卖中。"［Simulations，p125］费瑟斯通认为购物者是观众，后者通常是一个修辞术语："人们在消费的过程中，很少是基于纯粹的理性计算，从而使购买商品获得最大化效用，消费主要是一种休闲时间行为，在这个过程中人们会成为观众。"［p103］请注意他提到了市场的愉悦和娱乐价值，哈特利同样注意到了物质的坍塌与混合，例如公众、消费者和受众，他们通常具有差异性："人们被同时定位于公众、受众、公民和消费者，媒体民主也扩张进了那些原本被认为属于私人和商业娱乐领域的空间。"［"Frequency"，p9］他认为政治"扩张"到了商业领域，但是也可以认为是进入了商业化的语境当中。丽莎·劳和大卫·劳伊德同样认为当今"政治、经济和文化形成了不可分割的矢量"［p130］。斯垂顿则看到整个文化领域正在变得商业化："思想和观念领域现在已经被商业化，并融入了一个由消费驱动的一体化的资本主义体系。"［p15］值得注意的是，斯垂顿对"思想和观念"的引用唤起了想象，并要求我们对在市场环境中繁荣的想象社群进行思考。

今天，市场语境是意义的冻结板块，修辞在它上面跳舞，它基本上不受改变它的修辞手段的影响。将消费者和公民混为一谈的一个重要原因是权力从国家转向了企业，正如保罗·坎特所指出的那样："面对全球经济力量，单个民族国家越来越被迫允许市场支配它们的政策，而不是对市场发号施令。"［p197］威廉姆·吉布森（Williamn Gibson）的小说描述了不久的将来存在一个这样的世界，在这个世界中国家实际上是全球公司的一个分支机构。

资本主义晚期时代，市场语境封锁了其权力基础，从修辞立场对市场的抨击和批评会变成令人愉悦的商品、衬衫上的标语、动作冒险电影以及娱乐节目，或者人们可以购买那些能给人带来强烈兴奋感的东西，以前，这些符号被用来打破社会禁忌或规则的束缚。这或许是令人绝望的原因，但是晚期资本主义已经设想好如何将自己的基础面貌隐藏而不被挖掘出来，这就是它的方式。

当今的修辞尤其是政治修辞主要是在市场语境中运作的，或者，正如哈特利所观察到的："公民社会现在已经被各种各样的商业连锁店所取代。"["Frequency"，p9]他暗示的是总统乔治·布什在"9·11"事件发表讲话，告诫公民，消费是一种责任的体现。但市场语境不一定完全是保守的。包括"利益受到侵害的消费者""对市场提出抗议的消费者"等，瑞泽尔认为"消费者作为公民"这样的结论实际上表达了一种社会共识，它是在市场条件下针对政治而采取的一种激进主义立场，例如购买绿色产品等（pp65-66）。同样，斯图亚特·埃文指的"新的消费者民主，是被大规模生产和时尚商品营销所推动的……建立在精英的象征和特权可以大范围使用的基础之上"[p32]。这意味着，以前的精英商品民主化的风格是进步的。

德塞托提醒我们，市场语境可以给人们提供一种方法，这种方法可以侵入日常生活帮助人们创造微小的胜利和成功，所以在市场语境下的风格修辞研究应该考虑这种对生活的侵入："这些重新分配产品系统的方法，由消费者创造的方法，其目标是治疗日益恶化的社会关系，并利用再就业技术，我们可以从中认识到日常实践的程序。"[p24]这些技术包括我们先前提到的在市场语境中展开的混入与征用的循环。在风格的建构中，一种对权力利益的拒绝在日常商品的生产和使用中被展示出来。

如果一个人或一个社群参与晚期资本主义的全球市场网络中，那么市场就是一个高级的修辞语境。市场是一种在全球层面传播其符号系统和意义的机制。因为这样的原因，一个利用市场的修辞体系是相对国际化的，而且比其他修辞体系更有可能被广泛地理解。这样一种系统就是风格修辞，非洲总统穿着西装——美国的时尚人士穿着新款的中山装——莫斯科的年轻人穿着来自其他国家的足球球衣或橄榄球球衣——所有这些人说的市场化的风格修辞语言使全世界的人在一定程度上能够理解。可以肯定的是，当地文化的差异会对这些意义造成曲解，但并不会太严重，不至于造成核心共享意义的缺失。

皮埃尔·布迪厄认为，风格的全球化系统也是修辞的全球化系统，在全球范围内，文化体系正在与市场融合："文化生产世界相对于市场的自主性，曾经通过作家、艺术家和科学家的斗争和牺牲获得稳步增长，如今正日益受到威胁。"［p37］他认为，音乐、电影和电视遍布全球，文化和商业也随之融合，"文化大规模生产"成为全球化的缩影［p77］。坎特同意布迪厄的观点："美国全球化首要的就是采取文化全球化的形式。"［p25］当然，这一切都需要通过市场才能实施。

风格修辞对于那些同样参与全球风格市场及其符号系统的批评家来说是可以理解的，就像我们所有人一样。批评家应当多多学习有关流行文化的知识。这样他或她就可以从市场中——也就是说，从电影、流行音乐、体育赛事等中——了解时尚元素的含义以及他们如何称呼想象社群。我们可以将市场看作销售文本，在风格修辞中被纳入个体的主体性并且与想象社群产生关系。很大程度上，个体的再现作为一种风格修辞，不过是普通存在的市场宣传中的一个具有娱乐性的节点文本，在一个特定的想象社群中，个体将这种符号文本征用，并将其应用于政治目的，在某种程度上，这样的混入是成功的，很快它就会与市场重新融合。

审美基本原理

任何修辞学都必须回答这样一个问题，即人们在文本中遇到什么内容驱使他们做出行动。修辞学解释了文本的内容是如何与人类的思维、动机相联系的，从而对人们产生影响。根据唐纳德·布莱恩特（Donald C. Bryant）对修辞的定义，这种解释可以称为修辞学的基本原理，他认为修辞就是关于"有用信息性和劝服性话语的基本原理"［p14］。修辞学在过去曾经被定义为对人的能力和心理的诉求（乔治·坎贝尔）、对人的理性、情感和个人魅力的诉求（亚里士多德）、对某种动机的诉求（肯尼斯·伯克），当然，这样的定义还有很多。每一个关于修辞的定义中，修辞学都为文本如何产生效果提供了独特的基本原理。

风格修辞学在审美的世界中居于主导地位，因此审美基本原理是这种修辞学对效果的主要解释。一个人基于什么理由做出决定或实施行为因年龄而异，在当今时代，对什么是好的理由的评判通常是从审美角度出发的。这种基本原理不需要排除对理性、动机等的诉求，但它认为，这种诉求的成功，与其说是出于其审美价值，不如说是出于对逻辑学、心理学或其他基本原理的坚持。理由、动机等在审美主导的文化中被激活，就像我们的文化一样。通过对文本概念和想象社群创造力的回顾，维维安从文本的审美维度包括文本的风格修辞角度探讨了群体身份的形成：

> 群体身份根据符号、仪式或审美现象聚合而凝聚或分散的方式……构成了后现代的风格修辞……一种特定风格的传播表现在它所建立或破坏的物质关系或公共情感纽带上。[p238]

维维安同时指出，这些物质关系很大程度上是行为文本的美学，也就是风格修辞。

一种审美基本原理的有效性，首先体现为审美表现形式和审美判断标准。正如尼尔·波兹曼（Neil Postman）所描述的，这样一种基本原理是与传统修辞的解释性话语相对的。维维安明确指出，这是一种风格修辞的现象："在这种情况下，修辞包含的不仅仅是透明的或自主的交流，它是一种审美的（而不是概念上的）修辞，它是一种情感上的（而不是理性的）沟通、一种集体主义的（而不是个人的）表达。"[p237] 这并不意味着"美丽总是获胜"，尽管在某些情况下确实如此。罗伯特·哈里曼通过研究政治风格指出："这里更大的问题是……现代社会是如何变得对审美操纵毫无防备的呢？"[p10] 然而，哈里曼相信通过教育和意识我们最终可以克服这种无助感。如果美丽总是获胜，如果那不是一种冗余的话，那么我们需要学会如何操纵美丽或者美丽的外表。美学原理不是用来理解什么是"真"的问题，尽管有些人非要如此理解。那么这个人就是在极力使"真"看起来更风格化，这不是一个更好或更坏的问题。我认为，相比于建议让"真相"看上去更有理性（无论是或者不是），莱斯·贝克、米歇尔·凯斯和约翰·索罗莫斯指出涂鸦的政治权力作为一种审美形式，或许被看作美丽的或者不是美丽的，但可以确定的是，它是有自己基本原理的一种形式，因为"涂鸦写作激发了一种交流的技术，既不完全是以理性为中心的，也不仅仅是象征性的，而是创建了一个沟通的管理体系，从而重塑了公共领域"［p75］。审美的基本原理可能要求一种阴沉、丑陋、暴力或者腐朽的文本美学，这取决于所创建的效果。习惯于风格修辞的人善于根据自己和他人所创造的审美印象进行判断。

审美基本原理符合当今的市场语境。波斯特莱尔谈到一种设计意识形态，但是她可能是在修辞学的范畴内谈论意识形态的："如果说现代主义的设计意识形态意味着真实、效率和理性，那么当今多元化的审美则造就了一种完全不同的风格品位：自由、美丽和愉快。"［p9］我们应该注意到，设计美学通常是以销售为目的，所以审美基本原理是与风格修辞的市场语境相匹配的。彼得·凯莱特和哈罗德·古道尔也对市场语境的转向及其解释性话语之间的关系进行了阐述："没有正当的论争作为公民话语的基础，我们就从现代意义上的'公民'变成了后现代意义上的'消费者'。"［p161］当我们很少基于论争做决定时，剩下的吸引力基础——审美、风格、情感等——就会趋向成为市场机制。凯特瓦那指出，作为高度市场化的审美形式，"说唱音乐给年轻的黑人男性提供了一个进入公共空间的主要途径"［p87］。当然，这是通过在音乐中体现的审美基本原理实现的。

审美基本原理的一个重要维度是快乐，在这里，审美基本原理也与市场语境相关联，因为快乐同样是过度消费的基本原理的关键。甚至公共决策也受到快乐和审美的支配。正如鲍曼所论述的："人们可能会说，在流行的观念中，后现代公民的责任……就是过一种快乐的生活。为了像公民一样对待主体，国家有义务提供这种生活所必需的设施。"［p34］其中当然包括购物和娱乐场所，我们应该注意到波斯特莱尔的观察：塔利班被推翻后，阿富汗妇女所做的第一件事就是购买各种颜色的长袍［pp9-10］。这清晰地表明了政治和快乐之间的重要联系。

一种审美基本原理通过叙述价值表现出来，叙述价值体现为叙述的连贯性、人物发展、冲突与解决，等等［Fisher］。在某种程度上，文本必须讲述一个好故事，人们决定支持或者反对一个故事主题是基于他们是否从中找到一个合理的叙述。风格讲述的是关于人的故事，无论是在服装、装饰、行为还是在其他方面。一间装饰成西南乡村风格的客厅讲述了一个连贯一致的故事，你可能喜欢也可能不喜欢这个故事，但是它的确能产生某种效果。如果一个人穿着芭蕾舞短裙、头戴二战时期的德国钢盔、脚穿溜冰鞋走在人行道上，那么他所讲述的故事就不具有前后一致性。而那种通过风格创造出来的印象，其成败与那种支离破碎和非连贯性相关（依赖于期望的效果）。

审美基本原理的叙述可能会由批评家通过熟悉的叙述类型和模式来组织和发现。巴特勒认为，模仿对于破坏性别范畴是一种政治策略［*Gender*, p186］。当然，模仿是一种建构完善的话语形式，有它自己的叙述完整性。今天的电子媒体促成了叙述形式取代阐释形式——一种非常常见的处于冲突中的形式。布迪厄认为，电视"总是倾向于把理性的对话与摔跤比赛混淆"［p22］。通过摔跤比赛这个例子，我相信布迪厄说的是冲突、竞争和斗争的叙述形式。我们在这里能想到如此多的政治新闻报道都是关于谁是赢家谁是输家，而不是关于政策或效用的报道。

审美机制与图像的质量具有密切关系，需要考虑的是什么样的图像才能引人注目，令人感到视觉上的愉悦和惊喜，从而能够吸引人的眼球。最近人们在图像或者修辞和传播的视觉维度方面做了很多工作（包括杰西卡·伊文思〈Jessica Evans〉和斯图亚特·霍尔，卡拉·费根〈Cara A. Finnegan〉、哈里曼和约翰·卢凯特斯〈John Louis Lucaites〉）。因此，有非常多的关于图像表达意义并具有说服功能的解释，所以这里不需要给出特别详细的细节。显然，风格修辞在很大程度上与视觉以及由图像意义创造的效果有关。费斯克举了一个有点过时的电子游戏厅的例子，当然，这是一种高度视觉化的娱乐，作为一个有意义的政治工作完成的场所："电子游戏厅非常流行，尤其是在服从的男性中间……因为它们可以被用来思考，并在实践中演练，显现出男性权力和操演的意识形态与无能为力的社会经验之间的实验差距。"［*Understanding*，p139］在电子游戏厅里玩耍可以成为（或曾经是）年轻人生活方式的一部分。哈特利也认为，当今的政治常常是通过视觉美学原理来实现的："图像……也是民主扩散和规训的形式。"［*Politics*，p3］他认为，图像既是记录也是政治斗争的工具："图像是社会 - 符号斗争（冲突）、忠诚（共识）和意识形态（意义建构的实践）的客观轨迹，其影响的范围包括从重要的公共政治领域到亲密的个人文化空间。"［*Politics*，p29］这些游戏的审美基本原理，可以成为思考权力的投机工具，因此，它是一种修辞的附庸。

显然，有些人对审美的修辞和政治效力持有怀疑态度，通常操演性是在审美的维度实施的。亨利·吉鲁（Henry A. Giroux）认为，"根据社会行为或促使新的身体和政治形式产生的过程来看，为了给政治学、教育经济学、种族和社会公正创造可能的条件，需要发展出一套与之相匹配的政治和伦理词汇，从这个角度来看，操演性所具有的某些交易功能仍然处在一个开放的讨论空间。"［pp193 - 194］尽管这里没有空间对修辞的审美化与风格化导致的政治破坏做出详细的回应，但是有一些其他方面的分析值得注意。哈特利说，我们必须关注事件发生的频率和周期，因为频率和周期的变化有可能导致公共领域的消解："对于那些担心公共服务媒体衰落、公共领域商业化甚至是整个公共领域溃散的人来说，出现如此严重的后果，其中一个重要的原因就是事件发生的频率的变化。公共传播表现出了不同的速率，人们需要适应这种变化，这并不意味着民主的必然终结。它只是提升而不是降低了公共传播的频率。"["Frequencies"，p10]传统意义上的政治选举和社会运动的周期循环需要经历相当长的时间，而在当今以风格修辞、审美以及快速传播的大众媒介构成的语境中，政治活动的发生不过是眨眼间的事情。

风格同源性

风格修辞的最后一种构成元素是风格同源性，前文曾经谈到过同源性是指不同文本、行为、对象以及其他的经验秩序在形式上的相似。之前我曾经表明，赋予任何特定风格内在一致性的正是这种同源性。我们所说的"一种风格"是将文本、行为、对象以及经验秩序联系在一起的一种形式感知，一种风格可以被认为是一种意义系统形式。这种系统是由各种各样的符号携带着意义可能性组成的，而这些符号通过一种形式结构的可能性连接到一起。想想爱德华七世时期的礼仪、服装、装饰等，那个意义系统中的每个符号都有一系列可能的意义，而系统本身是不确定的，因为它不可能（对于绝大多数这样的系统）精确地和详尽地指定是哪些符号组成了这个系统。

尽管文本在风格修辞中具有首要地位，但同源性在将风格统一为一种内在一致性话语的过程中具有中心地位。风格系统中的符号具有广泛的但并不是没有边界的意义范畴。风格符号的意义，与格雷姆·特纳将意义系统称为一部电影的描述非常相似："一方面，观众对一部电影的阅读占据了一个理论领域无限的可能性；另一方面，在实践中我们发现，尽管读者的解读可能不同，但是它们仍将被包含在一个相对离散的可能性范围内。"[p144]

表意系统作为一种风格是与形式属性结合在一起的，例如当人们看到一款新设计的服装，会发现该款服装的设计风格与爱德华七世时代非常相似。如果在非常普遍的经验范畴中都能发现这种风格，那么就可以认为，人们在交往关系、经济组织或者国际事务方面，都遵循相同的模式，这种模式即我们所说的爱德华七世时代的风格形式。有些美国总统参照另外一种风格，被指责在处理外交事务时就像"牛仔"一样，这预示对同源性或模式的背离，超越了牧场和风滚草、女学究和不法之徒的原始指称，这种同源性是由文本的节点性质促成的。

那些存在于风格修辞系统中的符号，它们先前所携带的意义被风格改造后按照一定的次序排列于风格修辞系统中。符号一旦有了确定性的意义，就表现出意识形态属性，这里我们也可以转向那些注意到这个概念多样性和矛盾性的人。所以我们可以说，将爱德华七世风格结合在一起的牵引力是其同源性的意识形态。同样，特纳认为"文化的意识形态系统不是单一的，而是由相互竞争和冲突的阶层和利益组成，所有人都在为统治地位而争斗"〔p155〕。所以批评家也可能会比较不同的风格表现，通过符号的战略性组合唤起不同的意识形态的方式，从而呈现意义的竞争与斗争，这对于批评家来说或许是一项非常重要的工作。正如费斯克所说："评论家和分析人士的角色，不是揭示文本真实的或隐含的意义，甚至不是追踪人们对文本的解读；相反，它是为了追踪社会形态中权力所发挥的作用。"〔"Understanding"，p45〕我们可能会说，文本不具有首要性，特别是一个分散在时间和空间中的高节点状的文本，那么同源性就不会运用意识形态的意义将符号凝结成文本。

探究风格修辞在形式上的同源性，在某种意义上就是为了探究某种特定风格的意义脉络。一种特定的风格就是一个符号集合，依靠具有同源性的语义胶将这些符号粘合在一起形成某种风格。从这样的符号集合中，风格修辞的操演者选择一组符号来创造一个文本或一个文本节点，在这个过程中，他们通常会精心选择意义趋同的符号。趋同感来自文化语境中每个符号所具有的意义可能性的范畴，以及在风格中创造的整体性的同源吸引力。或者风格修辞的操演者采取不一致的策略，仍然利用意义上的可能性和风格上的同质性，这种违背就产生了不协调的感觉。风格修辞也以同样的方式阅读，读者依赖三角分析由符号产生的可能性意义以及由风格展现出的同源凝聚力或者不协调性。批评家必须培养阅读的才能，仅仅有事实并不能揭露同源性。正如德塞托对日常实践研究的分析："统计调查掌握了这些实践的材料，但没有掌握它们的形式。"［p18］

正是在认识和参与风格同源性的过程中，想象社群及其主体才得以围绕文本而形成。同源性对这些社群进行召唤，通过这种整合形态，社群成员寻求他们的身份归属感，那些对想象同盟产生共鸣的人将做出回应。例如，通过这种方式，几种同性恋风格中的一种，围绕着同性恋风格文本的许多节点与某个想象社群汇聚到一起。同样的说法也适用于异性恋风格或其他文本和社群的同源性引力矩阵。

图表与图式

即便是有些冒险的成分，但也是出于善意，那些学习修辞并试图在批评中使用它或在课堂上教授它的人往往喜欢图表和图式。这些工具组织我们的思想，清晰地显示修辞的主要元素，以及修辞运用过程中对综合知识的理解和把握能力。本章以这样一个图表作为结论，用来揭示下面给出的风格修辞图式的要点。需要说明的是，图表中某些具有相似性的术语表明了风格修辞图式空间的关联性与复杂性。下面的列表中每一种主要元素下面的亚结构对这些关系进行了阐明，这些关系在文本中以斜体字的缩写形式呈现出来。这些列表并不意味着它是一个全面性和决定性的连接图式，仅仅是为了显示每种元素之间彼此的相互依赖。我希望这种图表的呈现方法可以避免我在上面提到的危险，也就是批评家或者学生将图式当作一套简单的前进指令直接用于某项研究或文章。一个人不可能"做到"在某项研究中呈现所有的关系。再重复一次，这些并不是所有可以建立的关系。因此一个批评家在使用这种修辞时，需要根据自己的判断来决定哪种元素和关系最能有助于揭示文本的风格。对风格修辞的批评应该是富有想象力的，而且应该具有敏锐和时尚的主题。我希望这个图表作为一种探索性的尝试只是对风格修辞主要元素的概括和总结。

图表以风格修辞的五种主要元素和每种元素的一些主要的亚结构开始，图表中的顺序是任意的，但是从左上角逆时针开始旋转到中间结束，元素的顺序在本章之前就曾经提及过。风格上的同源性作为元素被置于中间，以表征该概念的中心地位。关于元素下面的列表以及本章贯穿全文的列表，我开始了一个看起来像是"独辟蹊径"的练习。对于每个主要元素下面的项目，我建议与其他主要元素下面的项目建立一些联系。这些联系很简单，但是文本中的列表包含了更多的细节。读者可以指出，有些联系我并没有描述出来，但是我的目标不是穷尽所有，那需要用整本书才能完成，我要做的就是阐明这种修辞的复杂性以及这些元素拥有怎样的内在关联。因为这些关系是相互的，所以对后续列表的讨论篇幅要比对之前列表的讨论短，因为关系已经被表明了。相应地，对于风格同源性的关系并没有在主要文本中列出，因为与该元素的关系已经在其他列表中被表明了。在主要的文本中，关系在每个主要元素下面列出，用斜体标注出来，这些关系都是可以建立的。

文本首要性（斜体表明某些关系）

文本世界

- 想象社群：话语效果；围绕风格的凝聚力；围绕文本的凝聚力；新技术辅助
- 市场语境：来自变化的隔绝
- 审美基本原理：决策和判断的审美基础
- 风格同源性：符号和意义系统；系统中文本的广泛性

身份和社群的基础

- 想象社群：通过文本表征的社群和主体；通过文本生成的社群和主体
- 市场语境：社群和身份的商业基础
- 审美基本原理：身份和社会组织的审美基础；审美文化迷恋

```
┌─────────────────────────────────────────────────────────────┐
│  文本首要性                    审美基本原理                  │
│  ·文本世界                     ·决策和判断的审美基础        │
│  ·身份和社群基础               ·审美文化迷恋                │
│  ·文本节点                     ·身份与社会组织的审美基础    │
│  ·聚合、冗余和意义三元构成     ·快乐和欲望                  │
│  ·读取文本                     ·叙述基本原理                │
│  ·图像与漂浮的符号             ·操演                        │
│                                ·图像                        │
│                                                             │
│              风格同源性                                     │
│              ·符号和意义系统                                │
│              ·风格整体性                                    │
│              ·系统中文本的广泛性                            │
│              ·社群和主体的形式凝聚力                        │
│                                                             │
│  想象社群                      市场语境                     │
│  ·话语效果                     ·由变化而产生的隔绝          │
│  ·新技术辅助                   ·国家、文化与市场的融合      │
│  ·围绕风格的凝聚力             ·符号和图像的商品化转向      │
│  ·围绕文本的凝聚力             ·快乐和欲望                  │
│  ·通过文本表征的社群和主体     ·斗争的可能性                │
│  ·通过文本生成的社群和主体     ·日常生活的用途              │
│  ·通过社群唤起的动机、行为和价值观 ·混入与征用              │
│                                ·商品作为语言和符号系统      │
│                                ·社群和身份的商业基础        │
│                                ·全球化修辞系统              │
└─────────────────────────────────────────────────────────────┘
```

与文本首要性的关系

· 风格同源性：社群和主体的形式凝聚力

文本节点

· 想象社群：通过文本表征的社群和主体；通过文本生成的社群和主体

· 市场语境：日常生活的用途

· 审美基本原理：操演

· 风格同源性：系统中文本的广泛性

聚合、冗余和意义三元构成

· 想象社群：话语效果；风格凝聚力；文本凝聚力

· 市场语境：符号和图像的商品化转向

· 审美基本原理：决策和判断的审美基础；叙述基本原理；图像

· 风格同源性：符号和意义系统

读取文本

- 想象社群：通过社群唤起的动机、行为和价值观
- 市场语境：斗争的可能性；商品作为语言和符号系统；全球化修辞系统
- 审美基本原理：决策和判断的审美基础；操演
- 风格同源性：符号和意义系统；社群和主体的形式凝聚力

图像与漂浮的符号

- 想象社群：通过文本表征的社群和主体；通过文本生成的社群和主体
- 市场语境：快乐和欲望；全球化修辞系统
- 审美基本原理：快乐和欲望
- 风格同源性：系统中文本的广泛性

文本首要性下面的第一个子类别是我们生活在文本世界中的观念，想象社群下面的与子类别的关系指的是受众和其他社群作为话语的效果，因为这些效果假设文本在接受它们的群体形成之前就已经存在了。如果想象社群围绕着文本形成凝聚力，那么文本显然是最主要的，如果这样的社群围绕着风格形成凝聚力，那么文本也是最主要的，因为风格在文本中是公开生成的。新技术在多大程度上促进了想象社群的发展，这说明了文本的首要性，因为这些技术所做的是将更有竞争力、更高质量和吸引力的文本带入更多人的生活，从而为社群凝聚力提供核心要素。

从变化的角度来看，文本世界的概念与市场语境的概念的关系是隔绝的，对市场语境中修辞的隔绝就是让人们在文本环境中操作，以回应这些在文本中创造的东西，而不是在任何意义上"直接"审视物质条件。文本世界的概念与决策和判断的审美基础相联系，这是审美基本原理的关键。这是因为审美是在文本中呈现和培育出来的，而这种培育在高度文本化的世界中更容易发生。最后，文本世界从符号和意义系统中产生，符号和

意义系统是风格同源性的一部分，文本作为符号和意义的临时组合，最后凝聚在一起形成风格。很明显，当人们沉浸在一个又一个的文本中的时候，文本世界也参与了广泛的文本系统，而这个系统是风格同源性的一个子集。

文本首要性下面的第二个子类别是身份和社群基础的文本形式，这个子类别表明这种关系是非常清晰的。显然，在与想象社群子类别的特有关系中，社群和主体都是通过文本创造并呈现出来的。如果文本形式构成身份和社群的基础，那么我们应该注意到，许多文本是由商品构成的，而这与商品在市场语境下构成社群的观点相联系。审美基本原理认为，具有较高审美价值的文本构成了身份和社会组织的基础。如果文本是首要的，那么对文本的审美迷恋将使这些文本成为身份和社群的基础，因为对文本的审美迷恋需要社会的关注和参与。同样明显的是，这一子类别与风格同源性的子类别相联系，后者认为社群和主体围绕着形式紧密相连，因为形式是文本的一个维度，在将社群召集在一起时具有较大的吸引力。

文本首要性的第三个子类别与文本节点有关，当想象社群的元素认为社群和主体都是由文本创造和呈现的，那么节点文本就很可能起到这种功能。所有的主体和社群很少能够同时遇到一个特定的主文本——一个如此强大、具有中心性的文本，它能够使社群围绕它形成凝聚力。相反，文本在与日常生活关系中扩散的节点文本形成了社群形式的基础。因此，毫无疑问，节点文本的概念与日常生活中市场语境的概念相联系，因为在日常生活结构中存在的对商品的征用就是节点。在这些日常的市场语境中，当人们在日常生活的一系列瞬间扮演节点文本时，操演的审美基本原理就发生了。因为这必然需要在许多不同的语境中进行广泛的操演，节点文本的概念与广泛的文本概念的联系构成了风格同源性的基础。

原始文本的研究依赖于多元融合的批评方法，正如批评家们所指出的，意义的三元构成和冗余表明文本中大多数的符号意义都是聚合在一起的。这种符号意义的聚合表明，在想象社群这个术语的意义框架下，社群不过是话语的一种生产效果，因为如果社群围绕着风格和文本聚集，那么在这些文本中必然存在意义的内在一致性允许它们这样做。社群是文本影响的结果，然后由文本中的意义结合在一起。符号和图像作为文本的组成部分，因其植入市场语境中成为一个符号系统而获得了这种内在的一致性和凝聚力，因此在这种意义上，符号和图像在市场语境中变成商品就是一种融合。融合的概念与审美基本原理存在许多关联，因为这样的基本原理是决策和判断的基础，除非审美符号的意义聚集在一起使目标明确的决定成为可能，否则就不能这样做。审美基本原理的叙述维度和操演维度都需要意义的内在一致性来创造秩序和凝聚力，显然，如果风格同源性建立在符号和意义系统基础之上，那么符号和意义的内在一致性就是系统的一部分。

读取文本的能力是文本首要性的一个子类别。要读取文本，即便文本的意义是多重的和复杂的，读者也必须对文本意义的有效性和真实性有信心。这种自信能够让我们对动机、行为和价值观进行推论，这些是由文本中的想象社群激发出来并在社群中产生的，作为社群形式围绕先前文本的一个步骤超越了这个过程。为了读取文本，人们通常会识别出不止一种可能的阅读方式——确实，对广泛的具有促进意义的斗争可能性保持敏感是必要的，这对于我们在市场语境下发现的日常生活斗争的概念是一种印证。商品是由社群创造的文本的一部分，它阐明了动机、行为和价值观。我认为这些动机可以从日益国际化融合的文本中读取出来，因为商品和风格越来越支持一种全球化的修辞系统。因此，商品形式作为一种语言或符号系统在全球化的修辞系统中促进了对这些意义的解读。因为审美基本原理下的文本为决策和判断创造了审美基础，批评家可能会认为从文本中仔细读取的那些支持性的意义提供了这样的基础。从文本中可能读出的共享知识的意义和价值观也能形成操演的基础，因为如果我们不能读取文本的意义，我们就不能指望自己或他人的表现能够被理解。如果我们能够读取文本的意义，比如风格同源性所具有的系统化的符号和意义，那么我们在文本阅读过程中因其对文本系统性意义的理解而产生彼此信任的感觉。而社群和主体之所以围绕文本紧密相连，正是因为其能够以可靠的方式被读取，这样我们就可以依靠已经形成的社群和主体。

文本首要性的最后一个子类别是图像和漂浮符号在风格修辞中的普遍流行，正因为在当今的想象社群中，如此多的符号从其原始的、真实的语境中脱离出来，社群和主体都是通过文本创造和表征出来的。正是这些漂浮的符号与图像的灵活性与可变性使想象社群与文本联系起来，否则的话，在表征和创造它们的过程中，社群就会缺乏想象性，符号就会缺乏灵活性。在市场语境中，图像和漂浮的符号是表达快乐和欲望的主要场所，因为它们容易使人们陷入把玩意义的迷幻中，从而远离了实在世界。正是这些图像和漂浮的符号构成了市场语境中的全球化修辞系统，由此符号和图像从其原始语境中脱离，其意义更容易被人们从国际化的角度以自己的方式理解。我们发现快乐和欲望也可以作为审美基本原理的一个子类别，漂浮的符号和图像与这种关注的联系与它们在市场语境中具有相同的原因。当我们不仅从漂浮的符号，而且从图像的角度思考文本时，我们能够想到的是系统中非常广泛的文本存在，这是风格同源性的一个子类别。

与想象社群的关系

请记住这一点，当我们探究想象社群与其他元素的某些关系时，我们不是在讨论与文本首要性的关系，因为这些上文都已经提到了，我们已经在前文讨论过文本首要性与想象社群的某些关系。

想象社群（斜体字表示某些关系）
话语效果
- *市场语境：社群和身份的商品基础*

- 审美基本原理：身份和社会组织的审美基础
- 风格同源性：社群和主体的形式凝聚力

新技术辅助

- 市场语境：国家、文化与市场的融合；快乐和欲望
- 审美基本原理：审美文化迷恋；快乐和欲望；图像
- 风格同源性：系统中文本广泛性

风格凝聚力

- 市场语境：社群和身份的商品基础
- 审美基本原理：决策和判断的审美基础
- 风格同源性：风格整体性；社群和主体的形式凝聚力

文本凝聚力

- 市场语境：符号和图像的商品转向
- 审美基本原理：叙述基本原理；操演；图像
- 风格同源性：社群和主体的形式凝聚力

社群和主体的文本表征

- 市场语境：符号和图像的商品化转向；斗争的可能性；日常生活的用途；社群和身份的商业基础
- 审美基本原理：身份和社会组织的审美基础
- 风格同源性：符号和意义系统；社群和主体的形式凝聚力

社群和主体的文本创造性

- 市场语境：社群和身份的商业基础
- 审美基本原理：身份和社会组织的审美基础
- 风格同源性：社群和主体的形式凝聚力

通过社群召唤动机、行为和价值观

- 市场语境：斗争的可能性；混入与征用；社群和身份的商业基础
- 审美基本原理：审美文化迷恋；决策和判断的审美基础
- 风格同源性：符号和意义系统；风格整体性

社群对动机、行为和价值观的召唤

- 市场语境：斗争的可能性；混入与征用；社群和身份的商业基础
- 审美基本原理：审美文化迷恋；决策和判断的审美基础
- 风格同源性：符号和意义系统；风格整体性

想象社群的第一个子类别是话语效果，如果想象社群是一种话语生产效果，那么在市场语境中，话语就具有明显的商品化特征。商品是交流的方式，因此，在市场语境中对社群和身份的商品基础与社群概念的关系之间的争论就是话语的效果。话语创造社群的另外一个重要表现是它的审美基本原理，因此这个子类别与所谓的审美是身份和社会组织的基础相联系，身份与社会是审美话语的结果。想象社群也必然是话语影响的结果，在风格同源性之中，社群主体围绕着形式凝聚在一起，因为形式决定着话语的秩序。

想象社群的第二个子类别是由新技术赋予的，在市场语境中，新技术促成了国家、文化与市场的融合，这些以前截然不同的领域通过技术融合在一起，使得政治具有娱乐性，娱乐具有政治影响力。新技术正是使审美基本原理中的审美泛滥成为可能的原因，因为更好的电影和电视的媒介体验对于受众具有更大的吸引力。这种引人入胜的作品是对愉悦和欲望的诉求，而这种对愉悦和欲望的迷恋往往是由审美建构的精美图像所促成的。正如在风格同源性中所解释的那样，新技术存在于广泛的文本中，如果不是这样，新技术就不会有如此强大的影响力与整合力，也就不会有令人迷恋的审美作品和媒介体验。

在第三个子类别中，想象社群围绕着风格凝聚在一起。这与市场语境中所主张的社群和身份的商品基础相联系。一个产品或品牌可以是文本和风格的中心，围绕着它，社群聚集在一起，人们在其中寻找认同感。同样，审美基本原理在某种程度上就是人们运用审美作为决策和判断的基础。其他人（例如政治家、邻居、潜在的朋友等）的风格特征成为人们做出决策和判断的基础，在此基础之上，人们需要决定是否认同某种想象社群的风格，并成为该想象社群的成员。风格整体性为作为风格同源性部分的凝聚力提供了象征基础，社群和主体都围绕着形式凝聚在一起，形式则是风格的中心，它跨越多重体验、广泛分布，足以为凝聚力提供坚实的基础。

想象社群也围绕着文本凝聚在一起，这是一个比风格还稍微广泛的范畴。在将此与市场语境联系起来时，我们可以审视一下符号和图像成为商品的说法。正是在成为商品的过程中，符号和图像变成了文本，而且是一种围绕想象社群凝聚在一起的文本。某些文本元素或许可以在审美基本原理的子类别如叙述、操演和图像中被识别出来，想象社群聚集在一起，因为它们被叙述，被公共人物或个体正在进行的操演以及有强大影响力的图像所召唤。通过这种手段生产的文本是凝聚力的核心，同样，如果有人认为社群和主体的形式凝聚力是在风格同源性的基础上生成的，我们必须记住形式是文本的核心，形式建构了文本，而文本的形式为社群的凝聚力提供了基础。

想象社群的下一个子类别是社群和主体通过文本表征出来，这与市场语境的几个子类别有关。在许多情况下，符号和图像成为商品正是因为它们成为社群和主体的表征——一个普通的词语或者一双鞋子成为商品，正是因为这个词语或这双鞋子具有某种象征意义，例如象征着运动员或者具有文化资本的城市。商品常常被用于表达某种抗争，而通过文本形式表征社群和主体的商品尤其具有抗争性，因为，当人被文本表征时总是显现出政治挑战性，因此，这是一个充满斗争的领域。当今社群和主体已经被日常生活化文本所表征，包括我们在日常生活中使用的各种商品，例如食物、时尚、娱乐选择以及其他表征想象社群的商品。总而言之，明显的是，当商品成为社群的基础时，它们也在风格修辞上构成了社群的基础。因此，作为风格同源性的一部分，社群和主体通过文本表征，因为它们围绕着形式凝聚在一起，因为形式通常是驱动文本能力的引擎，可以将一个想象社群牵引着围绕在周围。想象社群和主体是通过操纵符号和意义系统提供的资源被表征的，这不仅必须在特定的社群内被如此理解，而且在广大的甚至是全球的范围内都应当被如此理解，这样我们就可以知道什么表征想象社群和主体，也就知道了谁不是我们自己社群的一部分。

同样，文本也创造了想象社群和主体，如果它们是被文本创造的，而文本又有一部分是由商品构成的，那么正如构成市场语境元素一样，商品构成了社群和身份的基础，因为商品创造了社群和身份。如果想象社群和主体是由文本创造的，那么我们就能从这些文本的审美基本原理范畴中得到这样的观点，即审美构成了身份和社会组织的基础。可以确定的是，审美化的文本是通过任意的方式将身份和社会创造出来的。同样地，那种认为社群和主体的形式凝聚力是通过风格同源性表现出来的观点，就可以被理解为因为主体之间紧密相连，才形成了所谓的想象社群。

想象社群的最后一个子类别是动机、行为和价值观，正如市场语境所显现的，商品是社群的基础，这是无可辩驳的。动机、行为和价值观要么通过商品表达，要么通过商品实现目的，因此当它们为社群奠定基础时，它们对动机、行为和价值观也产生类似的影响。因为动机、行为和价值观从来都不是简单的事物，而且几乎总是存在争议，也因此它们成了斗争的场所。混入与征用的循环也被卷入动机、行为和价值观的召唤，因为混入与征用都试图控制意义以及对动机、行为和价值的影响。作为审美基本原理的一个子类别，审美迷恋的一个重要特征在于其对人们日常生活无所不在的影响，当人们沉浸于审美文本时，就会产生所谓的审美迷恋，从而影响人们的动机、行为和价值观。因为动机、行为和价值观是决策和判断的基础，它们可以在审美的基础上发挥作用，因为它们是由文本中的想象社群产生的。通过风格化社群所创造的符号和意义系统，想象社群唤起动机、行为和价值观，而风格的整体性则创造出三者的整体性，并与风格同源性的整体逻辑相匹配。

与市场语境的关系

剩下两组需要与市场语境元素建立关系,因为一些需要与文本首要性和想象社群建立的关系已经完成了。

市场语境(斜体表示某些关系)

来自变化的隔绝
- 审美基本原理:审美文化迷恋;身份和社会组织的审美基础
- 风格同源性:符号和意义系统

国家、文化与市场的融合
- 审美基本原理:决策和判断的审美基础;审美文化迷恋;身份和社会组织的审美基础
- 风格同源性:风格整体性;社群和主体的形式凝聚力

符号和图像的商品转向
- 审美基本原理:审美文化迷恋;身份和社会组织的审美基础;快乐和欲望
- 风格同源性:符号和意义系统

快乐和欲望
- 审美基本原理:审美文化迷恋;快乐和欲望
- 风格同源性:系统中文本广泛性

斗争的可能性
- 审美基本原理:决策和判断的审美基础;身份和社会组织的审美基础
- 风格同源性:符号和意义系统

日常生活的用途
- 审美基本原理:决策和判断的审美基础;身份和社会组织的审美基础

- 风格同源性：系统中文本广泛性

混入与征用

- 审美基本原理：身份和社会组织的审美基础；操演
- 风格同源性：系统中文本广泛性

商品作为一种语言或符号系统

- 审美基本原理：决策和判断的审美基础；叙述基本原理；操演；图像
- 风格同源性：符号和意义系统

社群和身份的商品基础

- 审美基本原理：身份和社会组织的审美基础；操演
- 风格同源性：社群和主体的形式凝聚力

全球化修辞系统

- 审美基本原理：决策和判断的审美基础；审美文化迷恋
- 风格同源性：符号和意义系统；系统中文本广泛性

之前讨论过的观点是市场语境与变化无关，因为在资本主义晚期，市场的运作通常不受修辞的影响。这种与变化隔绝的现象与审美基本原理和审美迷恋密切相连。在文本的审美范畴中，可以将审美迷恋看作公众对审美文本关注的结果，而不是潜在的结构性条件。审美也可以为身份和社会组织提供基础，晚期资本主义似乎已经充分利用了审美，因此身份和社会组织在一定程度上确保了与市场语境的隔绝。换句话说，我们在市场中建构身份和社会组织很少受到质疑。就风格同源性而言，这意味着符号和意义系统本身的建构是为了转移人们对资本主义根基的关注。试图质疑或打破这种孤立的语境，将很难找到可用的符号和意义系统的牵引。

在市场语境中，我们发现了国家、市场与文化的融合。这与审美基本原理的许多子类别相联系，如果审美是决策和判断的基础，那么跨越不同模式的国家（政治）、文化和市场所做的决策就会被置于相同的审美基础上。审美迷恋同样是一种融合修辞比喻，对审美问题的关注将所有其他的考虑拉到它自己的领域，一旦国家、文化与市场发生融合，它就允许这种融合的审美关系成为身份和社会组织的基础。国家、文化与市场的整体维度如果发生转向就会变成这种组织的审美基础，这在风格同源性当中也受到了风格整体性的恩惠，因为风格将国家、文化与市场的操演和文本结合到了一起。围绕着国家、文化与市场的融合，社群与主体凝聚在一起，在融合加强的过程中，会出现更少的分裂、更大的凝聚力。

在市场语境中，符号和图像成为商品。这个过程是与审美基本原理中的审美迷恋相联系的，因为符号和图像的商品化是一种将它们推向包罗万象的市场语境的方式。为什么市场语境包罗万象，其中一个原因就是市场是释放快乐和欲望的主要场所，因此所有与市场相关的东西都会卷入人们的欲望和满足。因此，人们通过市场可以找到身份和社会组织的审美基础，作为标志主体性和社会关系的符号变成了市场内部运行的符号。要做到这一点，符号和图像必须进入一个由风格同源性所描述的符号系统。市场是一个系统，任何进入市场的东西都必须成为可理解的表意系统的一部分。

快乐和欲望也是驱动市场的主要引擎，当审美被商品化以后，从审美基本原理的角度来看，快乐和欲望就产生了明显的联系。审美迷恋反映了市场中欲望满足和快乐诱惑对人们的吸引力，它以审美快感为驱动力。这种情况发生在如此广泛存在的文本中，以至于我们很容易看到它与风格同源性子类别之间的联系。在市场语境中，快乐和欲望在审美层面最大限度地被文本所激发。

市场语境包含了斗争的可能性，因为人们将商品用于社会和政治目的，将其用于对他人行使权力或者对某些权力说不。当斗争运用审美基本原理时，它就与决策和判断的审美基础联系起来。影响决策和判断的能力通过审美手段变成了运用审美化商品斗争的内容，这种斗争的结果表现为身份和社会组织的审美基础形式。当审美化的商品具有某种特殊的意义时，身份和社会组织也随之形成。这些商品的意义属于风格同源性的一部分，尤其是符号和意义系统，这些系统限制了斗争，但也可能是之前斗争的结果，因为控制系统性意义的能力是依靠斗争获得的。

市场语境包括商品在日常生活中出于修辞目的的使用，这是审美基本原理中审美迷恋的一部分，因为迷恋通常发生在日常生活被一个单一的逻辑或观点所包围的时候。操演也是日常生活中的一种审美行为，它经常利用日常生活中人们普遍使用的商品。因此，广泛存在的文本被整合到风格同源性当中就可以成为日常生活修辞的一部分，包括操演和所有的审美文本，充斥了我们日常的生活。

混入与征用的循环也是市场语境的一个子类别，它通过利用进入和退出市场的商品来完成这个过程。这些商品在审美原理中作为身份和社会组织的审美基础，商品被征用表明了人们和社群拒绝被剥夺权力，当商品以新的、转变后的形式被重新纳入市场时，它们保留了一些与边缘的零碎关系。商品的征用总是一种操演，将人们可用的商品进行意义转化，通常这个过程发生在本土化的语境中。因为这个循环是在广泛存在的文本中进行的，因此它依赖于风格同源性来识别到底是一个符号还是一件商品被征用。

在市场语境中，商品被认为是语言和符号系统，因为商品提供了一种相对稳定的（尽管是不断演化的）表意系统，在审美基本原理的理论阐述中，商品才可以成为人们做出决策和判断的依据。当我们看到某种商品以这样或那样的方式被使用时，我们就知道它的含义是什么，我们应当做出什么样的决策和判断，而对商品的使用往往是通过操演的形式呈现的。审美叙述不必然完全是言语上的，当然，"故事"通常是使用商品的语言来讲述的。在此过程中，人们生产商品的图像，或者利用商品及其所支持的系统性意义来创造视觉图像。这显然与风格同源性下的主张相一致，即存在着在风格层面凝聚在一起的符号和意义系统，因为正是在挖掘这种系统的象征潜力中，个体风格的操演才算完成了工作。

最后，我认为市场语境创造了一个全球化修辞系统，在这个系统中，世界各地越来越多参与资本主义生产和交往的人能够理解通过商品创造的文本。因此，严重依赖商品使用的风格修辞将越来越多地被全球市场中的参与者所接受和理解。显然，这与审美基本原理相联系，即审美是决策和判断的基础，因为它成为一个全球修辞系统的工作，成为在全球范围内传播决策和判断的共同基础。这一过程是由审美迷恋辅助推动的，它使得世界范围的注意力集中在审美维度上，尤其是商品所具有的象征性。在与风格同源性的关系中，符号和意义系统锚定一种风格并因此在全球范围内被共享。有人可能会说，这是风格以这种方式传播的逻辑，由于这种风格在许多商品、行为和媒体中都有体现，因此这种系统是通过广泛存在的文本传播的。

与审美基本原理的关系

可以肯定的是，审美基本原理要素与风格同源性要素之间存在着某些关系，这两者之间所有其他要素之间的关系已经得到了阐明。

审美基本原理（斜体字表示某些关系）

决策和判断的基础

- 风格同源性：*符号和意义系统；系统中文本广泛性*

审美文化迷恋

- 风格同源性：*符号和意义系统*；社群和主体的形式凝聚力

身份和社会组织的审美基础

- 风格同源性：*社群和主体的形式凝聚力*

快乐和欲望

- 风格同源性：*符号和意义系统；系统中文本广泛性*

叙述基本原理

- 风格同源性：*符号和意义系统*

操演

・*风格同源性：系统中文本广泛性*

图像

・*风格同源性：系统中文本广泛性*

这样来自所有其他元素与风格同源性的那些关系将会被建立起来，这个必要但不完整的关系列表也就完成了。

我曾经说过，在风格修辞中，存在着决策和判断的审美基础。这些基础依赖于符号和意义系统，这是风格同源性的核心。我们的审美判断是基于我们对这种系统的感知，即风格是如何结合在一起的。这些系统涵盖了广泛存在的文本，因此我们经常做出这样的审美判断。我认为我们生活在一个审美迷恋的文化语境中，风格同源性中的符号和意义系统辅助驱动了这种审美迷恋，当许多不同的符号和意义彼此在审美层面上产生共鸣时，这种对审美的迷恋就会受到鼓舞。当存在审美迷恋时，社群和主体就会围绕着风格的形式凝聚在一起，因为某些审美形式作为社群和主体形成的基础一再地回归。

审美基本原理要素的一个重要子类别是身份和社会组织的审美基础，显然，这与风格同源性的子类别——社群和主体的形式凝聚力有关。它是风格中心的形式，为自我与社会的审美建构提供了基础。快乐和欲望对于审美基本原理也是非常关键的，它们可以在广泛存在的文本中被发现，这些文本通过风格同源性聚合在一起；它们几乎是任何审美基本原理中不可或缺的组成部分；快乐和欲望也必然会被卷入符号和意义系统从而形成风格同源性，因为它们给风格提供了强大的推动力量。

审美基本原理很大程度上包含了叙述基本原理，如果叙述不是系统性的，那它就什么都不是，正是这种系统性在叙述的框架内将符号和意义系统与风格同源性联系在一起。审美基本原理也体现在操演上，并且大量地运用图像。这两个子类别都与广泛存在的文本相联系，通过文本，风格同源性被传播出去。

总体上，我提出了风格修辞的一些要素：文本首要性、想象社群、市场语境、审美基本原理以及风格同源性。在这五种要素中，我提出了三十四个子类别，并且阐明了这三十四个子类别之间的一些关系。我当然会同意将本章中的研究内容视为一个不完整的系统，并期待对各要素、子类别及其关系方面做进一步的发展和研究。在我看来，重点不是在研究内容方面做得彻底，而是提供一个结构或框架，以便理论家和批评家们能够对风格修辞提出进一步的理解和批评。我要提醒这些学者不要太过于生硬或机械地使用这些元素，而应该把它们当作一种创意性思维来讲述风格如何在修辞方面发挥作用的有趣的事情。为了阐明这一目标，下一章将对美国社会中通常被称为"枪支文化"（gun culture）的现象提供一种批评的方法，用来说明风格如何聚集在一起，以及对风格的关注如何有助于我们理解这种文化所蕴含的吸引力和意义。

第五章　美国社会中的"枪支文化"风格及其修辞

　　政治设计者通常是保守的,这并不是因为托利党往往来自上层阶级,而且已经学会了如何说得冠冕堂皇,而是因为保守主义在本质上是偏向于风格的,它的目标是树立屏障:保存形式和仪式。

——昆汀·克里斯普:《如何过一种有风格的生活》,[p110]

　　在网上随便找一个搜索引擎,然后输入"枪支文化"这个关键词,人们不需要在网站上浏览很长时间就能发现,"枪支文化"作为一个术语,指的是美国当今社会中存在的各种争斗。值得注意的是,其中有些人对这个术语持一种轻蔑态度,而有些人却持赞美态度,比如在某个网页的声明中写道:"枪支文化"是一种"承认枪支是工具的文化,理应受到尊重而不是畏惧,因此罪犯受到惩罚,但普通公民受到信任"("Gun Culture")。维基百科上作者约翰·罗斯(John Ross)如此描述他的著作:"《意外结局》是一部有争议的虚构小说,它把真实事件和虚构故事混合在一起。这些事件描绘了自1934年通过《全国枪支法案》以来美国枪支文化持续遭到镇压的情况。"

　　另外,"英国人对枪支文化的泛滥感到恐惧"是《今日美国》在线文章的新闻头条(Hale)。而在另外一边,一个与《纽约杂志》有关的网站对"纽约的枪支文化"进行了调查,并提出了这样的疑问:"攻击性武器现在会涌入美国吗？"（Bernstein）历史学家米歇尔·贝尔莱斯（Michael A. Bellesiles）认为，枪支文化是美国历史上近期出现的一种非常危险且有害的现象，并不存在倡导者们所宣称的枪支文化是以美国建国精神作为神圣根基的说辞。

从这些关于枪支文化的评论中不难看出其政治的含义，犯罪受到纵容，"普通公民"却遭到不信任和压迫，因此必须加强对枪支文化的管控，伴随着一股具有毁灭性的、极易获得枪支的浪潮席卷全球，在这样的背景下，枪支文化诞生了，因此这是一种需要控制和遏制的文化。本章从风格的角度对这一文化现象进行考察，并对其中一些有趣的修辞文本进行了分析。

"文化"这个词理解起来本身就够难的了，但是在这里，我需要回避它，并不打算和它诸多复杂的定义纠缠。我认为不管枪支文化是什么，都属于一种风格修辞，它通过言语、姿态、服装、汽车、图像以及其他风格元素来表达动机和态度。要理解枪支文化及其所支持的政治和社会工作，必须将其视为一种风格。我想对这一长期以来引发了大量公众讨论的现象做出解释。

为了支持枪支文化是一种风格的说法，依据我在第四章给出的风格修辞理论，我想用一个批判性的例子来说明，从方法论的层面而言，理论可以用来解释人们展示风格的动机和效果。如前所述，修辞批评的方法经常被机械地误用，方法本身的"齿轮"和"活塞"成为主要的思考对象。在这里，我想把这种机制看作一种手段而不是目的，看作一种对风格的辅助性解读而不是主要事件。我在第四章用一些图表和图式对此进行了解释，但不会机械地、生搬硬套地遵循那些图表。

让我就我自己在这件事上的立场和我所查阅的资料说几句，我步入中年时开始对枪支产生兴趣，并且这种兴趣越来越浓烈。不过，我记得年轻时经常在电视上看西部枪战片，作为一个孩子，我只能拿着玩具枪，我非常渴望长大以后能成为一名真正的牛仔。像许多认为自己在某种程度上与枪支文化有关的人一样，我强烈地感觉到，作为一个主体，我的某些身份是被充满枪支图像和文本的美国文化创造出来的。我的某些部分是一个具有虚构色彩的亡命之徒，围绕着牛仔、匪徒和二战凝结成特定的文本，这些文本在电影院和电视上随处可见。

我是"美国步枪协会"的终身会员（这比每年续签会员资格要便宜，而且他们还送给我一件很酷的皮夹克），但是我从不参加该协会的任何集会，当他们打电话来要钱的时候，我通常会挂断电话，不过他们邮寄的杂志我倒是经常看。如果机场书店有这些杂志，我可能会买一些和枪支有关的其他杂志来打发飞机上的时间。我不能说我收集枪支是为了"收藏"，因为我不具有相应的学科和专业水平；然而，我也积累了一些专业知识，我很喜欢射击的感觉。每当镇上或附近有枪展的时候我都会去看，有时我也去枪支商店看看都有哪些枪支在售卖。我从来没有打过猎，尽管我不反对这项运动。我居住在得克萨斯，这是一个枪支文化非常流行的地方。像大多数州所规定的那样，得克萨斯州法律允许隐秘地携带一把手枪，但是亲爱的读者，对于你的质疑，从法律角度唯一的答案就是"不"，我现在没有携带任何枪支（如果我告诉你我带着枪，它就不是隐秘的，那是非法的）。

枪支文化的风格必然体现在一系列的节点文本中，并且在广泛存在、相互关联的文本和操演中表现出来，呈现出显著的风格内在一致性。与大多数风格一样，人们不可能审视如此广泛分布的每个文本节点，在这里，我使用这些节点文本作为分析的基础：我参加在密尔沃基、奥斯汀和圣安东尼奥附近举办的众多枪展；定期阅读 Usenet group rec. guns 网站（一个对公众开放的论坛平台）上的文章；在武器商店或者在威斯康星州和得克萨斯州运动用品商店的"狩猎"柜台购物；以及阅读最近出版的 6 期《美国枪手》杂志，这是美国步枪协会主办的一份刊物。（这里所引用的两种文本节点是读者可以查阅的：《美国枪手》和 rec. guns 网站的发帖。我在参考文献中将引用的 6 期《美国枪手》杂志合并为一条，因为我从每一期中抽取例子，包括广告、花絮报道和简短的导语，所以我在引用文献时只是列出杂志名称的缩写、出版日期以及文章的页码，而不列出文章的标题，就像［AR，October，2006，p2］。为了保护在 rec. guns 上发帖者的隐私，我在参考资料中不列出任何相关的内容，文中仅以发帖日期而不是发帖者的姓名来引用帖子内容，我保存有引用原始材料的副本。）

此外，在这一章中，我之前的射击经验也为我的研究提供了灵感。我相信这些资源包含了广泛的节点文本，对这些文本的研究必须在市场语境下进行，需要考察诸如审美、网络在线、基础写作、视觉基础以及个体地域化的风格操演等类似的问题。枪支文化当然会延伸到流行媒体领域，比如电影和电视领域，而且这种情况已经持续了几十年，但是我希望读者将这种分析延伸到其他类似的文本。

让我强调一下将枪支文化看作一种具有修辞效果的风格意味着什么，任何持枪者群体和其他狂热分子群体都显示出和其他根据兴趣分类的群体（比如园丁、神秘小说爱好者、摩托车手等）相同的多元性。如果说存在一种枪支文化，就是说有一种在人群中普遍存在的风格。当然，我所说的枪支文化也有例外，但它就是那样一种向大众展示和表现出来的风格从而形成了枪支文化。风格和大众提供了意义的核心、一套符号以及庄重的象征性实践，从而引向想象社群以及主体立场的核心。带着这些说明，让我们开始后续的研究。

工人阶级的风格同源性

如果一个人既是诗人也是枪支爱好者，你也许会觉得很奇怪，但我就是这样的人。我在《基座》在线杂志发表了这首诗：

在枪展上

    这些男人，这帮兄弟
    以他们独特的方式
    他们成为真正的男人

这些年迈的白人心有所想

他们在战壕、海滩、蒸汽、鲜血和嚎叫声中体味人生

他们在工厂的地板和滚烫干裂的牧场上习得技能

这些人穿着破旧的铁头鞋和靴子

系着大扣的孤星皮带

四十年来

这些人在带有胶木和镀铬的路边餐馆午餐

炸鸡排和淡咖啡几乎被烧糊

他们去 Pemmy's 和 Sears 买格子印花衬衫

帆布的牛仔裤

他们的皮肤像褶皱的纱布

他们所熟知的那条乡间小路

平坦笔直、车流稀少

这些人把蔑视和失败

储存在他们布满褶皱、饱经沧桑的脸上

胜利与下巴的倾斜一致

他们得到带有破洞且褪色的帽子

他们握手坚定

言出必行

他们展示锋利的刀刃

对逝去旧日的时光念念在望

他们分散在巴卡伦格

观看主要的竞技活动

他们带着仪态端庄或者神情厌烦的妻子

去浸礼会教堂或卫理会

他们每周在卢比餐厅晚餐

在他们柔和的嗓音中有钢铁般的坚硬

在他们轻蔑的目光中有骨头的碎裂

在不屑一顾中保守着秘密

他们喜欢与其他男人一起开怀大笑

这些人对各种枪支口径了如指掌

熟知枪托、阀门和膛线

他们坚定的信条排列清晰

计量器是他们的歌曲

停车场就是港口

阳光之下

小船在柏油湾上漂来漂去

小船宽敞明亮带有驾驶室

保险杠车贴通过预言变成了咒语

讲述着美国故事

这些快乐活泼的妻子

满头金发

她们是得克萨斯的雅典娜

在她们的背后都有一个好男人

善战、勇武且友好

这些是亚洲人、西班牙人和黑人

他们目中无人、鬼鬼祟祟

他们是少数派，强壮且傲慢

他们展示无所不能的暴力

意图谋得一席之地

圆滑世故要么被人注目，要么被人视而不见

他们在堆满东西的桌子上坚持自己的方式

他们离开时发出微小的节拍和涟漪

梦醒时分

人到中年的忧惧快速褪去

这些都是年轻人，十八九岁，真诚的孩子们
他们是成年后的奋斗者，站立且有力量
眉头紧锁，嘴唇张开，目光如炬
光滑的肌肉，硬朗的发型
或在休假抑或在签约
他们看起来真诚且自信，几乎不被人注意
他们掌握着各种故事、传说、数据和观点
在头顶上抛来抛去

为短刀和锁具祈祷
幻想的匕首抛弃星星
塑料弩和吹箭筒
是红松鼠的祸根
在迷彩中专注地寻找符号
瞄准镜与手枪皮套
这些是年轻的男孩
他们从镜子里看到
成排的左轮手枪和步枪
在 AK 中镜子的碎片
用钢铁和油浸泡过的木头
那些明亮的图像抛向他们
谁在梦中舞动，编织着欲望
年老的人站在桌子中间
谈论、展示、证明
他们拖着欲望像推着诱惑的彩虹

他们边走边呼唤自己

　　我想要那样，总有一天我会达成梦想

　　通过诗歌中所呈现的意象和经历编织出一条线索，我认为这是枪支文化风格同源性的核心：这些文本代表和呼唤着想象社群，那就是工人阶级。枪支文化呈现出一种工人阶级的风格，它的符号被解读为具有工人阶级特征内涵，这就是把它凝聚在一起的东西，这就是它所谓的想象社群和主体，这就是风格如何建构社群和主体的关键，这种风格支持并产生工人阶级的价值观和动机。

　　谈到我所说的工人阶级，尤其是工人阶级风格，读者可能会产生某些疑问，为了解答这些疑问，我需要求助你们的知识，亲爱的读者，因为就像大多数风格一样，公众甚至整个世界都学会了如何解读和理解这种风格。它有同义词：蓝领、乡下人、中下阶层等。说到工人阶级风格，这些符号指向那些从事繁重体力劳动的人，尤其是从事大量的手工劳动的人，他们工资较低，按小时支付，他们没有生产工具，主要依靠双手劳动——对这些特征的描述能够让人产生一种强烈的符号共鸣。具有这些含义的符号构成了工人阶级风格的核心，就像步枪瞄准镜广告对其辛勤工作的想象社群所讲述的那样，尽管其产品让周末狩猎变得更容易，"但是，当到了熬过另一周工作的时候，你就只能依靠自己了"。〔AR，September 2006，p5〕换句话说，围绕着这样的文本，想象社群在非常辛劳地工作。在这些文章中，关于工人阶级亲自动手完成生产的描述非常多，他们能够熟练地使用工具，这是工人阶级的标志。美国流行文化中的许多符号都与工人阶级有关，而且这种联系经常是浮动性的。皮卡车、乡村和西部音乐、杰夫·福克斯沃西（Jeff Foxworthy）① 和他的乡巴佬笑话、饼干和肉汁、工会、铁头鞋——这些表示工人阶级的符号有一长串，但它们

---

① 杰夫·福克斯沃西，美国影视剧演员、制作人，其作品具有浓郁的乡村风格。

都形成了一种风格。如果你想要一种动感、夸张的工人阶级风格，去找一下雷·威利·哈伯德（Ray Wylie Hubbard）的畅销专辑《谵妄之音》(*Delirium Tremolos*)，听听里面的那首《乔克托·宾果》(*Choctaw Bingo*)。

丹·萨维奇（Dan Savage）是旧金山的一名中上层阶级记者，他同时也是同性恋，当走进射击场时，他说："我看起来可能不像个持枪者——牛仔裤太宽松，头发太短，大腹便便。"［p248］所有这些都与枪支文化风格是相反的，这种风格是在电视节目《拉维恩和雪莉》《罗斯安妮》《赏金猎狗》《蓝领的快乐之旅》等中向我们表演和教授的。如果你认识一位水管工人，当他不需要趴在水槽下工作时，可能穿西装打领带，读莎士比亚，午饭吃布里干酪和法国长面包，开沃尔沃（看，你认为这些不像工人阶级的风格吧！）。你也不会注意到医生和CEO们会时不时参观枪展，他们要么与枪支文化毫不沾边，要么就去带有工人阶级风格符号的场地参加聚会。我们说的是风格而不是现实，是媒体几十年来煞费苦心传授的一种风格。

这一章解释了枪支文化风格的构成元素如何展示出可能被解读成工人阶级属性的符号，以及展示这种风格的文本如何激发普遍内在的价值观、动机和行为。但是就像任何风格和意识形态一样，枪支文化包含一些有趣的矛盾，这是理解它在修辞方面如何运作的关键。首先，我认为枪支文化包含着一种对于工人阶级而言非常特别的矛盾，一方面，这是一种个体激情与自主决定之间的紧张关系，另一方面是对于权威、规则和法律的顺从。其次，我认为枪支文化风格与工人阶级某些奇怪的外在表现之间存在着矛盾，美国社会中，既有乡村工人群体，也有城市工人群体。枪支文化风格主要通过乡村工人表现出来：工装裤、破旧牛仔裤、牛仔帽、皮卡车、猎枪等。然而，人们可能携带武器的许多社会威胁都被描述为城市或郊区的：入室抢劫、商业抢劫、街道袭击、可疑的陌生人等。许多被描述为有这种危险行为的人属于城市工人阶级。我将对枪支文化风格形成的社会和政治含义做进一步的讨论和分析。

工人阶级风格

枪支文化是一种由符号组成的风格,这些符号主要被解读为具有工人阶级特征。一位专栏作家声称:他和他的兄弟们写关于枪支的文章就是为了"给我们的孩子买鞋",这表明了他们的经济地位〔AR,September 2006,p75〕。另一位作家宣称:"没有任何一位以枪支为写作主题的作家会成为百万富翁,我的品位和钱包会变得更加实用。"〔AR,August 2006,p85〕这两个风格都暗示了一种简单的、一元店式的风格。这并不是说,围绕着这种风格聚集在一起的个体或群体就是(不管这意味着什么)工人阶级。就风格而言,不能说表象就是实质,在可能产生并被枪支文化消费的文本中,诸如此类的评论所做的,就是唤起想象社群,形成工人阶级风格的操演、叙述和图像。

与之相似的例子是在南达科塔州斯特吉斯举行的摩托车车友年度聚会,有许多温文尔雅的专业车手、律师、注册会计师等参加,节日期间他们驾驶运来的哈雷机车,那种粗野的钢铁装置,很明显地成为想象社群的一部分,使他们以一种叛逆的风格聚集在一起。许多被枪支文化风格所吸引并表现这种风格的人更多是被符号而非现实所吸引,无论这些符号浮动与否。很明显,这些符号就代表着工人阶级。

让我们来看一些能够激发工人阶级风格的文本,在 rec. guns 网站上,有些帖子经常会激发工人阶级风格。比如,一场募捐活动要求捐赠"你辛苦赚来的政治金钱"〔AR,October 11,2006〕。在有关枪支文化的描述中,人们会使用多支不同口径的步枪进行工作,而不只是简单地用这些步枪来完成"射击"动作〔AR,October 11,2006〕。由此努力工作的精神被创造出来,奠定了工人阶级的风格。

在有关枪支文化的文学作品中,枪支经常被定义为"服务"或"职责"以激发起日常工人阶级的职业感。贝雷塔的最新产品被命名为一把

"提供服务的手枪"［AR，September 2006，p96］。美国 FNH 手枪被宣传为"电动工具"，可用于"上下班服务"［AR，September 2006，p41］。H&K P2000 V3 被描述为"值班用枪"［AR，September 2006，p58］。军用 M1917 刘易斯手枪在世界各地的战争中"见证了责任"［AR，September 2006，p62］。人们认为服务和职责更多是对类似工人阶级的警察、消防员或士兵的描述，而不是对白领高管的描述。工人阶级购买的枪支通常与其所展示出来的风格具有一致性，一把值班用的手枪与服务人员穿的制服具有风格上的同源性。

很明显，枪支文化在其符号系统中代表着坚定不移的工人阶级，在射击场、枪展和贩卖枪支商店，这些符号是非常明显的。一群烟民聚集在枪支展览的门外，抽着没有过滤嘴的香烟，我想，在金融区的豪华办公楼外，能看到许多这样的人。

那些具有地域特色的装束也呈现出明显的工人阶级风格，那些与枪支文化风格不搭的装束会受到排斥：昂贵、时尚的发型很少见。头发要么剪短，要么长发飘飘，要么是一些令人难以置信的过时的工人阶级发型，比如像梭鱼一样的发型。在得克萨斯州的奥斯汀，你会发现人们的头发更长，辫子和胡子更多，而在威斯康星州的密尔沃基，那里的人们更喜欢把胡子刮得干干净净，留着短发。但是人们看到的许多梳妆打扮策略都与工人阶级多种风格中的一种产生了共鸣。女人们通常都留有明显的与得克萨斯州风格较为相似的浓密头发，无论她们是否身处得克萨斯州，她们的头发又长又细，而且看起来最近还没怎么洗过。

出版物上的人物图片会传达出这样的信息，人们应当以枪支文化为核心选择一种适合的风格，这种风格要求简洁朴素的装扮。图片中经常出现的是有着糟糕发型的胖男人，穿着简单的工作服，比如 T 恤或者无领短袖衬衫，就像在"Lee"载重装备广告中看到的一样［AR，May 2006，p56］。美国隐秘携带协会（U. S. Concealed Carry Association）的一则广告中，一男一女都戴着牛仔帽，女士穿着褪色的粗棉布衬衫，男士穿着 T 恤，胡子邂逅，他们的脸上满是皱纹，饱经风霜［AR，May 2006，p59］。另一个男人穿着牛仔外套和褪色的棉布衬衫，留着胡子，这是一个维生素补充剂广告，宣传这种产品有助于改善视力［AR，May 2006，p73］。只要这两种风格都使用工人阶级的符号系统，枪支文化与其他风格可以有风格上的交叉，比如，摩托车手的风格。在 rec.guns 网站上有一个店主的海报，描述了一个带着手枪走进他店里的人，他"看起来像一个铁杆车手"。同样的海报描述了车主在"摩托车手酒吧"的愉悦体验［AR，October 7，2006］。

在枪支展览、经销商店、靶场看到的身体风格通常被认为是和工人阶级一样的，在夏天，人们都穿短袖的时候，文身非常常见，这是一个关于符号系统的例子。很明显，现在各个阶层的人都有文身，但不管怎样，这些文身都保留了工人阶级的含义。我相信在枪支文化中人们能够发现更庞大的身体、更臃肿的风格。这些体型不是在豪华的健身房锻炼出来的，也不是在晚上和西施犬一起悠闲地散步锻炼出来的，而是那些努力工作、晚上在沙发上休息喝啤酒的人所呈现的。这里没有身材苗条的白人公爵或者南希·里根夫妇（Nancy Reagans）。正如安东尼·波顿（Anthony Bourdain）所观察到的那样，"贫穷等于瘦、富裕等于胖这一古老的等式已经被改变，以至于现在工作的穷人身材变得庞大而行动迟缓，而只有富人才能通过聘请私人教练、抽脂手术以及持续性的温泉疗法来保持身材的苗条"。［pp12－13］

有些人的体型显示了在工厂或田间而不是在办公室里经历的艰苦生活所造成的伤害：有些人弯腰驼背，有些人跛行，有些人站立或坐着都有困难。一幅典型的、公开出版的图片呈现了一个汗流浃背、脏兮兮的猎枪手，他的手指缠着厚厚的绷带，像是最近受了比较严重的伤，或许是由于操作他的贝奈利（Benelli）霰弹枪不当而造成的［AR，October 2006，p11］。一名经常光顾密尔沃基枪支展览的交易商除了一节指关节外几乎没有其他手指，他的生意竟然是贩卖刀具。我想，在他经营商品销售的过程中，一定会受到手指残疾的困扰。

通常在枪支文化聚集的地方发现的服装也具有典型的工人阶级风格，在这里，这种风格体系的运作是通过排他方式进行的。在这些地方，你永远都找不到西装或者运动外套、领带、开襟羊毛衫之类的东西，更看不到擦得锃亮的皮鞋。花哨的夏威夷或瓜亚贝拉衬衫从来没人见过——穿着这种衣服太像去度假，穿着这些款式服装的人一般经济条件都比较好，即使去这些服装原产地逛一圈，他们也有足够的经济能力支付这些费用。你会发现一些由牛仔布、卡其布或合成纤维制作的简单朴素、适合居家的衣服。一张2006年全国步枪协会举办大会的照片展示了许多鹿皮、牛仔裤、棒球帽和牛仔帽［AR, August 2006, p59］。或许你会在靶场发现有人穿皮夹克，无论是经销商还是参观者，皮夹克褶皱和磨损越多，说明皮夹克越好。工装裤和牛仔裤很常见，通常是在折扣店买到的不怎么出名的品牌，与运动衫、格子衬衫搭配。《运动员指南》杂志建议读者根据该杂志上的广告购买折扣服装，杂志文章对一些简单朴素的服装进行了描绘［AR, October 2006, p64］。另外一个对该杂志问题的诉求显得很实在："不要再浪费你的钱了，尽可能少花钱！"［AR, August 2006, p41］。年轻的男人或男孩经常穿背心或衬衫，有人穿着工作服，口袋上缝着姓氏，肩膀上印着公司标识，这一点都不稀奇。印有褪色图标和口号的旧T恤、毫无特色的运动套装、旧皮鞋或帆布运动鞋是如今的主流。帽子相当常见，几乎都是棒球帽或牛仔帽。

来自《美国枪手》的图片说明了工人阶级风格的这些元素，诉说枪支文化应该展示什么，并对那些展示这种风格的人进行鼓动。一个男人和他的小儿子坐在城市的混凝土码头上（而不是一艘昂贵的船上）钓鱼，他们穿着简单朴素的衣服，戴着棒球帽［AR, October 2006, inside front cover］。一位手枪射击冠军戴着一顶宣传射击产品的遮阳帽［AR, August 2006, p21］，一位步枪射击爱好者在靶场戴着同样风格的帽子，但是帽子的标识不一样［AR, August 2006, p29］。那种风格在一个户外频道［AR, August 2006, p89］以及"塞拉牌"子弹［AR, July 2006, p25］的广告中再次出现，其他工人阶级的形象也都有所表现。毫无疑问，没有什么比埃尔维斯·普雷斯利（Elvis Presly）（"出生在密西西比州图珀洛的只有两个房间的房子里的穷人"）更能代表工人阶级的特征了，果不其然，埃尔维斯纪念版手枪的售价仅为不到两千美元［AR，September 2006，p3］。

牛仔风格通常与工人阶级风格结合在一起，成为一种另类的时尚前沿风格。雅马哈沙滩车广告中有勤劳的牛仔在竞技比赛上表演斗牛以及在森林里伪装成猎人的照片——表明了这样一种含义：在这个舞台上，没有什么比这些更阳刚了［AR，October 2006，pp30-31］。竞技场是一个隐喻，它将狩猎行为转化为融合了牛仔/竞技表演/工人阶级的体验。托尼·拉玛（Tony Lama）的靴子广告建议读者应当"看起来像牛仔，工作起来像独行侠"，"西部工作靴"是其在售的靴子系列的名称［AR，October 2006，p34］。牛仔帽、牛仔裤和一件西部衬衫的装饰就是鲁格（Ruger）枪械广告中的步枪手形象［AR，June 2006，p3］。

口音也能代表工人阶级。口音很通俗，我经历过的地方，都是口音很朴素诚实的中西部、南部或西南部。除了讨论枪支的技术细节外，词语往往都很简单。有一次，我和一位教授同事去参观一个枪支展览，我们在那里从"审美"的角度来讨论各种枪支——我们突然意识到，在那种语境下，"审美"这个词不太可能被我们周围的人广泛使用。布里斯（Burris）瞄准镜一个很普通的广告语说："这并不容易。"［AR，October 2006，p37］

我从来不会嘲笑那些参加枪展或者去靶场的人思想无知或者头脑简单，通常情况下恰恰相反——我的另一位关注枪支文化的朋友（也是门萨俱乐部的会员）曾经对枪支展览柜后面的经销商指指点点（这位经销商同样也是门萨俱乐部成员），但这种风格在语气和内容上都体现了一种说话方式，尤其表明了这样一种经历：长期工作的人很少有时间闲聊，他们在户外辛苦地工作。他们的言语是直接而中肯的，说话一般都比较谨慎——在枪展或射击场，你很少看到喋喋不休说话的人，大多数人都安静地坐在凳子上，靠着桌子，彼此礼貌地通过点头或眼神交流。闲谈的话题通常是关于枪支或政治的——而政治通常具有一致性的保守主义。rec. guns 网上有一个人发帖子抱怨说，他问一个人问题却得到了无礼的回答，那个人带着一把短枪。另外一个帖子对这件事进行了回应，并对之前发帖抱怨的人进行了一番奚落："你是不是对对方的脾气有点好奇？"[AR, October 8, 2006]。人们礼貌地相互称呼"先生"或"女士"，当人们穿过拥挤的枪支展览通道时，经常会因为不可避免的推搡或碰撞道歉。枪支买卖总是在友好的握手和眼神交流中结束，正如科幻作家罗伯特·海因雷恩（Robert A. Heinlein）所说的很有名且常被人引用的一句话："一个武装的社会是一个文明的社会。"

总之，进入枪支的世界就是进入符号的世界，这个世界允许自我成为由这些符号所建构的主体，这是一个系统的、可预见的围绕工人阶级意义旋转的世界。如今，任何这样的符号系统都不可避免地会产生矛盾，这些矛盾是理解这些符号所做的意识形态工作的关键，让我们来审视一下从枪支文化的工人阶级风格中出现的两组矛盾。

第一种张力：个体与自我决定相对于规则、秩序和服从

要想理解个人主义、自我决定与规则、秩序和服从之间的第一种张力关系，像我这样从事过工人阶级工作的经历会有所帮助。在美好的青春年代，我通过给建筑物刷油漆、在农场周围干活、铲肥料（现在我是一个大学的系主任）、搬运弹球机、当保安等这些工作来赚钱；还有一次，我在一家磨石场干了一份像狄更斯笔下描述的工作。在这些工作中，非常明确的是，你必须取悦老板才能保住你的工作——通常情况下你确实需要保住那份工作。对权威的顺从是必要的，但也必须是真实的，这种顺从通过工作和围绕工作的话语变得根深蒂固。

与此同时，一个人由于经济原因而向权威低头，工人阶级的经历往往是对权威的不满和蔑视，在严格管制的工厂或农场里日复一日地工作是非

常压抑的，条件很严苛，规则、秩序和程序几乎不允许有任何改变，创造性很少受到鼓励。你总会有这样的印象和记忆：你努力工作，冒着很多身体上的风险，赚的钱却比上司少得多，最后你的工作是让别人中饱私囊。那些被任命来管理你的人经常对你指手画脚，这会在你的内心中造成一种抵触。规则、秩序和服从与蔑视权威和权力之间的矛盾，在工人阶级风格中普遍地体现出来，无论是在广泛存在的文本中，还是在个体的操演中，人们可以在枪支文化的风格中发现这些矛盾。

服从权威、遵守规则，是许多工人阶级工作时关键的规则形式。如果一个人加入了工会，必须严格遵守工会的规则，这不仅有法律上的原因，还因为他们属于自己的阶级利益联盟。大多数工人阶级的工作场所都有严格的行为和程序规则，有时这些规则是为了确保重型设备的安全和正确运行，有时是为了保险。有时这些规则是被更高的管理层出于一些古怪的目的而保留下来的，但是规则、秩序和严格的程序是工人阶级真实日常生活所固有的，因此，对权威的顺从成为工人阶级风格的核心，工人们在工作时需要按部就班。

对规则和权威的顺从也表现在和枪支文化有关的文学作品中，可以将这些文学表达看作一种基于规则首要性的风格典范，这样围绕着想象社群的风格就会凝聚在一起。"枪战的第一规则"被幽默地描述成"拥有一把枪"〔AR，September 2006，p87〕，鼓励枪支拥有者努力"理解携带枪支和弹药旅行时必须遵守的规则和程序"〔AR，October 2006，p88〕，全国步枪协会成员被鼓励尽职尽责地报告他们在携带枪支旅行中观察到的"可疑的安全违规行为"〔AR，October 2006，p94〕。在卡特里娜飓风过后，警察要没收公民的枪支，那些希望保留枪支的公民被描述为"对法律怀有坚定信仰的人"〔AR，October 2006，p12〕，这种称谓通常用于那些希望合法持有枪支的人。

从某种意义上说，宪法第二修正案本身就体现了第一个矛盾："一支训练有素的国民卫队，是一个自由国家安全之必需，人民持有和携带武器的权利不应受到侵犯。"尽管我远不是一名宪法学者,但在这里,人们不必深究就会注意到对有关民兵的规定的强调,以及对一项普遍授予并分散在人民中间的权利的强调。另外,除了军人和警察携带武器是人们必须做的事情——把这些武器放在家里或者带在身上。人们甚至可以在宪法修正案的小漏洞中发现这一矛盾:"自由的国家。"我们可以争论说,在某种程度上,一个人是"自由的",那么对于"国家"来说,他就不是一个自由的主体;而在某种程度上,一个人如果遵从"国家",那么他就不是"自由的"。

当一个人学习射击的时候,通常会被要求遵守一系列严格的规定:假定枪支总是装满子弹的,不能用枪指向任何人,确定目标后面是否有其他东西,在开火之前手指要远离扳机。许多靶场主人或父母会把这些规则灌输给新手,这些规则确实很重要。如果他们服从命令,就很少会发生枪支事故。枪支文化的风格是以规则为基础的,但是在枪支文化中,人们不仅必须遵守规则,还必须表现出服从和遵守纪律的风格。

当人们聚集在一起射击时——无论是在有组织的比赛中还是在射击场进行个人练习时,通常都会有某种类型的"射击场管理员"负责执行规则。在一般情况下,这个人会以一种强硬的个人风格和正当的理由执行规则。例如,在一些户外靶场,特别是那些更基础性的、技术含量低的靶场,会不时要求射击者停火,以便射击者可以调整射击位置与纸靶之间的射程。更加重要的是,当人们走向目标时,所有的长枪都要放在长凳上,并停止做任何动作。射击者被发现在停火期间以任何方式违反这些规则都会引起靶场管理员的愤怒和其他射击者的排斥。我发现射击场管理者表现出近乎军事化的严格纪律,而射击者们也表现出一致的顺从。

在枪支展览和贩卖商店中也必须遵从这些规则,通常的做法是如果有人想要触摸陈列的枪支,想要空弹射击(扣动未装子弹枪支的扳机),店主必须提醒不能用枪瞄准任何人。如果有人违反了这些规则,那么他很可能会受到店主或其他购枪者的责难。风格是执行规则的一个重要部分,因为命令是用声音和仪态发出的，规则的执行总是伴随着高分贝的声调以及个体的果敢坚定，这也是权威性的表达。

在 rec.guns 网站上发帖通常会让人想起一些规则和程序，关于"再次装填"或者在家装填弹药（通常本身就是一种个人权利范围内的爱好）的讨论明确表明了遵守技术规范的重要性。这也是一件好事，因为不遵守这些规则可能会导致严重的事故。可以将这些警告看作在想象社群中对规则管理风格的在线操演和模型建构，有一位网友发帖表示他赞同人们制定的在射击之前子弹安全放置距离的规则。例如："我意识到子弹需要离地面稍微远一点。"［October 10，2006］。另外一个人的帖子遭到批评，因为他在商店里展示他的枪支，"他在商店里拔出枪，并指着隔壁的日光浴沙龙"。这将被纪律严明的枪手视为明显违反安全章程［October 8，2006］。有个帖子对这个人的拔枪动作进行了指责，认为他违反了有关隐秘携带武器的法律，帖子将此人描述为"一个认为自己已经凌驾于隐秘携带武器法令之上的奇怪的家伙"［October 8，2006］。其他人也对指责这种违反规则行为的说法进行附和："拿出枪支在店里晃来晃去是危险的行为，这表明这个家伙不负责任。如果他想给你看的话，首先应该征得你的同意，然后安全地把枪拿出来。"根据顾客的陈述，他保留枪支的目的是对付在路上妨碍他驾驶的摩托车司机。这个帖子继续援引法律的说法："用枪支来解决道路上的'不安全驾驶'问题，是不顾后果的犯罪行为。如果那样做，他应该受到指控。"［October 9，2006］另外一个帖子对一位谋杀犯的家人提出了严厉批评和指责，因为他们没有对儿子进行道德和社会准则方面的教育："妈妈在教育孩子方面是失败的，没有教给他如何分辨对错，我认为这个孩子的父亲在孩子的教育中是缺席的。"［October 14，2006］

引发枪支文化工人阶级风格的第一种张力，是因为这种文化也包含着对权力和权威的怀疑、怨恨和蔑视，这些都是规则的来源；工人阶级的另外一种矛盾是对专横且缺乏公正的权威的不满。工人阶级的生活常常在维持一份工作的需求和让上级知道如何超预期地完成工作的渴望之间保持平衡。这个矛盾的尖锐之处可以用里奥波特瞄准镜的一则广告来总结："打破规则是可以的——如果你是那个创立规则的人这种观点"［AR，October 2006，pp28-29］。既反映了一种打破规则的渴望，同时也表明，很大程度上，一个人是无法打破规则的。另一则枪支制造商的广告宣称："有人试图重新定义边界，金铂（Kimber：一种手枪名称）则直接消除了边界。"这表明了一种摆脱限制和束缚的强烈渴望［AR，August 2006，back cover］。

有人试图禁止枪支私有化，对这些人表达愤怒的一个主要方式就是将他们的言行记录下来。尤其在这里，我们可以看到枪支文化风格的工人阶级性质。"这种维度的风格是一种对权力的怀疑和憎恨。"这种风格体现在查尔顿·海斯顿对试图抢夺他的步枪的人给予一种修辞性回应。① 海斯顿在公开场合把枪举过头顶，一边摇晃，一边轻蔑地说："从我冰冷、僵死的手中把枪夺走吧。"（从 BBC 网站上可以看到"海斯顿枪"）赞成枪支管制的人常常被描述成"恶毒的企业巨头"［AR，May 2006，p10］或者"自由的媒体"［rec. guns，October 14，2006］，"富有的反枪支捐助者"从经济和社会层面优先予以资助［AR，September 2006，p16］。美国步枪协会执行副总裁韦恩·拉皮尔（Wayne Lapierre）认为识别反对者的标准是看其是否具有较高的经济地位："纽约亿万富翁市长迈克尔·布隆伯格（Micheal Bloomberg）正在成为一场反对私人拥有枪支的新文化战争的核心人物。"［AR，August 2006，p10］另外一个专栏中提到布隆伯格花费了"自己 8700 万美元的基金"用于他的竞选活动［AR，July 2006，p10］。抢枪者被描述为拥有一种精英主义心态，他们认为如果自己不拥有枪支，那么禁止枪支私有就是合理的［AR，September 2006，p15］。枪支文化中最冠冕堂皇的一种策略，就是枪支管控的拥护者认为他们是在雇用昂贵的保镖为工人阶级提供安全服务，并且尽可能减少开支：威斯康星州州长吉姆·道尔（Jim Doyle）（因为否决一个隐秘携带枪支的法案而被全国步枪协会

---

① 美国著名影星，代表作品《宾虚》，晚年对右翼政治产生兴趣。

鄙视）和他的"追随者"被描述为享受由普通市民买单的"豪华轿车和安全服务"［AR，July 2006，p15］。如果这些精英真的陷入了麻烦，他们有"贪婪的审判律师联盟"帮助他们走出困境［AR，August 2006，p10］。正如 rec. guns 网站上的一篇帖子［October 14，2006］所说的，如果你用枪自卫，这些律师会把你"拖进民事法庭"。政治正确的规则也侵犯了个人权利，正如 rec. guns 网站上一个帖子抱怨说："这就是我们电脑时代的问题，从来不会有真诚的答案。"［October 17，2006］

枪支管制的倡导者拥有强大的权力甚至特权，据称，反对枪支的纽约州参议员查尔斯·舒默（Charles Schumer）在一篇文章中被形容为"权力掮客"（power broker），他通过自由主义者"精心策划了对参议院的接管"［AR，October 2006，p10］，美国众议院议员拉姆·伊曼纽尔（Rahm Emanuel）被称为"比尔·克林顿的白宫控枪沙皇"［AR，October 2006，p10］。强大的反对枪支的对手被视为邪恶力量的象征，就像《哈利·波特》系列中的伏地魔［AR，September 2006，p10］。反枪械的积极分子背后都有强大的支持力量，比如，"纽约互联网亿万富翁安德鲁·麦凯维（Andrew McKelvey）"，他计划剥夺普通民众持枪的权利［AR，September 2006，pp14-15］。另一篇文章同样将资金充足的反枪支运动与"草根阶层、全国步枪协会成员的个人努力"进行了对比［AR，May 2006，p10］，傲慢的企业或官僚权力经常被指责"对守法公民采取高压手段"［AR，May 2006，p15］。

联合国是典型的邪恶势力机构，致力于"禁止世界范围内的平民拥有小型武器"，而美国官员被描述为"坚决不向影响联合国的独裁者和恐怖分子让一寸土地"［AR，September 2006，p10］。联合国与社会精英之间的联系很清楚："现在联合国正在参与一项全球禁枪计划，它由一些古怪的反枪支的亿万富翁组成，组织严密，资金充足。"［AR，August 2006，p12］关于这些主张，值得注意的不是它们的装腔作势，而是它们表现和引领的对权威不满的风格。

Rec. guns 网站上描述的一个事件显示了枪支文化和权威之间的紧张关系。一个穿着粗鄙的人走进一家邮局，带着一把没有隐藏好的手枪，柜台后面的职员报告说："我问他那把枪是他个人的还是派发的。"换句话说，我问他是不是执法人员，对方"立刻向后退了几步，看了我一眼，然后举起手问，'我看起来像一个警察吗？'"［October 7，2006］很明显，这位顾客看起来衣衫褴褛，无论如何看也不像一个警察，当他被误认为是一位警官时，他显然感到了冒犯，但是请注意，当他否认自己是一名警察时，言行举止间透露出来的权威与他朴素的衣着构成了明显的反差。总之，枪支文化在普通工人阶级身上表现为顺从与憎恨、权力、权威之间的张力。尽管大多数人在某种程度上体验过这种张力，但工人阶级尤其有可能在社会和政治层面发现这样一种直接和深层次的冲突。

第二种张力：乡村工作环境和城市的威胁

枪支文化风格在工人阶级尤其是乡村工人阶级中表现得尤为明显，这种风格表明他们依靠土地工作和生活。一个狩猎用双筒望远镜的广告中这样说："在科罗拉多州，农业非常发达，经常可以看到麋鹿在田地里出入。"［AR，September 2006，p43］乡村工人阶级的形象无论通过亲自操演还是通过其他方式被表征出来，都属于枪支文化的一部分。如果你去参加一个枪支展览，你会发现停车场里到处都是体型巨大的皮卡、载货汽车和吉普车。当我把我的银色双门轿车停在它们中间的时候，感觉像置身于大峡谷的谷底。我不知道使用这些交通工具人中有多少是真正做乡村工作的，但世界上根本不可能有那么多农场主和农民。这是一种工人阶级风格的呈现，一种包含了具有独特真实性的风格。皮卡车与枪支文化的联系在"鲁格拉姆"（Ruger Ram）的首发仪式上得到了确认。这是一款"促销概念车"，是一款由鲁格枪械公司生产的道奇公羊皮卡［AR，May 2006，p30］。和服装一样，人们很难在汽车风格中发现枪支文化风格。枪支类出版物很少或从来不做轿车广告,你更有可能从中找到北极星 X2 越野车的测试广告 [AR, July 2006, pp30 - 31]。这是一些重要的符号,围绕着这些符号,想象社群聚集在一起。我认为,把枪支文化理解为一个想象社群是非常重要的,现实中的人们因为风格被一种社群感所吸引,他们在枪支商店、枪支展览和射击场等象征性资源中建构自己的身份感。

如上所述,个人外在表现呈现出工人阶级的符号,但也特别表现出乡村工人阶级的特征,褶皱的皮肤通常很能说明烟龄和户外工作的时间。靴子很普通,也不太可能是新的和锃亮的,而是有些褪色,显示出多年户外的暴露。印有厂商标志的赠品帽子显示出明显的农业工具公司或种子公司的标志。

《美国枪手》杂志的图片重复着一个乡村户外的主题,DR 碎片机的广告中这样写道:"利用你的拖拉机的动力来清除难看的刷子堆。"[AR, June 2006, p37] 应当避免在 SOHO 中办公时出现类似的困扰和麻烦,广告提供了《征服西部:向步枪致敬》中的旧西部场景,伴随着古老风格的乡村画面 [AR, October 2006, p5]。在亨利步枪的一个图片广告中,一名身穿牛仔服的男子睡在篝火旁的草地上,另一名男子穿着带花边的西部夹克 [AR, October 2006, p5]。马林步枪的一个广告显示了非常常见的有野生动物的户外场景,图片中山水秀丽、驼鹿肥美 [AR, June 2006, p21]。

狩猎是枪支文化风格中非常重要的组成部分,当然,狩猎必然是一种乡村体验。在枪支展览现场、射击场或经销商店,人们有时会穿上狩猎迷彩服。出版物上到处都是猎人和被击中的动物的图片。狩猎经历的故事被广泛交流,偶然听到的谈话大多是围绕着过去或最近的狩猎旅行,或者是为未来的狩猎旅行做准备,以及在各种狩猎活动中对装备和枪械的偏好。在 rec. guns 网站上经常看到非常熟悉的有关狩猎活动的帖子,比如在这里提到的温彻斯特步枪,"用温彻斯特 92 型不能捕获像熊这样的大家伙"[AR, October 12, 2006]。

狩猎还被描述成一项具有功利性的任务,不仅能够增加餐桌上食物的种类,还能增加家庭的经济收入,因此,狩猎不仅仅是一项具有刺激性的运动。户外工作看起来很风光，然而现实却是很辛苦。有一则广告这样写道："气温只有32华氏度，雨夹雪，对于骑士来说这是伟大的一天。"图片中是深邃、被大雪覆盖的森林，一位猎人穿着厚重的迷彩服，拿着一把黑火药步枪［AR, October 2006, p1］。另一幅图片刻画了一位猎人在辽阔的户外场景中透过西蒙斯瞄准镜正在瞄准，这款瞄准镜目前正在销售［AR, October 2006, p7］。弗兰奇猎枪被描述为"可以发现松鸡和山鸡的藏身之处"的理想装备，这显然谈的是农村工作［AR, October 2006, p79］。在 rec. guns 网站上，人们经常会发现在乡村环境中打猎的故事描述，例如："我住在得克萨斯州南部，不打算去很远的地方打猎，我的主要目标是鹿和野猪。"［AR, October 22, 2006］另外一个帖子倡议说"如果你只是猎杀鹿和野猪"，那么就使用 2.7mm 口径子弹；如果是猎杀"麋鹿和熊"，那么可以使用 3.0~3.6mm 口径的子弹［AR, October 23, 2006］。另外一位猎人也推荐使用 3.0~3.6mm 口径的子弹去猎杀麋鹿或熊［AR, October 23, 2006］。有一个很长的狩猎故事讲的是"阿拉斯加疾控中心的第二把手"，他在阿拉斯加猎鹿时"面对一头棕熊时使用 2.7mm 口径子弹，他的尸体在矮树丛中被海岸警卫队发现，半个身子都被棕熊吃掉了"［AR, October 23, 2006］。

人们经常在枪支杂志中发现反映工人阶级的主题，在这些杂志中，枪支及其配件就是一种工具，特别是用于"杂事"或处理相关的任务。这款神火牌手电筒是父亲节必备的，因为"它可以随身携带、使用，而且你常年都可以从中获得乐趣……可用于露营、钓鱼、徒步、打猎、应对灾害，或者只是在晚上用来换轮胎"［AR, June 2006, p13］。这些术语和工具描述的工作类型都表明了一种乡村工人阶级的风格。

有一种步枪被称为"毒液步枪"（varmint rifle），例如野蛮人 12 系列，这款步枪作为专门用来杀死农业害虫的工具而被推荐给顾客［AR, October 2006, pp72-73］，6mm 雷明顿子弹被描述为"更实用的毒液子弹，是对付土狼的利器"［AR, September 2006, p54］。Rec. guns 网站的一篇帖子讨论了如何"更有效地利用 3.08mm 口径毒液步枪对付土狼"〔AR, October 23, 2006〕。另外一篇帖子认为 3.0~3.6mm 口径的子弹和步枪"有了合适的弹药,足可以对付包括灰熊在内任何动物(假定你不介意在杀死小动物时的'红色迷雾')"〔AR, October 22, 2006〕。这样的话,枪支就成为一种多用途工具。

枪支并不是广告唯一提到的乡村工人阶级使用的工具,因为你可能会发现,在广告中,DR 割草机可以"很轻松地完成修剪草坪、养护牧场的工作,并且将路边、栅栏旁和小路上的杂草清除掉"〔AR, October 2006, p97〕。Rec. guns 网站上的一篇帖子用工具的语言将一支步枪描述为"使用起来像手枪一样超级棒"〔AR, October 12, 2006〕,另一篇帖子描述发帖者正在"消费升级",主要对工具感兴趣,正在寻找"一把新的莱特曼 e307x 折叠刀"〔AR, October 11, 2006〕。有一个帖子用一种熟悉的表达方法将工具和狩猎联系起来,描述了将一把买来的手枪用作工具"在森林里工作"〔AR, October 9, 2006〕。

如果说乡村工人阶级的风格被广泛演绎,那么,恰恰相反,枪支文化中的许多符号表明了城市威胁的背景。"每 23.1 秒就有一起暴力犯罪发生,当你所爱的人成为犯罪目标时,你如何保护他们?"有一个政治团体的广告中曾经这样问道〔AR, September 2006, p92〕。任何枪支商店、射击场或枪展在各种枪支的展示中都会表征出一个城市的意义及其危险。黑色或闪亮的半自动手枪、AR-15"黑色步枪"或 AK-47,无论是军用淘汰的还是新近为民用市场制造的,这些枪支都带有城市战斗和危险的意味;人们还可以购买像《美国枪手指南:黑色步枪》这样的杂志〔AR, August 2006, p31〕。我们从媒体,如电影、电视和流行音乐(尤其是嘻哈音乐)中了解这些城市,这些城市中到处都是关于各种枪支可能危害我们的视觉或言语的叙述。这种对城市危险的想象所形成的风格引发了人们的高度警觉,即每一个路过陌生人或者有人敲门都可能意味着一次攻击——当然,与所谓的悠闲淡然不同,乡村风格也是枪支文化的一部分。

每一期《美国枪手》的开头都有一个叫"武装公民"的章节，里面是来自全国各地报纸的简短摘录，内容是全副武装的公民通过展示或者使用自己的武器，成功地保护自己、家人和财产免受攻击。这些奇闻轶事大部分发生在城市或城镇，很少有关于农民拿起猎枪保卫荒凉、与世隔绝的牧场的故事。在这些故事中，当有人试图破门而入抢劫时，这些人正在自己的家中或者城镇的营业场所，除了很明显的盗窃案之外，这些袭击都没有什么很明确的作案动机。不可遏制的愤怒、终身犯罪成瘾，以及强烈的破坏欲是这些袭击者的明显特征。因此，对持续存在的威胁的预期就在这种文化中得到了培植。

例如，某一期杂志［AR, October 2006, p8］讲了这样一个故事，有一个入侵者破门而入偷了当地银行的钥匙，这意味着故事发生在密集的城市环境中。有一个故事是关于一个"有暴力倾向和长期犯罪记录的盗贼"潜入丹佛一户人家中，另外一个故事是关于一个男人返回他底特律的家中时遇到"一个蒙面枪手正藏在他的车库里"［AR, October 2006, p8］。还有一个底特律的居民醒来发现一个陌生人正在厨房里数他的钱，于是这位居民拿枪把这个陌生人制服送到警察局［AR, July 2006, p8］。在休斯敦，有一位房主面对"两个不怀好意的持枪青少年"并向他们开枪射击，而另外一位居民开枪打伤了一个"假冒的电力工人"，那个人试图再次潜入他的家中［AR, September 2006, p12］。然而在休斯敦，另外一个在郊区的入侵者跑出六码时被房主开枪击中［AR, August 2006, p8］。休斯敦的暴力犯罪可谓非常出名，就像在"武装公民"专栏中报道的大多数的暴力冲突和遭遇：一位居民在门口遇到手持撬胎棒的暴徒，另一名房主在进入自己的房子时遇到了强盗——两起事件都以房主向袭击者开枪而结束［AR, July 2006, p8］。除了"武装公民"这一专栏之外，杂志还提到了警察没收枪支的行为，"这让新奥尔良善良的人们对四处游荡的罪犯毫无防备"，这些罪犯分布在城市的四周，几乎没有受到警察"细蓝线"的压制［AR, October 2006, p10］。

Rec. guns 网站上的帖子倾向于描述城市安全受到的威胁。有人宣称，"只有歹徒和罪犯才会携带枪支恐吓他人，好公民携带枪支来保护自己和他人免受严重伤害"〔October 9，2006〕。另外一个帖子报告说，"嫌疑人和一名侦探在城市的一个区域还发生了枪战"〔October 13，2006〕。在一篇冗长的帖子中，有人回忆起在担任副警长期间"认识的许多警察殉职"，他所叙述的这些事件发生的背景大多是市区或郊区〔October 18，2006〕。

因此，作为城市经验中一种普遍存在的因素，枪支文化风格能够唤起一种危险的动机。我认为这样描述的一个强烈暗示是城市社会语境本身，特别是一个充满陌生人的异质语境是具有危险性的。在宽阔的户外环境中，枪支文化风格是较松的，而在狭窄的街道，枪支文化风格则呈现出明显的警惕性，目前，这两种语境之间的冲突依然没能得到解决。

如前所述，说枪支文化有一种矛盾的风格并不是一种消极的批评。每一种受意识形态影响的风格都存在矛盾，因为意识形态本身就是矛盾的。矛盾可以成为意识形态和风格非常有趣的表意窗口，枪支文化也是如此。

从某种意义上说，这里观察到的两个矛盾是相互重叠的——它们在表意和共鸣方面融合在一起。在乡村环境中，人们可以随心所欲，而不必受到邻居或警察的指责，而城市和郊区的人们则需要谨慎行事。对比一下在乡村野外和在城镇用散弹枪射击，看看规章制度和不受约束的自由会有什么样的不同结果。即使狩猎管理员就在附近，狩猎在很多方面都具有自由行动的本质，人的双手能够掌握强大的自由行动的权利。如果在城市里，就要受到权威和法律的约束，这两种矛盾相互触及，一方面是强大的机构之间的对立，另一方面是令人沮丧的约束。

这种紧张或对立可以归结为一种图像或形象：那支上了膛却从未开火的枪。有枪的人经常会在某个地方有这样的体验：把枪放在车里，藏在衬衫里，锁在枪柜里，放在床底下等。我们可以声称，这样的一支枪在现实中正在被使用，即使从来没有开火，因为它随时准备开火，无论是好是坏，而这正是枪支拥有者需要它的目的。另外，这种武器不能被描述为装满弹药、没有杀人的枪，这一形象体现了行动的准备和行动的限制之间的张力关系，对枪支文化具有冲突性的意识形态进行了概括。与许多其他风格相比，它是一种压制性的力量，权力被束缚——政治影响对于工人阶级一直处于这样一种具有持久性的霸权地位。

根据定义，工人阶级实际上是资本主义晚期被剥削被压榨的群体。压制工人阶级的霸权结构有许多征服性的策略，这一章所表现的枪支文化矛盾中所包含的机构与约束之间的张力是这种征服的主要手段。因此，枪支文化风格可能被视为极力维护资产阶级剥削结构的一部分，处于枪支文化风格中的主体可能知道他们被压榨，却感到只有非常有限的手段来抵制这种剥削。这就是枪支文化风格的社会和政治运作，也就是说，这是枪支文化风格的修辞。

如果革命来了，穿着短靴的暴徒出去没收武器，枪支文化可能会第一个跳出来，轻蔑地喊道："来拿吧。"它也可能率先向权威屈服，因为它一生都在接受这样的训练。自由的射击场和独立的野外狩猎机构可能会非常流行，或者这种文化会聚集在被包围的城市居民中间，他们会为每一个上门送热比萨的人开门。但是，人们不需要如此戏剧性地发起一场革命，因为工人阶级每天都必须面对这些张力。工头和监工们从那些每天劳动的人温暖而有活力的双手中窥探创造性和自尊，而工人们的个人自由和人身安全一直受到恶劣的工作条件和不公正的规则的威胁。在复制这些张力的过程中，枪支文化风格很可能将会继续指导工人阶级与它们生活在一起。

后记：想象的词源学

> 如果老于世故就是控制我们基本行为的要紧事物，那么我们现在可能就老于世故了。
>
> ——昆汀·克里斯普《如何过一种有风格的生活》

本书从序言开始，这似乎和我以一个异想天开的后记结束具有相同的逻辑。这是一本关于如何上演一场精彩表演、创造一个人物角色、展现一本风格的书。因此，我希望"序言"的词源与它的实际情况有所不同，因为它不仅会影响"后记"这个术语的意义，也会影响整本书的意义。"序言"这个词源自拉丁语 praefatio，意思是预先准备好的，这种意义解释基于拉丁语"fatum"（命中注定），因此是完全可以预测的。当然，后记必须是一种事后的说法，我多么希望这两个词都是从 facie 衍生而来，其意是脸或面部。但是就风格而言，只要它们看起来不错，我们就可以让这两个概念组合到一起产生一种有趣的关系。

序言要先于脸部露出来，而后记要在脸部的后面。脸部就是表象的象征，它是一种只有通过皮肤才能呈现其美丽的事物，它是风格的游乐场，是掩饰和伪装的工具。夹在序言和后记中间的书的正文就像是一张脸、一个屏幕、一个面具、一个伪装的外表——要找到 persona 的真正词源并不难，就像表演者在表演中戴着面具说话一样。从某种意义上说，这本书就是我为读者呈现的风格，它也是我所戴的面具。就像今天如此类型繁多的风格一样,这就是你们大多数人将会遇到的所有的我。对于你们大多数人来说,从最实际的角度而言,这种书呆子气的脸就是我。表象、脸面,这就是我的实质。然而,如果你已经走到这一步,可能不会认为我显露的面部是无关紧要的。亲爱的读者,当你暂时围绕着这本书的内容建构你自己的形象时,你又是谁呢?你是用什么风格阅读我的著作,并在脑海中组织反对或赞美的言语?作为读者,你的风格是否仅仅因为它是一种风格而无关紧要。

无关紧要、不真实、肤浅,这就是许多抱怨的本质,这些抱怨可能会萦绕着对我的风格的处理。许多人可能会觉得,到头来,风格仍然只是一种表象,一个日益沉迷于风格的世界对学术的依赖会走向地狱。读者仍然可能会拒绝我早期的"物质崩塌化为风格"的论断,这种关切是真实的,是有道理的,我在论点结束之处值得对此做出相应的回应。

首先,我们需要吸取历史教训,谨言慎行。每个时代都寄望过去(尤其是不远的过去)的美好,并将这个美好的过去与当前的时代相比,而当前的时代往往被这个时代的人视为堕落的渊薮。他们的孩子会以同样的方式看待这个世界,在历史的长河中,我们很难看到自己的位置,也不可能看到自己的未来。我们的后代,也存在同样的焦虑,我们所有的美德和罪恶都被历史书浓缩成寥寥几句话。当涉及由新技术支持的变革时,这一点尤其正确。尤其是在其被发明的最初几年,每一种新技术都令人恐惧,并与之前的技术进行不适宜的比较,从而被误解。与计算机进入全球市场和文化时相比,现如今我们对计算机的担忧已经很少了,而且无论如何,由商业和技术推动的全球文化变革浪潮是不可逆转的。如果我们被驱使着参与过度消费中以此来支持晚期资本主义时代的工业生产,那么世界各地的人们无疑已经痴迷于风格而无法自拔。技术制造出了风格和娱乐,并且越来越使人痴迷,思维方式从言语、说明等转向一种更为明显的混合化审美,这就是技术的发展趋势。

我们的任务是去理解,而不是抱怨和哀叹。我确信,一旦一种新世界中充满活力的话语风格、修辞和政治对于人们变成一种平常的事情，它就会逐渐具有政治正确性。关键是要知道这个在全球传播的意义体系是如何运作的，并理解我们在其中所处的位置。我相信本书和其他类似的著作在帮助人们理解这一点上是很重要的。

你会注意到，本书的每一章都以昆汀·克里斯普的一句警句开头。克里斯普是一位古怪且了不起的人，他自称是"英格兰最高贵的男子之一"，是一位了不起的风格大师，他为自己的技艺付出了高昂的代价（例如，在那个"欢乐老英格兰"不能容忍这样的事情的日子里，他依然我行我素穿着优雅的服装）。我想以这个后记的警句作为结尾，因为它将我们可怕的新世界风格与古老的修辞传统联系起来。克里斯普提醒我们，修辞学的历史是一段冗长的、充满了风格的论争。

20 世纪的修辞理论经历了古代诡辩家的重新发现和复兴，苏珊·加勒特（Susan Jarratt）和爱德华·夏帕的作品（《开始》）是一流学者的两个强有力的例子，表明诡辩家不是柏拉图在几篇对话中所描述的无赖和笨蛋，也并非像后人认为的那样臭名昭著。这种对诡辩家的新理解将其视为拒绝成为柏拉图笔下所描述的将思维与行动、理论与政治参与、理性与审美分离的老师。诡辩家们传授了一种将智慧与行动结合起来的方法，一种在政治机构中操纵思想的方法，一种在解决人类问题时将人类所有的能力结合起来的方法——包括风格、审美和理性。这不是我们今天所需要的吗？这难道不是人们在一个如此强烈地感受到市场和审美影响，却又不失理性思考的世界中想要的愿景吗？历史上其他的思想家已经在诡辩修辞中看到了人类能力统一的可能性。西塞罗在《论演说家》中攻击柏拉图切割思想和行为、修辞学和哲学的二元论，指责柏拉图"就像离婚一样，把舌头和心灵分开，这种强行地制造分离是荒谬、无用的，应该受到谴责，应该有人教会我们正当地思考和从事"[3.16]。然而在我们这个时代，离婚已经被废除了，在风格层面，我们可以看到对人类更美好的婚姻。今天的政治顾问既教给怎么说，又教给如何打领带；今天的广告只告诉你产品的一种用途并让你欢娱 20 秒，我们能够从中看到某种和解吗？

马克·贝克曼（Mark Backman）在他的《论诡辩家与诡辩》一书中指出，我们今天都已经成为诡辩家。我赞同他的观点。诡辩家们主张自我意识，即人们希望改变世界的意识，以及在他人眼中的形象是什么样的，最重要的是，如何对这种感知进行调适以达成想要的结果。我们今天的修辞是一种诡辩的修辞，我们的问题和快乐都是通过一种包含所有符号、图像、叙述、服装和争论的风格话语来解决的。尽管晚期资本主义存在种种缺点，但不可否认的是，晚期资本主义通过一种扩展到全球性的修辞网络将消费者/受众/公众联结起来，并且，在这个过程中，许多人为的障碍和分歧也被消除了。风格修辞学是新的，也是旧的，它是我们今天在世界中的交流方式。

参考文献

Ackroyd, Peter. *Dressing Up: Transvestism and Drag: The History of an Obsession.* London: Thames, 1979.
Adorno, Theodor W., and Max Horkheimer. "The Culture Industry: Enlightenment as Mass Deception." Miles, Hall, and Borden 95.
Alansari, Bader. "The Relationship between Anxiety and Cognitive Style Measured on the Stroop Test." *Social Behavior and Personality: An International Journal* 32 (2004): 283–294.
Allport, Gordon. *Personality, a Psychological Interpretation.* New York: Holt, 1937.
Althusser, Louis. *Lenin and Philosophy and Other Essays.* Trans. B. Brewster. New York: Monthly Review, 1971.
Ambady, N., M. Hallahan, and B. Conner. "Accuracy of Judgments of Sexual Orientation from Thin Slices of Behavior." *Journal of Personality and Social Psychology* 77 (1999): 538–547.
Ambady, N., M. Hallahan, and R. Rosenthal. "On Judging and Being Judged Accurately in Zero-Acquaintance Situations." *Journal of Personality and Social Psychology* 69 (1995): 518–529.
American Rifleman. Fairfax, VA: National Rifle Association. May–October 2006.
Archer, Dane, and Robin M. Akert. "Words and Everything Else: Verbal and Nonverbal Cues in Social Interpretation." *Journal of Personality and Social Psychology* 35 (1977): 443–449.
Aristotle. *The Rhetoric and Poetics of Aristotle: Modern Library Edition.* Ed. Edward P. J. Corbett. Trans. W. Rhys Roberts and Ingram Bywater. New York: Random, 1954.
Babuscio, Jack. "Camp and the Gay Sensibility." Bergman 19–38.
Back, Les, Michael Keith, and John Solomos. "Reading the Writing on the Wall: Graffiti in the Racialized City." Slayden and Whillock 69–102.
Backman, Mark. *Sophistication: Rhetoric and the Rise of Self-Consciousness.* Woodbridge, CT: Ox Bow, 1991.
Barnard, Malcolm. *Fashion as Communication.* 2nd ed. London: Routledge, 2002.
Baudrillard, Jean. *The Ecstasy of Communication.* New York: Semiotext(e), 1987.
———. *Simulations.* New York: Semiotext(e), 1983.

Bauman, Zygmunt. *Community: Seeking Safety in an Insecure World.* Cambridge, UK: Polity, 2001.

———. "From Pilgrim to Tourist—or a Short History of Identity." Hall and du Gay 18–36.

Becker, Carol. "The Art of Subversive Image Making." Slayden and Whillock 103–112.

Beitel, Mark, Elena Ferrer, and John J. Cecero. "Psychological Mindedness and Cognitive Style." *Journal of Clinical Psychology* 60 (2004): 567–83.

Bellesiles, Michael A. *Arming America: The Origins of a National Gun Culture.* Brooklyn: Soft Skull, 2003.

Benjamin, Walter. *Illuminations.* Trans. Harry Zohn. Ed. Hannah Arendt. New York: Schocken, 1968.

Bergman, David, ed. *Camp Grounds: Style and Homosexuality.* Amherst: U of Massachusetts P, 1993.

Bernstein, Jacob. "New York's Gun Culture." *New York.* 1 October 2006 <http://newyorkmetro.com/nymetro/news/people/columns/intelligencer/9920/>.

Bitzer, Lloyd F. "The Rhetorical Situation." *Philosophy and Rhetoric* 1 (1968): 1–14.

Blair, Hugh. *Lectures on Rhetoric and Belles Lettres.* 1783. Philadelphia: Zell, 1860.

Bourdain, Anthony. *The Nasty Bits: Collected Varietal Cuts, Usable Trim, Scraps, and Bones.* New York: Bloomsbury, 2006.

Bourdieu, Pierre. *Acts of Resistance: Against the Tyranny of the Market.* Trans. Richard Nice. New York: New, 1998.

Brummett, Barry. "At the Gun Show." *Pedestal Magazine.* December 2004–February 2005. 1 October 2006 <http://www.thepedestalmagazine.com/Secure/content/cb.asp?cbid=4545>.

———. "A Counter-Statement to Depoliticization: Mediation and Simulational Politics." *Nordicom* 26 (2004): 111–120.

———. *Rhetorical Homologies: Form, Culture, Experience.* Tuscaloosa: U of Alabama P, 2004.

———. *Rhetoric in Popular Culture.* 2nd ed. Thousand Oaks, CA: Sage, 2006.

———. *The World and How We Describe it: Rhetorics of Reality, Representation, Simulation.* Westport, CT: Praeger, 2003.

Bryant, Donald C. *Rhetorical Dimensions in Criticism.* Baton Rouge: Louisiana State UP, 1973.

Buie, Sarah. "Market as Mandala: The Erotic Space of Commerce." Miles, Hall, and Borden 26–28.

Burke, Kenneth. *A Grammar of Motives.* Berkeley: U of California P, 1962.

———. *Language as Symbolic Action.* Berkeley: U of California P, 1966.

Butler, Judith. *Gender Trouble: Feminism and the Subversion of Identity.* New York: Routledge, 1999.

———. "Performative Acts and Gender Constitution: An Essay in Phenomenology." *Performing Feminisms*. Ed. Sue-Ellen Case. Baltimore: Johns Hopkins UP, 1990. 270–282.
Campbell, George. *The Philosophy of Rhetoric*. Carbondale: Southern Illinois UP, 1963.
Cantor, Paul A. *Gilligan Unbound: Pop Culture in the Age of Globalization*. Lanham, MD: Rowman, 2001.
Cashmore, Ellis. "America's Paradox." Guins and Cruz 159–167.
Cicero, Marcus Tullius. *De Oratore (On the Orator)*. Trans. E. W. Sutton and H. Rackham. Cambridge, MA: Loeb, 1942.
Coates, Nigel. "Brief Encounters." Miles, Hall, and Borden 221–223.
Coelho, Denis A., and Sven Dahlman. "Comfort and Pleasure." Green and Jordan 321–332.
Crane, Diana. *Fashion and Its Social Agendas: Class, Gender, and Identity in Clothing*. Chicago: U of Chicago P, 2000.
Crisp, Quentin. *How to Have a Life-Style*. Los Angeles: Alyson, 1979.
Danesi, Marcel. *My Son Is an Alien: A Cultural Portrait of Today's Youth*. Lanham, MD: Rowman, 2003.
Davila, Joanne, Sara J. Steinberg, Lorig Kachadourian, Rebecca Cobb, and Frank Fincham. "Romantic Involvement and Depressive Symptoms in Early and Late Adolescence: The Role of a Preoccupied Relational Style." *Personal Relationships* 11 (2004): 161–179.
Debord, Guy. "The Commodity as Spectacle." Guins and Cruz 109–114.
de Certeau, Michel. *The Practice of Everyday Life*. Berkeley: U of California P, 1984.
Deutsche, Rosalyn. "Alternative Space." Miles, Hall, and Borden 200–203.
Donald, James. "The Citizen and the Man About Town." Hall and du Gay 170–190.
Doty, Alexander. *Making Things Perfectly Queer: Interpreting Mass Culture*. Minneapolis: U of Minneapolis P, 1993.
Douglas, Mary, and Baron Isherwood. *The World of Goods: Towards an Anthropology of Consumption*. London: Routledge, 1979.
du Gay, Paul. "Organizing Identity: Entrepreneurial Governance and Public Management." Hall and du Gay 151–169.
Evans, Jessica, and Stuart Hall. *Visual Culture: The Reader*. London: Sage, 1999.
Ewen, Stuart. *All Consuming Images: The Politics of Style in Contemporary Culture*. New York: Basic, 1988.
Ewen, Stuart, and Elizabeth Ewen. *Channels of Desire: Mass Images and the Shaping of American Consciousness*. 2nd ed. Minneapolis: U of Minnesota P, 1992.
"Famous Scotts: Sir Walter Scott (1771–1832)." 1 July 2006 <http://www.rampantscotland.com/famous/blfamscott.htm>.
Featherstone, Mike. *Consumer Culture and Postmodernism*. London: Sage, 1991.

Finnegan, Cara A. *Picturing Poverty: Print Culture and FSA Photographs.* Washington, DC: Smithsonian, 2003.

Fisher, Walter K. "Narration as a Human Communication Paradigm: The Case of Public Moral Argument." *Communication Monographs* 51 (1984): 1–22.

Fiske, John. "Popular Discrimination." Guins and Cruz 215–222.

———. *Understanding Popular Culture.* Boston: Unwin, 1989.

"French Headscarf Ban Opens Rifts." 11 February 2004. BBC. 1 July 2006 <http://news.bbc.co.uk/1/hi/world/europe/3478895.stm>.

"French Muslims Fear 'State within State.'" 12 February 2004. BBC. 1 July 2006 <http://news.bbc.co.uk/2/hi/europe/3482641.stm>.

Frith, Simon. "Music and Identity." Hall and du Gay 108–127.

Gabler, Neal. *Life the Movie: How Entertainment Conquered Reality.* New York: Knopf, 1998.

Gallaher, Peggy E. "Individual Differences in Nonverbal Behavior: Dimensions of Style." *Journal of Personality and Social Psychology* 63 (1992): 133–145.

Geiser-Getz, Glenn C. "Worlds at GWAR: Celebrations of Juvenile Resistance in Post-Punk Pop." Slayden and Whillock 247–266.

Gibson, William. *Count Zero.* 1986. New York: Ace, 1987.

———. *Mona Lisa Overdrive.* New York: Bantam, 1988.

———. *Neuromancer.* New York: Ace, 1984.

Giroux, Henry A. "Performing Cultural Studies as a Pedagogical Practice." Slayden and Whillock 191–202.

Goldberg, David Theo. "Call and Response: Sports, Talk Radio, and the Death of Democracy." Slayden and Whillock 29–42.

Goodman, Ellen. "Clothes Make the Candidate." *Austin American-Statesman* 30 July 2007: A11.

Gramsci, Antonio. *Selections from the Prison Notebooks.* Trans. Quentin Hoare and G. N. Smith. New York: International, 1971.

Green, Bill. "Pleasure with Products: Beyond Usability." Green and Jordan 2–5.

Green, William S., and Patrick W. Jordan, eds. *Pleasure with Products: Beyond Usability.* New York: Taylor and Francis, 2002.

Grewal, Iderpal. "Traveling Barbie: Indian Transnationality and New Consumer Subjects." Guins and Cruz 168–183.

Guins, Raiford, and Omayra Zaragoza Cruz, eds. *Popular Culture: A Reader.* London: Sage, 2005.

"Gun Culture." Gun Culture.1 October 2006 <http://www.gunculture.net/>.

Gunns, Rebekah E., Lucy Johnston, and Stephen M. Hudson. "Victim Selection and Kinematics: A Point-Light Investigation of Vulnerability to Attack." *Journal of Nonverbal Behavior* 26 (2002): 129–158.

Hale, Ellen. "British Fear Rise of 'Gun Culture.'" August 6, 2001. *USA Today.* 1 October 2006 <http://www.usatoday.com/news/world/2001/08/07/guns-usat.htm>.

Hall, Stuart. "Introduction. Who Needs 'Identity'?" Hall and du Gay 1–17.
———. "Notes on Deconstructing 'the Popular.'" Guins and Cruz 64–71.
———. "What Is This 'Black' in Black Popular Culture?" Guins and Cruz 285–293.
Hall, Stuart, and Paul du Gay, eds. *Questions of Cultural Identity*. London: Sage, 1996.
Hariman, Robert, and John Louis Lucaites. "Performing Civic Identity: The Iconic Photograph of the Flag Raising on Iwo Jima." *Quarterly Journal of Speech* 88 (2002): 363–392.
Hariman, Robert D. *Political Style: The Artistry of Power*. Chicago: U of Chicago P, 1995.
Hart, Roderick P. *Modern Rhetorical Criticism*. Glenview, IL: Scott, Foresman, 1990.
Hartley, John. "The Frequencies of Public Writing: Tomb, Tome, and Time as Technologies of the Public." MIT Communications Forum. 1 July 2006 <http://web.mit.edu/transition/subs/hartley.html>. Excerpt of *Democracy and New Media*, ed. Henry Jenkins and David Thorburn. Cambridge: MIT Press, 2003. Chapter 16.
———. *The Politics of Pictures: The Creation of the Public in the Age of Popular Media*. London: Routledge, 1992.
Hatfield, Gordon Toi, and Patricia Steur. *Dedicated by Blood: Renaissance of Ta Moko*. Auckland, New Zealand: Hunter, 2003.
Hauge-Nilsen, Anne-Lise, and Margaret Galer Flyte. "Understanding Attributes That Contribute to Pleasure in Product Use." Green and Jordan 257–270.
Hebdige, Dick. *Subculture: The Meaning of Style*. London: Methuen, 1979.
"Heston Guns for Fourth NRA Term." BBC. 20 May 2001. 1 October 2006 <http://news.bbc.co.uk/1/hi/entertainment/1341315.stm>.
hooks, bell. *Black Looks: Race and Representation*. Boston: South End, 1992.
———. *Where We Stand: Class Matters*. New York: Routledge, 2000.
Jameson, Fredric. "Reification and Utopia in Mass Culture." Guins and Cruz 115–128.
Jarratt, Susan C. *Rereading the Sophists: Classical Rhetoric Refigured*. Carbondale: Southern Illinois UP, 1991.
Jordan, Patrick W. "The Personalities of Products." Green and Jordan 19–47.
Kälviäinen, Mirja. "Product Design for Consumer Taste." Green and Jordan 77–95.
Kanemasa, Yuji, Junichi Taniguchi, Ikuo Daibo, and Masanori Ishimori. "Love Styles and Romantic Love Experiences in Japan." *Social Behavior and Personality: An International Journal* 32 (2004): 265–282.
Karp, Jennifer, Lisa A. Serbin, Dale M. Stack, and Alex E. Schwartzman. "An Observational Measure of Children's Behavioural Style: Evidence Supporting a Multi-Method Approach to Studying Temperament." *Infant and Child Development* 13 (2004): 135–159.

Kellett, Peter M., and H. L. Goodall Jr. "The Death of Discourse in Our Own (Chat) Room: 'Sextext,' Skillful Discussion, and Virtual Communication." Slayden and Whillock 155–189.
Kitwana, Bakari. *The Hip Hop Generation: Young Blacks and the Crisis in African American Culture*. New York: Basic, 2002.
Kracauer, Siegfried. "The Hotel Lobby." Miles, Hall, and Borden 145–148.
Lacan, Jacques. *Ecrits: A Selection*. Trans. Alan Sheridan. New York: Norton, 1977.
Leland, John. *Hip: The History*. New York: HarperCollins, 2004.
Lippmann, Walter. *Public Opinion*. New York: Free, 1997.
Lockford, Lesa. *Performing Femininity: Rewriting Gender Identity*. Walnut Creek, CA: AltaMira, 2004.
Long, Scott. "The Loneliness of Camp." Bergman 78–91.
Lowe, Lisa, and David Lloyd. "Introduction to the Politics of Culture in the Shadow of Late Capital." Guins and Cruz 129–146.
Maffesoli, Michel. *The Contemplation of the World: Figures of Community Style*. Trans. Susan Emanuel. Minneapolis: U of Minnesota P, 1996.
Majors, Richard, and Janet Mancini Billson. *Cool Pose: The Dilemmas of Black Manhood in America*. New York: Touchstone, 1992.
Miles, Malcolm, Tim Hall, and Iain Borden, eds. *The City Cultures Reader*. London: Routledge, 2000.
Milner, Andrew. *Class*. London: Sage, 1999.
Mort, Frank. *Cultures of Consumption: Masculinities and Social Space in Late Twentieth-century Britain*. London: Routledge, 1996.
Newton, Esther. "Role Models." Bergman 39–53.
Nixon, Sean. *Advertising Cultures*. London: Sage, 2003.
Norman, Donald A. *The Design of Everyday Things*. New York: Basic, 1988.
———. *Emotional Design: Why We Love (or Hate) Everyday Things*. New York: Basic, 2004.
Noyes, Jan, and Richard Littledale. "Beyond Usability, Computer Playfulness." Green and Jordan 49–59.
Nugent, Benjamin. "Who's a Nerd, Anyway?" *New York Times Magazine* 29 July 2007: 15.
Overbeeke, Kees, Tom Djadjadiningrat, Caroline Hummels, and Stephan Wensveen. "Beauty in Usability: Forget about Ease of Use!" Green and Jordan 9–17.
Petrie, John. "John Petrie's Collection of Robert A. Heinlein Quotes." 1 October 2006 <http://jpetrie.myweb.uga.edu/Heinlein.html>.
Plato. *Gorgias*. Walter Hamilton, Trans. Middlesex, UK: Penguin, 1960.
Postman, Neil. *Amusing Ourselves to Death: Public Discourse in the Age of Show Business*. New York: Penguin, 1985.
Postrel, Virginia. *The Substance of Style: How the Rise of Aesthetic Value Is Remaking Commerce, Culture, and Consciousness*. New York: HarperCollins, 2003.

Reinmoeller, Patrick. "Emergence of Pleasure: Communities of Interest and New Luxury Products." Green and Jordan 125–134.

Richards, I. A. *The Philosophy of Rhetoric*. London: Oxford UP, 1936.

Ritzer, George. *Explorations in the Sociology of Consumption: Fast Food, Credit Cards, and Casinos*. London: Sage, 2001.

Robertson, Pamela. "'The Kinda Comedy That Imitates Me'; Mae West's Identification with the Feminist Camp." Bergman 156–172.

Rose, Nikolas. "Identity, Genealogy, History." Hall and du Gay 128–150.

Rose, Tricia. "A Style Nobody Can Deal With: Politics, Style and the Postindustrial City in Hip Hop." Guins and Cruz 401–416.

Ross, Andrew. "Uses of Camp." Bergman 54–77.

Rossi, Aldo. "The Collective Memory." Miles, Hall, and Borden 172–173.

Rutsky, R. L. *High Techne: Art and Technology from the Machine Aesthetic to the Posthuman*. Minneapolis: U of Minnesota P, 1999.

Rybczynski, Witold. *The Look of Architecture*. New York: Oxford UP, 2001.

Sasaki, Ken-Ichi. "For Whom Is City Design: Tactility versus Visuality." Miles, Hall, and Borden 36–33.

Savage, Dan. *The Seven Deadly Sins and the Pursuit of Happiness in America*. New York: Penguin/Plume, 2003.

Schama, Simon. *A History of Britain 1, 3000 B.C.–A.D. 1603: At the Edge of the World?* London: BBC, 2000.

Schiappa, Edward. *The Beginnings of Rhetorical Theory in Classical Greece*. New Haven: Yale UP, 1999.

———. *Defining Reality: Definitions and the Politics of Meaning*. Carbondale: Southern Illinois UP, 2003.

Seabrook, John. *Nobrow: The Culture of Marketing, the Marketing of Culture*. New York: Vintage, 2001.

Slayden, David, and Rita Kirk Whillock, eds. *Soundbite Culture: The Death of Discourse in a Wired World*. Thousand Oaks, CA: Sage, 1999.

Smith, L. Neil. "Robert Heinlein Remembered." The Heinlein Society. 1 October 2006 <http://www.heinleinsociety.org/rahandme/lneilsmith.html>.

Stearns, Peter N. *American Cool: Constructing a Twentieth-century Emotional Style*. New York: New York UP, 1994.

Stengle, Jamie. "Dallas Man Presses City for Ban on Baggy Pants." *Austin American-Statesman* 2 September 2006: D5.

Storey, John. *An Introduction to Cultural Theory and Popular Culture*, 2/e. Athens: U of Georgia P, 1998.

Stratton, Jon. *The Desirable Body: Cultural Fetishism and the Erotics of Consumption*. Urbana: U of Illinois P, 2001.

Trebay, Guy. "Campaign Chic: Not Too Cool, Never Ever Hot." *New York Times* 22 July 2007, sec. 9: 1–2.

Turner, Graeme. *Film as Social Practice*. 3rd ed. London: Routledge, 1999.

"Unintended Consequences." Wikipedia". 1 October 2006 <http://en.wikipedia.org/wiki/John_Ross_%28author%29>.

Viegener, Matias. "Kinky Escapades, Bedroom Techniques, Unbridled Passion, and Secret Sex Codes." Bergman 234–256.
Viesca, Victor Hugo. "*Straight Out the Barrio*: Ozomatli and the Importance of Place in the Formation of Chicano/a Popular Culture in Los Angeles." Guins and Cruz 479–494.
Vivian, Bradford. "Style, Rhetoric, and Postmodern Culture." *Philosophy and Rhetoric* 35 (2002): 223–243.
Walker, Lisa. *Looking Like What You Are: Sexual Style, Race, and Lesbian Identity.* New York: New York UP, 2001.
Watkins, S. Craig. *Hip Hop Matters: Politics, Pop Culture, and the Struggle for the Soul of a Movement.* Boston: Beacon, 2005.
Wheaton, Sarah. "Latest Campaign Issue? One Candidate's Neckline." *New York Times* 28 July 2007: A11.
Whillock, Rita Kirk. "Giant Sucking Sounds: Politics as Illusion." Slayden and Whillock 5–28.
Willis, Paul. "Symbolic Creativity." Guins and Cruz 241–248.
Wilson, Gregory S., Mary E. Pritchard, and Jamie Schaffer. "Athletic Status and Drinking Behavior in College Students: The Influence of Gender and Coping Styles." *Journal of American College Health* 52 (2004): 269–274.
"Writing Scotland, a Journey through Scotland's Literature: Walter Scott." BBC. 1 July 2006 <http://www.bbc.co.uk/scotland/arts/writingscotland/learning_journeys/tartan_myths/walter_scott/>.
Wynter, Leon E. *American Skin: Pop Culture, Big Business, and the End of White America.* New York: Crown, 2002.
Yu, Henry. "How Tiger Woods Lost His Stripes: Post-Nationalist American Studies as a History of Race, Migration, and the Commodification of Culture." Guins and Cruz 197–209.
Zhang, Li-fang. "Thinking Styles: University Students' Preferred Teaching Styles and Their Conceptions of Effective Teachers." *Journal of Psychology* 138 (2004): 233–253.
Zondag, Hessel J. "Just Like Other People: Narcissism among Pastors." *Pastoral Psychology* 52 (2004): 423–438.
Zukin, Sharon. "Space and Symbols in an Age of Decline." Miles, Hall, and Borden 81–91.

原文索引

advertising, 9–10, 52, 58, 61, 65, 88–89
aesthetic age, 82
aesthetic identity, 49–50
aestheticization, 17–20, 46, 119
aesthetic manipulation, 128
aesthetic morality, 102
aesthetic pleasures, 23
aesthetic rationales, 129–30, 133, 147–48
aesthetics: coherence and, 22–23; commodification of, 19; as element of style, 2, 46–47; fundamental need for, 17–18; high-tech, 29; hip, 6, 23; meaning of, 17; rhetorical and political efficacy of, 130; as tool of rhetoric, 50–51; universal vs. cultural dimensions of, 45–46
African American identities and styles, 91
Allport, Gordon, 2
American democracy, and myth of mobility, 87
American Dream, 87
American Rifleman (magazine), 151, 158–59, 166, 168
antifashion, as resistance to change, 83
"At the Gun Show" (Brummett), 152–54
audiences, 77, 119–20
authenticity, 28–31
authority, deference to, 161

baggy pants, 76–77
Barnard, Malcolm, 5, 7, 9, 15, 22, 32, 35, 44, 46–47, 49, 53, 57, 67, 82–83, 101–2, 105, 106, 108, 109
Baudrillard, Jean, 5, 8, 9, 12, 20, 21, 26, 27–28, 29, 30, 36, 80, 84, 101–2, 114–15, 124
Bauman, Zygmunt, 14, 22, 46, 49, 64, 66–67, 69, 73, 78, 79–80, 82, 85, 89, 90, 96, 103, 108, 112, 129
Benjamin, Walter, 28, 30, 32
Benny, Jack, ix
big-box stores, 29
Black culture, 6, 93
black-guy vs. white-guy shirts, 42–43
Blackness, commodification of, 91–92
black rifles, 167
Blair, Hugh, 1–2
Bloomberg, Michael, 163–64
body styles, 51–52, 101, 157
branding, 58, 88–89
bricoleurs, 9, 23
Brummett, Barry: background of, 150–51, 160
Buie, Sarah, 12, 19, 29, 39
bureaucracies, homology of style in, 39
Burke, Kenneth, 12
Bush, George W., x, 36
Butler, Judith, 3, 24, 84, 86, 94, 97, 108, 122–23, 129

camp style: allusive quality of, 10; cycles of excorporation and incorporation in, 109–10; features basic to, 26; focus of, 7; as gay style and feminist practice, 40; as re-creation of surplus value, 16; subversive quality of, 113; as unruly nephew of hip, 25
capitalism, 50–52, 55–56. *See also* late capitalism
Charles V, 77
Chicano/a identity, 93
Cicero, 173
cities, 23, 25, 54, 66
clan tartans, 75
class, 52–53, 56, 63, 70, 100

Clinton, Hillary, 76
clothing: as aesthetic element of style, 46–47; crossover in, 49; cycles of excorporation and incorporation in, 108–9; in gun-culture style, 157–58; rural working class, 166; as site of resistance, 112; and social construction of identity, 91; as style battleground, 97
clothing stores, 42–43
coherence: aesthetics and, 22–23; of imaginary communities, 122–23, 139–41; in style's components, 36
coherent play, concept of, 71
collective memory, 10, 55
commerce, bracketing off from politics, 80
commercial rhetoric, 124
commodification: of aesthetics, 19; of excorporated sign, 106; of identity, 89; of images, 21–22; as instrument of incorporation, 108; and style, 56, 112; of styles that mark race, 91–92
commodities: branded, as basis for identity, 88; communication of values through, 62; de-racing of, 62–63; and group identities, 61, 144; and leisure, 63–64; meanings embedded in, 57; used for rhetorical purposes, 145
commodity racism, expression of, 6
communities: bases for, 134–35; as effects of discourse, 137; grounding of, by commodities, 144; representation of, by texts, 141. *See also* imaginary communities
consumer as citizen, 125
consumer culture, 63, 79
consumer democracy, 125–26
consumer typology, 62
consumption: as arena for cultural struggle, 99; gender and, 71–72; identity expression through, 88; patterns of, as class markers, 56; and production of meaning, 69; productivity of, 70–71; as ritual process, 33; as self-generating machine, 66; simulational, 73; tactics of, 107; youth cultures and, 60. *See also* hyperconsumption
convergence, textual primacy and, 135

cool style, 24, 48, 91
costume echoes, 10
cowboy style, 159
Crane, Diana, 5, 9, 23, 32, 39, 46, 60, 63, 70, 59, 91, 96, 97, 100, 101–2, 103, 106
credit card industry, 66
Crisp, Quentin: Brummett on, 172–73; on political stylists, 149; on politics and style, 74; on projection of style, 1; on sophistication, 171; on style in oratory, 116; on stylists, 42
cultural authority, 6–7
cultural mass production, 126
cultural meanings, 33–34, 57
culture: of aesthetic engrossment, 147–48; disappearance of class distinctions in, 100; merger with state and market, 143; merging of market and, 58–59; style as organizer of, 45; of textuality, 118
culture wars, 163–64

de Certeau, Michel, 7, 18, 39, 43, 59, 69, 95, 100, 106, 107, 126, 132
decisions, aesthetic bases for, 147
deliberative public speaking, 111
democracy, 87, 121, 125–26
design, as product differentiator, 10
desire, 56, 64–66, 143, 145, 147–48
Deutsche, Rosalyn, 22
disco style, 44
discourse, effects of, 139
Doyle, Jim, 164
Dukakis, Michael, 35

eating the Other, 104
elements of style, 34
Emanuel, Rahm, 164
emotional styles, homologies and, 39
emotional symbolism, 48
empowerment, from productive consumption, 71
enchantment, hyperconsumption and, 72–73
entertainment, identity politics and, 98
ethnicities, and style, 91
ethnic slurs, excorporation and incorporation of, 110

Ewen, Elizabeth, 21, 37, 38, 50, 52, 57, 58, 66–68, 71, 112
Ewen, Stuart, 2, 3, 7–9, 20–23, 28, 32, 34, 37, 38, 47, 49–52, 54, 56–58, 66–68, 70, 72, 112, 125
excess value, 16
exchange value, 13–16
excorporation, 104–10, 126, 143, 146
exoticism, 104

fascism, hallmarks of, 78
fashion, 4–5, 39–40, 68, 101–2, 104
fashionable costume, 53
fashion photography, 5
field, concept of, 44
Field of the Cloth of Gold, 77
film, as homology at work, 38
Fiske, John, 7, 14–15, 23–24, 62, 69, 70–71, 79, 86, 101, 105, 106, 107, 110, 120, 130, 132
fixed costume, 5, 53
flawed consumers, 62
floating signs/signifiers, 8, 29, 63, 135, 138
François I, 77
French head-scarf controversy, 76
functionalism, and style, 16–17

Gallaher, Peggy E., 2
gangsta rap, 92
gay styles, ix–x, xii, 8, 13, 37, 40, 89–90, 94, 106, 109, 132
gender identity, 24, 25, 26, 40, 43, 51, 52, 71–72, 86, 94, 97, 114
George I, 74
George IV, 74
globalization, 79–80, 98, 126, 172–73
global rhetorical systems, xiii, 126, 138, 144, 146
Goodall, H. L., Jr., 111, 128
goods: political impact of, 112; seasonal, 53; stereotypes and, 59–60; as systems of signs, 143, 146
Gorgias (Plato), 11
graffiti writing, 55, 110–11
grooming, in gun-culture style, 157
group identities, commodities and, 61
gun-control advocates, 163–64

gun-culture style: Brummett poem, 152–54; contradictions, xiv, 155–56, 160, 169–70; hunting, 166–67; images, 158–59; personal appearance, 151, 157–58; pickup truck connection, 165; as rhetorical style, 150; rules, 161–62; as site of struggle, 149–50; tensions, 163–65; texts of, 156–57; vocabulary, 159

Hall, Stuart, 13, 82, 83–85, 93, 111–12, 129
Hariman, Robert D., 2–3, 39, 81, 98, 128, 129
Henry VIII, 77
Heston, Charlton, 163
High-Low distinctions, 51
high-tech style, 3, 17, 20, 29
hip-hop style: boundary crossing of, 61; commercialization of, 4; identity construction through, 92–93; as instrument of power management, 91–92; music of, 108; organizing function of, 44; political impact of, 113; product system connected to, 60; systematic nature of, 34–35; and urban spaces, 55
hip style, 6, 23, 25, 45, 53–55, 71
historical novels, 74
history, as style, 68
home décor, 40
homologies, 36–40, 130–32, 133–48, 152–54
hooks, bell, 48, 60, 61, 63, 67, 103, 104
hunting, 20, 151, 166–67, 169
hyperconsumption, 61–62, 64, 66–67, 72–73

identity: bases for, 88, 134–35, 147–48; branding and, 88–89; construction of, 83–85, 118; fluidity of, 85–86, 89, 93–94; grounding of, 85, 144; marginalized groups and markers of, 97; performative, 86; as political ground of struggle, 96–97; style as expression of, 87–89
identity politics, xiv, 83, 87–88, 95–98
ideology, taste as, 103

images: aesthetic rationale and, 129–30, 147–48; centrality of, 20, 43; commodification of, 21–22, 28–29; of gun-culture style, 158–59; textual primacy and, 135, 138
imaginary, sense of the, 121–22
imaginary communities, 119–24, 125, 126–27, 132, 133, 134–42
immigrants, 38, 47, 57, 90
incorporation, 93, 95, 104–6, 107–11, 142–43, 146
insulation from change, 133, 134, 143–44
intentionality, and style, 46, 122
inventional consumption, hip style and, 71

judgments, social and aesthetic, ix–x, 51, 61, 100, 147

Kälviäinen, Mirja, xii, 12, 19, 36, 37–38, 57, 59–60, 61, 88
Kellett, Peter M., 111, 128
Kerry, John F., x
Kitwana, Bakari, 4, 6, 91–92, 92–93, 102, 109, 124, 128
knowledge, replacement of, by information, 21

labour theory of value, 14
Lacan, Jacques, 12, 20–21, 45, 51, 64–65, 84, 85–86
languages, 32–33, 84, 143
late capitalism: cultural system of, xiii; induced hyperconsumption of, 64; personal identity under, 68–69; postmodernism and, 22; preoccupation with style, 17–18, 44; and waste, 56, 66–68; working-class style in, 170
leisure, 63–64, 69–70, 124
Leland, John, 4, 6, 13, 18, 21, 23, 25, 45, 53–55, 71, 81, 86, 88–89, 90, 102, 106, 110, 113, 123–24; on hip style, 54
Liberace Effect, 26
life strategies, and political power, 112
lifestyle advertising, 65
linguistic style, 1–2
Lockford, Lesa, 25, 34, 114
Lucas, George, 38

Maori tattoos, 75
market contexts: aesthetic rationales and, 128; culture in, 58–59; merger of state, culture, and market in, 142–46; in rhetoric of style, 133; of style, 9–10, 124–27; traditional, 39; value of surface in, 13
Marx's labor theory of value, 14
masculine body image, 51–52
mass media, 5, 6, 7, 77–78
McCain, John, 76
McDonaldization, 31
McKelvey, Andrew, 164
meaning, 4, 5, 8–11, 17, 18, 20, 22, 26, 30, 32–35, 39, 44, 49, 53, 56–63, 69, 70, 89, 90, 99–102, 111–12, 131–40, 142–48
media, 5, 77–78
memories, invocation of, through style, 10, 55
merger of politics with entertainment, 77–78
merger of state, culture and market, 142–46
Milner, Andrew, 14, 56, 63, 70, 87–88, 99, 105
mirror stage, in human development, 20
mobility myth, 86–87
models of stylistic meaning, 35
morality, and style, 102–3
Mort, Frank, 8, 13, 20, 52, 57, 72, 80, 94, 99–100, 112
music, excorporated, 108
Muslim head coverings, 76

narrative rationales, 147–48
narrative values, 129
National Rifle Association (NRA), 150–51, 158, 161, 163–64
nerds, 49
Nixon, Sean, 21, 52, 58, 106, 112, 124
nobrow culture, 58–59
nodal texts, 135

Obama, Barack, 76
object attachment, 58–59
Othering, moralization of style through, 103–4

perceptions, style as organizer of, 43–44
performance, 24–26, 86, 108, 131–32, 147–48
personal style, 2
phantasmagoria, 72
photography, and representation, 28
Platonic dualism, 11
pleasure, 23, 143, 145, 147–48
political actions, 78, 112
political power of popular culture, 111–13
political rhetoric, market context of, 125
political style, 2–3, 81, 114–15
political stylists, 149
politics: bracketing off of, 79–80; expansion into commerce, 125; in gun culture, 149–50; homology of style in, 39; merger with entertainment, 77–78; of race, 102; structural vs. functional effects of, 80–81; and style, xiv, 74–77, 96–99, 111, 115, 130; traditional, 114
popular culture: and identity construction, 90–91, 93; origins of, 106; political power of, 81, 111–13; rhetoric of, 119–20; and style, xiii, 1–7, 59
popular discrimination, 106
postface, etymology of, 171–73
postmodernism, 18, 22–24
power: aesthetic displays of, 78; aesthetic judgments and claims to, 100; of imaginary communities, 123; separation from politics, 79–80; struggles for, 100–101; style's effect on mechanisms of, 81; use of style to affect, 82
presidential candidates, x, 35, 76
process model of stylistic meaning, 35
product design, 4, 9–10
production, as class code, 70
production of meaning, 69
productivity of consumption, 70–71
psychological view of style, 2
public opinion, reproduction of, 115
public places, disappearance of, 80
public speaking, deliberative, 111
publics vs. audiences, 77
punk style, 36, 50, 83, 101, 110, 111

queerness, 24, 71, 97, 113

race, style markers of, 47–48, 93
range masters, 162
rap music, 128
rationale of style, xii
reading off of the text, 135
rec.guns, 156, 159–60, 162–63, 168–69
redundancy, 135
reproductions, 28–32
rhetorical analysis of style, xi
rhetorical criticism, 116, 134, 150–52
rhetorical effect of style, 50, 130
rhetorical theory, xii, 116, 173
rhetorical tropes, and homological unity, 39
rhetorics and rhetoric: of popular culture, 119–20; of practice, 116; of style, xiv, 116–17, 132; style as, xi
Richards, I. A., 12
ritual properties of style, 33
Ritzer, George, 8, 11, 15, 27, 31, 44, 57, 61–62, 66, 67, 69, 70, 72, 73, 79, 98, 102, 104, 125
rural working class, 155, 165–67
Rutsky, R. L., 3–4, 16–17, 20, 29–30, 37, 56, 66, 81–82
Rybczynski, Witold, 1, 4, 10, 13, 40, 50

sagging bans, 76
Schumer, Charles, 164
Scott, Sir Walter, 74–75
Seabrook, John, 29, 31, 38, 51, 58–59, 88, 97, 100, 101, 102–3, 115
Second Amendment to the U.S. Constitution, 161
self-expression, 31, 87
semiotic/structural model of stylistic meaning, 35
sexual identity, ix–x, 24–26, 40, 43, 51–52, 94–95, 97
sexual reality, style as, 13
shirts, white-guy vs. black-guy, 42–43
shopping, as leisure-time activity, 124
signifying systems, xii, xiii, 131
signs: appropriation of, 9; centrality in social organization, 43, 87; excorporated, 105–6; floating, 8, 29, 63, 135, 138; goods as systems of, 145; overproduction of, 20; systems of, as goods, 143, 146

simulations, 26–28, 36, 72–73
skin metaphor of style, 8–9
sneakerization, 31, 50
social affiliation, 118
social existence, style and, 3–4
social history, style and, 58
social judgments, 61
social organizations, 43, 49–50, 147–48
social world, 6, 43, 44, 45, 47, 53
sophistication, design for, 68
Sophists, 173
spaces, style in organization of, 54–55
spectacles, 27–28, 104
spectacular economy, 57
speculative instruments, 43–44
sports fandom, 113
sports spectacles, 104
sports talk radio, 5
state, culture, and market merger, 143
stereotypes, x, xi–xii, 25, 47, 48, 56, 59–60, 61
Stewart, Charles, 74
Storey, John, 65, 84
strategic appropriation, 106–7. *See also* excorporation
Stratton, Jon, 19, 25–26
struggle, market contexts and, 143, 145
Sturgis motorcycle rally, 156
style: concept of, x–xi; defined, xi, 1–2, 131; as discourse, 80; etymology of, 1; as organizing structure, xiii, 4; origins of, 106; as performance, 26; political consequences of, xiv; sense of, 3; as sign system, 3; as system of signification, xii, xiii, 35
style-substance binary, collapse of, 11–12
stylistic crossovers, 157
stylistic homologies, 14, 117, 130–32, 133, 134–48, 152–56
stylists, 9, 42, 149
stylization of everyday life, 3, 17–20, 112
subcultures, 18, 21, 36–37, 59, 62, 82, 88, 95, 100, 108, 122
subjectivities, nomadic, 86
subject positions, concept of, 45, 84–85, 121, 122
substance, style as, 7, 10–16, 61

subversive performance, co-optation of, 108
sumptuary laws, 9
surface metaphor of style, 7–9, 12–13
systems of meaning, 34

Ta Moko (Maori tattoos), 75
tartan design, 75
tattoos, 75, 157–58
technology, and style, 16–17, 20, 29
technology, new, 6, 120, 133, 136, 139, 140, 172
television, and shared culture, 5
texts, 117–18, 137, 141, 156–57
textuality, culture of, 118–19
textual primacy, 117, 133, 134–36, 137, 138
transvestism, 7, 24, 40, 47
triangulation of meaning, 133, 135, 137

unified consciousness, sense of, 83
United Nations, NRA and, 164
unity of style, 35–37, 39, 40, 133, 139–44
urban environment, 18, 43, 47, 54–55, 56, 69, 80, 100, 167
use value, 13–16, 19, 64, 67, 72

values and value, xiii–xiv, 2, 13–16, 50–53, 56–57, 62, 129
varmint rifles, 167
video arcades, 130
Viegener, Matias, 10, 109, 111
Vivian, Bradford, xi, xii, 18, 38, 78, 85, 102, 112, 115, 121, 127, 128
voting decisions, x, 79, 114

Walker, Lisa, 89–90, 95, 96
waste, 10, 56, 66–68
Whillock, Rita K., 6, 24–25, 27, 45, 77, 86, 88, 95, 107
white-guy vs. black-guy shirts, 42–43
White identity, 42, 49, 61, 91, 93, 96, 152–54
Wilde, Oscar, 13, 19, 25–26, 46
working-class style: contradictions in, 155–56, 160–61, 163; gun culture and, 154–55; in late capitalism, 170; texts of, 156–57

youth cultures, 5, 6, 19, 27, 60, 107, 130

图书在版编目(CIP)数据

风格修辞学 / (美)巴里·布鲁迈特(Barry Brummett)著；冯月季译 . -- 北京：社会科学文献出版社，2021.10
(传播符号学书系)
书名原文：A Rhetoric of Style
ISBN 978-7-5201-8958-3

Ⅰ. ①风… Ⅱ. ①巴… ②冯… Ⅲ. ①修辞学-研究 Ⅳ. ①H05

中国版本图书馆 CIP 数据核字(2021)第 185279 号

·传播符号学书系·

风格修辞学

著　者 / [美]巴里·布鲁迈特(Barry Brummett)
译　者 / 冯月季

出 版 人 / 王利民
责任编辑 / 张建中
责任印制 / 王京美

出　版 / 社会科学文献出版社·政法传媒分社(010)59367156
　　　　　地址：北京市北三环中路甲 29 号院华龙大厦　邮编：100029
　　　　　网址：www.ssap.com.cn
发　行 / 市场营销中心(010)59367081　59367083
印　装 / 三河市龙林印务有限公司

规　格 / 开　本：787mm×1092mm　1/16
　　　　　印　张：15.75　字　数：223千字
版　次 / 2021年10月第1版　2021年10月第1次印刷
书　号 / ISBN 978-7-5201-8958-3
著作权合同
登 记 号 / 图字 01-2021-4814 号
定　价 / 98.00 元

本书如有印装质量问题，请与读者服务中心(010-59367028)联系

版权所有 翻印必究